本书受中南财经政法大学出版基金资助

中南财经政法大学
青年学术文库

中国海外投资企业
逆向知识转移作用机制：
基于母公司视角

The Reverse Knowledge Transfer
Mechanisms of Chinese Enterprises Investing Overseas:
Based on the Insight of Parent Enterprises

杜丽虹 ◎ 著

中国出版集团
世界图书出版公司
广州·上海·西安·北京

图书在版编目（CIP）数据

中国海外投资企业逆向知识转移作用机制：基于母
公司视角 / 杜丽虹著 . —广州：世界图书出版广东有
限公司 , 2025.1重印

ISBN 978-7-5192-1776-1

Ⅰ.①中… Ⅱ.①杜… Ⅲ.①海外投资—研究—中国
Ⅳ.① F832.6

中国版本图书馆 CIP 数据核字 (2016) 第 203465 号

中国海外投资企业逆向知识转移作用机制：基于母公司视角

责任编辑	张梦婕
出版发行	世界图书出版广东有限公司
地　　址	广州市新港西路大江冲25号

http:// www.gdst.com.cn

印　　刷	悦读天下（山东）印务有限公司
规　　格	710mm×1000mm　1/16
印　　张	16.75
字　　数	289 千
版　　次	2016 年 8 月第 1 版　　2025 年 1 月第 2 次印刷
ISBN	978-7-5192-1776-1 / F・0226
定　　价	78.00 元

序　言

我国企业的对外直接投资在 2003 年仅为 28.5 亿美元，而到 2015 年，这一数额达到 1 180.2 亿美元。短短十余年的时间，中国不仅跻身全球第三大对外直接投资国，而且对外直接投资与引进外资接近平衡，进入双向投资的新时期。

中国对外直接投资的快速发展意味着一大批中国跨国公司的崛起。在过去相当长的时间内，中国企业将跨国公司比作"狼"，用"狼来了"或"与狼共舞"比喻本土企业与跨国公司的竞争。而今，中国企业也加入到了"狼"的行列，开始了征战全球市场的新征程。

这是一个充满风险和机遇的新征程。作为后发企业，中国企业缺乏西方跨国公司所拥有的先进技术和知名品牌，它们的技术是在与西方跨国公司合作与竞争中逐步积累的。虽然它们在国内市场竞争中取得了初步的成功，但创新能力依然显得不足。这样的企业如何进行全球竞争呢？仔细研究中国企业的国际化行为就会发现，中国企业的国际化带有双重战略动机：一是利用现有优势去开拓海外市场；二是获取海外创新资源以弥补自身劣势。因此，中国企业对外直接投资的区位也可以明显地划分为两大板块：发展中国家与发达国家。在发展中国家，中国企业可以利用在国内市场竞争中形成的优势，如自主研发形成的技术能力、以客户需求为导向的创新、具有竞争力的性价比和优质的服务等，开展与当地企业以及西方跨国公司的竞争。与西方跨国公司相比，中国企业更能适应发展中国家的市场环境；而与本土企业相比，中国企业在技术和品牌上具有明显优势。因而，中国企业在发展中国家市场有更多的机会取得成功。在发达国家则不同，由于整体实力难以与发达国家领先企业相抗衡，中国企业在发达国家的直接投资更多的是为了获得发达国家的技术和品牌，因而，这是一种能力加强型投资，最为典型的形式是对发达国家具有技术优势的困难企业或业务部门的并购。

中国企业对发展中国家的投资可以用主流的跨国公司理论来解释，因为这是一种优势利用型投资。但对发达国家的投资主要涉及弥补劣势问题，现有的理论很难进行逻辑一致的解释，因此，迫切需要理论创新。我们不必否定主流理论，因为很多中国企业也可能发展成为与西方领先企业同样优秀的企业，这时，主流理论也可以很好地解释中国企业的行为。但是，中国企业的初始条件和追赶过程是不同于发达国家企业的，而主流理论很少关注这些初始条件和追赶过程，这为理论创新提供了巨大空间。国际化是中国企业接近技术创新前沿阶段的一次新的创业，这里面一定会发生许许多多波澜壮阔的故事，而故事的核心是中国企业的创新追赶。关注、总结和讲好中国企业的故事，正是我们理论工作者的责任。

此为序。

吴先明

2016 年 6 月 30 日于珞珈山

目　　录

图目次

表目次

第一章 绪 论

第一节 研究意义与目的

一、研究意义

在企业对外投资和海外经营活动中，知识资源和创新资源在企业长远发展中的竞争作用日益显著。尤其是近年来，以获取知识、技术、先进人才等战略性资源为目标的跨国投资活动日益增多。在此背景下，中国企业对外投资活动虽然还在逐渐发展阶段，但顺应国际发展潮流的知识获取和知识竞争必将对其产生影响。事实上，许多积极开展国际化或海外投资已取得初步成果的中国企业已开始考虑将知识获取动因，乃至战略性资源或创造性资产获取动因纳入到对外投资的影响因素体系中来，尤其中国企业向发达国家的逆向投资也多以此为目标。中国企业认识到自身技术知识水平的局限性，对具有较高知识水平的东道国具有很强的投资倾向性，这正是因为两者之间知识差距所导致的"知识势差"造成的。然而我们还需认识到，母公司作为投资主体并未直接接触到东道国技术体系和知识来源，那么母公司希望通过对外投资获得知识信息和技术需求就必须依仗子公司的逆向知识转移过程来得以实现。

公司内部的知识转移尤其是跨国公司内部知识转移研究由来已久，但以往研究多集中于母公司向子公司的顺向转移，或子公司之间的横向转移，这可能是因为以往研究多以发达国家跨国公司作为研究主体。知识转移的发生更多是由高知识水平向低知识水平流动，发达国家跨国公司往往向处于发展中国家的海外子公司转移知识，一方面是为了弥补东道国企业的知识水平差距，另一方面也是为了保证母公司本身的知识优势。而子公司之间的知识流动则除了顺应知识差距的高低流动外，也存在子公司之间竞争合作和共同发展的需求驱动，甚至可能因为子公司之间的战略模式、发展经历和市场背景具有某些相似性，使得子公司之间的知识流动避免了很多阻力也存在较高的适用性。而对处于发展中国家的中国企业而言，向知识水平高于自己的国家实施逆向投资已成为逐渐普遍的国际化倾向，这时由母公司向子公司的顺向知识转移已不具备优势，而接触到更先进知识的子公司逆向知识转移则显得更为必要，甚至许多企业将从投资东道国获得先进技术和知识作为自己对外投资的主要动因。

然而，子公司向母公司转移知识必然存在较大的内部阻力和不可控性，企业应如何通过主动控制机制和战略角色调整来实现有效的逆向知识转移过程，这就成为值得探讨的课题。子公司作为逆向知识转移的输出方，其接受的知识类型、知识转移意愿、知识转移渠道等因素都将直接影响母公司对知识的获取，而母公司在此过程中也应扮演重要角色，发挥自己的主观能动作用，通过积极调整战略导向和提升吸收能力来减少逆向知识转移阻力，鼓励子公司获取企业急需的知识技术，保障子公司对其进行顺利而有效的知识转移。本书将对母公司在逆向知识转移中的作用机制和战略角色进行研究，分析不同作用机制下的母公司在知识转移中如何发挥主动性，以及母公司战略角色如何通过影响子公司知识获取和共享意愿来促进逆向知识转移的实现。

二、研究目的

本研究着力探讨中国企业海外经营过程中的逆向知识转移，尤其是中国母公司在此过程中发挥的主观能动性和积极控制力。为此，本书将通过研究影响逆向知识转移的作用机制因素，探讨母公司如何通过调整和改善其作用机制与战略角色来影响子公司知识转移活动，使其向着有助于母公司发展和符合母公司知识需求的方向进行。因此本书研究希望达到以下目标：

（1）分析中国企业海外经营的逆向知识转移过程，着力从母公司视角探寻其如何通过自身作用机制和战略因素影响逆向知识转移过程与效果。

（2）从母公司视角将影响逆向知识转移过程的作用机制因素纳入知识转移体系中来，构建母公司二维作用机制模型，概括分析母公司的控制机制和吸收机制对知识转移效果的积极影响。

（3）研究母公司在逆向知识转移过程中发挥的战略角色差异，构建基于二维作用机制的母公司战略角色模型，以期指导中国海外投资企业母公司对逆向知识转移的战略调整。

（4）将逆向知识转移过程的母公司作用机制和战略角色模型运用于实际案例分析，探讨不同角色的母公司在转移动因、转移渠道和母公司作用机制等方面的战略措施差异及其对转移效果如何产生影响，以期指导中国企业调整自身战略角色，改善影响知识转移的作用机制，实现有效的逆向知识转移。

（5）运用实证方法验证母公司作用机制和战略角色模型，检验其中的主要因素对逆向知识转移频率和转移效果的影响作用，并进一步确定其对企业创新绩效（包含技术创新、管理创新）的影响作用。

第二节　国内外文献综述

随着知识资源逐渐成为企业竞争优势的重要来源，企业组织越来越注重外部知识获取和内部知识共享，通过内外部渠道的共同作用提升知识积累和知识应用水平，更希望通过先进知识资源的引入和学习提升自主创新能力，构建持久竞争优势。企业组织根据自身经营管理需求不断挖掘外部知识，而在跨国公司的国际经营过程中，它不仅面对来自国内市场的知识源，更有机会接触到国际市场的海外知识源，拥有更广阔和更前沿的知识获取空间，尤其是当海外市场知识源的知识水平更高端更先进时，因此这样的跨国公司往往非常注重海外先进知识的获取，中国海外投资企业以及类似发展中国家跨国公司正是这样的企业典型。中国海外投资企业已经越来越注重海外创造性资产获取，其中最重要的环节就是知识资源的获取，而当中国企业在实践过程中寻找理论依据和方法时，却会发现过去知识获取、转移和创造的相关理论往往基于发达国家跨国公司进行研究，或关注中国企业作为在华子公司而获得的来自发达国家母公司的知识转移，类似研究已无法解决中国海外投资企业希望从拥有更先进知识的东道国获取资源的实践问题，因此我们应该关注从中国海外投资企业视角探讨知识获取和转移问题。

如今，国内外理论界对跨国公司知识转移活动的研究存在这样的特点：①跨国公司外部知识转移的研究占据一定比重；②跨国公司内部知识转移以子公司为转移对象的研究较多，而针对逆向知识转移的研究相对较少，或多以国内学者为主。（跨国公司知识转移研究的主要文献如表 1-1 所示）

在研究跨国公司外部知识转移的众多文献中，大多数学者认同跨国公司通过东道国的外部知识源获取知识，包括当地大学和研究机构、咨询公司、政府和其他竞争者等。随着跨国公司进入海外市场的方式由单纯的合资、独资向联盟、纵向整合等形式转移，其获取和转移知识的方式也发生转变。一部分学者开始倾向于探寻跨国公司在跨国战略联盟或知识联盟内的跨组织知识转移活动，并认为联盟成员之间的协作关系与密切程度（Szulanski，2000），与联盟中成员之间的信任和承诺（Liu，Li Yuan & Xue，2010）等因素对双方的知识转移效果具有重要影响。另一部分则关注跨国公司与其上游供应商或下游顾客的知识转移，这种知识转移活动往往基于全球价值链的运作理论，大多将研究重点放在全球价值链的重要环节或中间角色上。如 Ellis（2010）在研究跨国知识转移活动时，认为海外东道国的贸易中间商对当地市场知识的获取和转移具有积极影响；Herrera 等（2010）则认为东道国公共研究机构和公共研发系统对全球价值链上的知识转移过程具有推动作用。而在研究跨国公司内部知识转移时现有研究文献，尤其是国外研究文献多以海外子公司作为研究对象，或探讨母公司向海外子公司的顺向知识转移（Ambos，2009），或探讨子公司之间的知识转移（Persson，2006），而前者又是其中更受青睐的话题。这或许是因为研究对象跨国公司多为海外发达国家企业，它们具备高于投资东道国的技术知识和资源优势，可能在其海外经营中发生的技术溢出效应更为显著。

表 1-1　学界研究跨国公司知识转移的主要文献

	主要文献
外部知识转移	Albino，Garavelli 和 Schiuma（1999），Volet（1999），Chen, Chen et al.（2005），Niederman（2005），Saliola 和 Zanfei（2009），Duanmu 和 Fai（2007），Liu Yi, Li Yuan et al.（2010），Ellis（2010），Mu, Tang 和 Maclachlan（2010），刘帮成（2008），关涛、薛求知与秦一琼（2009），吴映霞，林峰（2009）
顺向知识转移	Bartlett 和 Ghoshal（1987），Gupta 和 Govindaraja（1991），Si 和 Bruton（1999，2005），Tsang（1999），Argot 和 Ingram（2000），Frost 和 Zhou（2000），Gupta 和 Govindarajan（2000），Szulansk（2000），Dixon（2002），Giroud（2002），Li（2004），Mudambi 和 Navarra（2004），Wang, Tong 和 Koh（2004），Persson（2006），Jasimuddin（2007），Ambos 和 Ambos（2009），葛京（2002），许强（2008），张晓燕（2008），吴映霞，林峰（2009）
逆向知识转移	Bartlett 和 Ghoshal（1987），EI-Sayed（2002），Schlegelmilch 和 Chini（2005），Persson（2006），Tsang（1999），葛京（2002），李柏洲，汪建康（2007），张晓燕（2008），刘帮成（2008），许强（2008）

资料来源：作者整理。

国内学者近年来也开始关注跨国公司知识转移活动的相关研究，尤其是以中国企业作为参与者的知识转移研究逐渐增多，不过相关研究还是以跨国公司在华子公司所获得的知识转移和技术溢出效应为主（杨学军，2009；张晓燕，2009）。然而随着中国企业海外投资趋势的日益增强，中国企业不仅向其他发展中国家进行投资贸易，更将国际化触角向发达国家及新兴经济体国家延伸。这不仅反映中国企业在国际化经验和能力条件上的日益成熟，更反映了中国企业对发达国家战略性资源和创造性资产，包括先进技术和管理知识等资源的迫切渴求。中国企业已不仅仅拘泥于通过跨国公司在华投资或市场换技术来获取发达国家技术知识，更愿意主动出击直接深入发达国家东道国接触国际技术前沿，把握最先进的知识资源，而要实现这一目标必须借重子公司向母公司的逆向知识转移。因此不少中国学者开始关注和探讨中国海外投资企业内部的逆向知识转移活动（李柏洲，汪建康，2007；许强，2008；张晓燕，2008；刘明霞，2009，2010），他们或从逆向知识转移动因和过程模型（刘明霞，2009，2010），或从母子公司关系视角（许强，2008），或从逆向转移过程的影响因素（张晓燕，2008）进行探究。概括说来，在跨国公司知识转移活动的现有研究中，研究子公司向母公司的逆向知识转移的代表性文献不多，而其中大部分来自于发展中国家尤其是中国学者的研究成果。而且通过部分中国学者的积极探索，虽然对中国海外投资企业逆向知识转移的研究取得了一些开创性成果，但对于逆向知识转移的作用机制和影响因素的研究还不够深入，还存在极大的理论探索空间。因此，本书认为研究中国海外投资企业逆向知识转移活动，尤其是深入剖析其内在作用机制和影响因素具有理论和实践意义，我们将选择该论题作为本书研究重点。

而提到跨国公司知识转移的影响因素研究，学界已有大量研究成果，但在具体侧重点上存在极大不同。这种差异性不仅体现在知识转移的参与对象和类型上，更体现在知识转移影响因素的研究体系上。多数学者认为，跨国公司知识转移涉及知识输出方、输入方和知识本身。我们选择顺向和逆向知识转移研究进行比较，在这两类知识转移活动中，知识转移双方分别为子公司和母公司，不同的是，母公司在顺向知识转移中扮演知识输出方，而在逆向知识转移中扮演输入方角色。因此，归纳跨国公司内部知识转移的研究文献，影响因素主要来自于知识特性、子公司和母公司因素三方面，其国内外代表文献归纳如下（见表 1-2 所示）。

通过文献梳理，我们发现在研究两类知识转移影响因素的文献中，研究子公司影响因素的文献明显多于母公司研究，这是因为母公司对海外子公司的研究多数集中在发展中国家或新兴国家，他们是否能够从发达国家母公司获得技术溢出和知识共享，对其自身乃至东道国创新经济的发展都有积极促进作用，尤其是近年来以跨国公司在华子公司作为研究视角的知识转移研究逐渐增多。

表1-2　学界研究跨国公司知识转移影响因素的主要文献

	主要文献
子公司影响因素	Gupta 和 Govindaraja（1991），Szulanski（1996），Volet（1999），Tsang（1999），Frost 和 Zhou（2000），Gupta 和 Govindarajan（2000），Lord, Ranft（2000），EI-Sayed（2002），Giroud（2002），Li（2004），Mudambiand Navarra（2004），Wang, Tong, 和 Koh（2004），Chen, Chen et al.（2005），Persson（2006），Jasimuddin（2007），Saliola 和 Zanfei（2009），Ambos 和 Ambos（2009），李柏洲，汪建康（2007），刘帮成（2008），许强（2008），张晓燕（2008），葛京（2002）
知识特性因素	Szulanski（1996），Nonaka 和 Takeuchi（1996, 1997），Simonin（1999），Cantwell 和 Mudambi（2001），Dixon（2002），Nobel 和 Ridderstrale（2002），Tabachneck-Schijf, Hermi 和 Geenen（2009），Li 和 Hsieh（2009）。
母公司影响因素	Doz 和 Prahalad（1987），Bartlett 和 Ghoshal（1987），Luo 和 Peng（1999），Volet（1999），Wang, Tong, 和 Koh（2004），Niederman（2005），Persson（2006），Jasimuddin（2007），李柏洲，汪建康（2007），刘帮成（2008），许强（2008），张晓燕（2008），葛京（2002）

资料来源：作者整理。

可见，母公司在知识转移中的战略角色和影响作用在学界还存在较大的理论探索空间，尤其是逆向知识转移活动，母公司一方面作为知识接受方对知识转移效果具有直接影响，另一方面作为海外子公司的战略控制主体也应该在逆向知识转移过程的控制和引导方面发挥战略主动作用，因此逆向知识转移中的母公司影响因素或作用机制是极具研究价值的。综上所述，本书在分析国内外研究现状基本特点的基础上，再结合中国海外投资企业的实践，将选择中国海外投资企业逆向知识转移的母公司作用机制作为研究切入点。

第三节　技术路线和研究方法

本书围绕中国海外投资企业在逆向知识转移过程中的母公司作用机制和战略角色问题进行研究，不仅为其构建理论模型，同时会采用案例研究和基于问卷调研的实证研究加以证明。

一、研究技术路线

本书的研究技术路线图如图 1-1 所示：

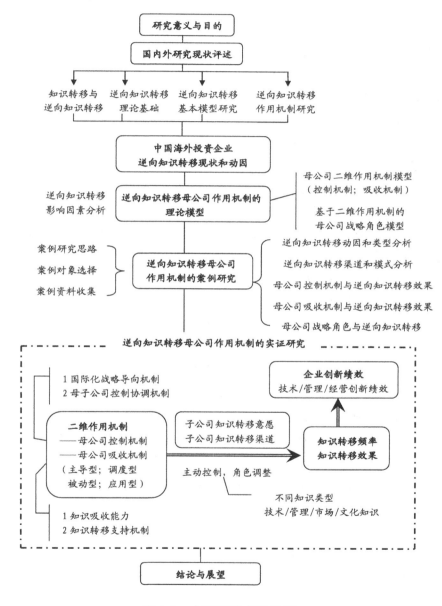

图 1-1 本研究技术路线图

资料来源：作者整理。

国内外学者普遍遵循的规范性研究思路多数由文献索引开始，从现有理论基础和研究成果中寻找切入点，再根据作者的研究主题提出其独创或基于前人的研究视角。其次，根据文献回顾和研究视角切入点，作者将提出其研究模型和研究设计，再选择适当而有效的研究方法加以验证。最后，总结分析研究结果，并结合实践情况提出启示建议。上述研究思路可归纳为"文献回顾—研究模型—研究方法—研究结论—研究启示"的典型模式。本书将根据学界普遍认同的研究模式进行研究设计，不同的是本书将同时采用案例研究和实证研究方法互为补充，共同验证理论模型内容。因此本书将遵循"文献回顾—理论模型—案例研究—实证研究—结论建议"的研究模式设计论文结构，构建研究思路和技术路线。

在第一章绪论对研究意义、技术路线、研究方法和创新点进行基本阐述后，第二章本书将围绕跨国公司逆向知识转移的概念界定、理论基础、过程模型和作用机制因素等问题进行文献回顾，并总结研究现状提出本书切入点。

第三章将对中国海外投资企业逆向知识转移的现状、动因和影响因素进行简要分析，并在此基础上提出影响逆向知识转移的母公司二维作用机制模型，以及不同作用机制下的母公司战略角色模型，分析中国企业母公司将通过怎样的作用机制对逆向知识转移进行主观调控，以及在此过程中表现出的战略角色差异。

第四章案例研究，本书将运用案例方法对第三章理论模型中关于母公司作用机制的战略举措问题进行分析。为此，本书将围绕案例研究涉及的问题设计研究思路，提出研究问题，并选择合适的案例研究对象收集资料和信息。本书将选择华为、联想和中兴作为研究对象，分别探讨其逆向知识转移动因、类型和渠道模式，并分析其母公司作用机制的具体战略举措，以及不同作用机制下的母公司战略角色差异。在此基础上，我们将总结中国海外投资企业实施逆向知识转移的主要动因和基本模式，并归纳母公司影响逆向知识转移的共性战略和角色特征。

而第五章实证研究，本书将运用问卷调研和统计分析对第三章理论模型中关于母公司作用机制的影响因素进行研究，为此，本书将按照以下思路进行：先围绕理论模型提出母公司作用机制影响因素的实证模型，再根据实证模型设计变量和调研问卷；其次，发放回收问卷并进行信效度检验，为后文研究做准备；第三，分别对母公司作用机制与逆向知识转移的直接和间接效应进行检验；第四，检验母公司作用机制的具体变量对逆向知识转移效果的影响差异；第五，研究逆向知识转移效果与企业创新绩效的关系；第六，对母公司战略角色的分类模型进行检验。

第六章本书将在总结前文理论研究、案例和实证研究主要结论的基础上，为中国海外投资企业参与逆向知识转移发挥母公司战略角色和积极主导作用提出合理的启示建议。此外，本章还将说明本书存在的研究局限性及未来研究展望。

二、研究方法

在研究方法选择上，多数学者倾向于单独采用案例研究或实证研究的方法，然而本书构建的中国海外投资企业母公司作用机制理论模型，不仅包含作用机制影响因素问题，更包括企业在发挥母公司作用机制时的战略举措问题，单一研究方法无法同时解决上述两类问题，所以本书将选择案例研究方法对战略举措问题进行分析，而选择实证研究方法对作用机制的影响因素进行分析验证。这也将是本书不同于其他跨国公司内部知识转移或逆向知识转移研究的特点之一。因此，根据研究技术路线图，本书将采用理论研究结合实证研究、定性研究结合定量研究的综合方法对论题进行深入探讨。

（1）理论模型研究。本书将在回顾和梳理国内外研究文献的基础上，结合中国企业对外投资逆向知识转移的实践现状，从理论分析层面构建母公司在影响知识转移过程中的作用机制，并在此基础上分析构建母公司的战略角色模型，为本书中的实证检验和案例分析提供理论框架与研究模型。

（2）案例研究方法。本书选择中国企业对外投资过程进行逆向知识转移活动的典型案例进行比较研究，探讨母公司在影响逆向知识转移活动中的作用机制和战略举措，以及不同作用机制下的战略角色差异，为理论模型中案例研究部分的观点提供支持，并为中国企业如何完善知识转移作用机制和如何调整战略角色提供实践指引和借鉴。

（3）问卷调研和实证研究。本书将围绕影响逆向知识转移母公司作用机制的影响因素，以及子公司知识转移意愿、知识转移过程和效果评价等方面设计调查问卷，运用所获得的一手数据进行实证分析，检验代表母公司作用机制的影响因素与逆向知识转移效果之间的直接和间接效应，同时运用聚类分析验证不同作用机制所代表的母公司的战略角色差异，与案例研究共同作用验证本书所提出的母公司作用机制和战略角色模型。

第四节　主要创新点

本书围绕中国海外投资企业逆向知识转移过程进行研究，主要以母公司视角切入研究其对转移过程和效果的积极影响，希望通过研究得出通过哪些母公司作用机制对逆向知识转移结果产生积极影响，而具备不同作用机制的母公司在知识转移过程中将扮演怎样的不同角色。由此，我们希望能够为逆向知识转移提供母公司作用机制的分析框架和理论模型，为母公司如何在转移过程中发挥积极主导的战略角色提供建议和指引。为此本书将在文献回顾和影响因素基础上，提出中国海外投资企业母公司作用机制和战略角色模型，并运用案例研究和实证研究方法验证母公司作用机制的影响作用。因此，本书希望在以下方面实现创新。

（1）从母公司视角切入研究中国海外投资企业逆向知识转移问题，构建母公司二维作用机制和战略角色模型并论述其在逆向知识转移中的影响作用，完善跨国公司逆向知识转移理论研究的现有成果。

国内外学者针对跨国公司内部知识转移的现有文献大多基于母公司向子公司的顺向知识转移，或子公司之间的横向知识转移进行研究，而探讨逆向知识转移的文献不多。但对于发展中国家跨国公司而言，向发达国家投资往往伴随着其对东道国战略性资源或创造性资产寻求的动因，而为获取东道国先进知识资源就必须依赖逆向知识转移，因此研究逆向知识转移，尤其是从母公司视角研究其如何通过自身战略作用机制影响子公司的知识需求和转移意愿以及逆向知识转移效果具有重要意义。

本书在跨国公司内部知识转移现有研究的基础上，对中国海外投资企业的逆向知识转移过程进行研究，探寻母公司在逆向知识转移中的战略角色和作用机制。根据母公司战略作用和影响因素分析，以及案例和实证研究检验，本书提出母公司将通过控制机制和吸收机制对逆向知识转移效果产生积极引导和调控作用，并围绕其构建母公司二维作用机制模型，为逆向知识转移提供母公司作用分析框架。同时，在作用机制基础上构建母公司战略角色模型，将中国海外投资企业在逆向知识转移过程中的战略作用分为主导型、应用型、调度型和被动型四种。

（2）深入企业微观层面，探讨中国海外投资企业在逆向知识转移过程中特有的作用机制和战略举措，为中国企业的知识转移实践提供指引。

以往研究跨国公司逆向知识转移的相关文献多集中于理论探讨和宏观分析层面，并未深入分析企业在实践过程中如何操作的问题。本书结合典型中国海外投资企业的逆向知识转移活动，运用案例研究探讨其为提高知识转移效果可采取的战略举措。本书选择华为、联想与中兴三个代表主导型、应用型和调度型母公司的本土跨国公司，对其逆向知识转移过程进行比较研究，探讨中国企业为何实施以及如何实施逆向知识转移的实践问题。

通过分析归纳，本书得出中国海外投资企业实施逆向知识转移一方面源自于市场寻求和创造性资产寻求性投资动因，及其对东道国先进技术和市场知识的需求导向，另一方面源自于内部企业创新文化和客户导向机制对知识积累和转移的鼓励支持。而在转移模式方面，中国海外投资企业的逆向知识转移已经涉及显性和隐性知识的复杂过程，因此倾向于采用基于编码和基于人员的双重渠道进行转移。此外，中国海外投资企业也通过积极的战略举措保证母公司作用机制对知识转移效果的影响。其中，国际化投资动因、企业创新文化、母子公司组织结构等组织战略将对子公司知识需求和转移意愿产生积极影响，而知识管理战略、学习型组织构建、自主创新和研发战略等会影响母公司知识吸收能力，信息管理系统和人力资源管理战略等则对知识转移支持机制产生积极影响。本书对母公司作用机制的战略举措分析不仅归纳中国海外投资企业促进逆向知识转移的共性战略，也为知识转移实践提供帮助。

（3）基于以往研究多采用理论探讨模式，本书采用一手数据和实证研究，直接论证母公司作用机制因素对逆向知识转移的影响作用，并同时验证国际化战略导向、母子公司控制协调机制等控制机制因素，以及知识吸收能力、转移支持机制等吸收机制因素的影响作用。

以往文献对跨国公司知识转移影响因素的研究呈现出以下特征：其一，多集中于知识特性和子公司影响因素，而忽视母公司因素研究；其二，多采用理论模型探讨，而较少采用一手数据研究；其三，多采用吸收能力、资源支持、信息系统等客观指标，而忽视战略、文化等主观指标的影响作用。因此本书将研究重点放在母公司因素研究上，并将国际化战略导向、母子公司控制协调机制等主观控制因素和知识吸收能力、转移支持机制等客观吸收因素同时纳入到分析体系中来，验证不同因素对逆向知识转移的影响作用差异。

本书运用问卷调研所获一手数据进行统计分析，检验代表母公司二维作用机制的主要因素对逆向知识转移的直接和间接效应。本书认为，母公司作用机制将对逆向知识转移频率和效果产生积极影响，其中国际化战略导向的影响作用主要通过国际化投资动因、国际化经验和知识嵌入性（knowledge embeddedness）等因素体现出来；母子公司协调控制机制的影响作用通过母公司对子公司的控制程度体现；而知识吸收能力的影响作用通过知识共享和接受能力、知识学习和应用能力、知识再创新和自主创新能力三个层次体现出来；母公司转移支持机制的影响作用则通过文化支持、学习型组织、信息系统支持、人力资源支持和沟通渠道支持等因素体现出来。同时，母公司国际化战略导向和母子公司控制协调机制也会影响子公司知识转移意愿和渠道，进而对逆向知识转移效果产生间接影响，而不同因素的作用程度也存在差异。此外，本书也运用聚类分析方法验证了中国海外投资企业在逆向知识转移过程中由于母公司作用机制差异而体现出不同的战略角色，其中主导型和应用型母公司较多，调度型和被动型母公司次之。

第二章　跨国公司知识转移理论回顾

第一节　跨国公司逆向知识转移的概念界定

一、知识转移与逆向知识转移

美国生产力和质量中心（APQC，2001）认为："知识管理是指为了提高企业竞争力而对知识进行识别、获取和充分发挥其作用的过程。"Nonaka 等（1995，2006）认为，知识管理要求致力于基于任务的知识创新、传播并具体地体现在产品、服务和系统中。李志刚（2006）认为，知识管理是指以企业知识为基础和核心的管理，是对企业生产、经营所依赖的知识进行收集、组织、创新、扩散、使用和开发等一系列过程的管理，确认和利用已有和可获取的知识资产，以满足企业现有和未来的需要。根据研究，知识管理作为以知识资源为核心的整体战略，包括一系列围绕知识资源的实践活动，即知识获取、学习、理解、应用、转移、开发和创新等，使知识拥有者能够通过积累和传播知识，实现知识价值最大化。在此过程中，知识转移是企业从外部获取知识并实现内部共享应用的重要环节。

Davenport 和 Prusak（1998）将知识转移概括为以下公式：知识转移＝知识传达＋知识接收，首先由知识拥有者输出给潜在接收者，然后由接收者加以吸收应用，才能实现完整的知识转移过程。而 Hendriks（1999）则从沟通的观点对知识转移进行定义。他认为，知识转移是知识传播者与接收者之间的沟通过程，一方面，知识传播者应当有主动意愿以文字资料、数据信息或音频影像等各种方式与他人进行沟通，实现知识外部化；另一方面，知识接受者也能通过倾听、模仿、阅读、学习等方式将接受的知识内部化。而上述定义都是个体之间的知识转移，Dixon（2000）则针对组织内部的知识转移进行界定，他认为组织内部知识转移是将存在于组织内某一部分的知识，应用在组织内另一部分，而组织成员需要通过各种工具和程序来进行知识分享。这些工具包括知识资料库、研讨会、电子邮件、跨职能团队、视讯会议，等等。

由于知识转移涉及知识输出方、知识输入方以及知识本身的整体交互过程，参照不同视角可将知识转移分为不同类型。Solo 和 Roger（1972）根据知识接受者对知识处理方式的不同，将知识转移划分为三种类型：①单轨转移，指知识未经修改，一成不变地引入；②新轨转移，指知识根据环境不同适当做出调整，但仍应用于原先的领域；③跨轨转移，指知识经过修改后，应用于新的领域。Smith（1995）依据知识转移媒介将其分类为：①依附于人员的转移；②依附于商品即通过交易的转移；③借由公司之间互动进行的转移。Howen（1996）依据知识转移对象将其划分为：①厂商内的转移，指知识在同一企业内不同地点间的转移；②厂商间的垂直转移，指知识在隶属不同行业且有合作关系的厂商间的转移；③厂商间的水平转移，指知识在隶属同一行业且有合作关系的厂商间的转移；④机构间的转移，指知识在厂商与其他研究机构间的转移。也有许多学者针对跨国公司内部知识转移进行分类。Dixon（2002）根据知识接受方性质、实践任务和知识类型等因素归纳出知识转移的五种类型：①连续转移（Serial Transfer），是指同一团队内将知识应用于新环境完成相同任务的转移活动。②近转移（Near Transfer），是指知识输出方和输入方位于不同地点，但知识被应用于相似环境完成相似工作的转移活动。该类转移主要适用于重复性或常规性工作。③远转移（Far Transfer），是指知识被应用于非常规性任务，且输入方和输出方不在同一地点的转移活动。该类转移主要适用于非重复性的隐性知识转移。④战略转移（Strategic Transfer），是指知识输出方向输入方转移复杂性知识的过程，且所转移知识将对组织系统造成全局影响。与远转移不同的是，战略转移将影响企业整体系统，而远转移仅影响知识接收方或某个特定任务环境的实践活动。⑤专家转移（Expert Transfer），是指所转移知识用于特殊任务或偶尔执行的工作，且主要通过专业人士转移的过程。五种知识转移在影响因素上呈现差异，概括如表 2-1 所示。

国内学者也对知识转移提出自己的理解。吴映霞、林峰（2009）认为跨国公司知识转移可以分为两种：一种是跨国公司的外部知识转移，即不同公司间的知识转移，主要以技术授权、购买等方式进行，如公司间的知识联盟就是跨国公司外部知识网络成员进行知识转移的主要组织形式；另一种是跨国公司内部知识转移，即母子公司或子公司之间的知识转移。

表 2-1　Dixon 五种类型知识转移过程比较

	连续转移	近转移	远转移	战略转移	专家转移
接受方任务背景和环境条件的相似程度	知识输入方和输出方是同一团队，任务性质和环境相似	知识输出方和输入方不是同一团队，但任务和背景相似	知识输入方和输出方的工作性质相似，但背景不同	知识输入方的知识任务影响整个组织，与输出方背景不同	知识输出方与输入方执行不同知识任务，但背景相似
任务的性质	经常性、非常规性	经常性、常规性	经常性、非常规性	不经常发生，非常规	常规性，但很少发生
转移知识类型	显性和隐性知识	明晰知识	隐性知识	隐性和明晰知识	明晰知识
转移过程设计	有规律的举行会议；会议简短；任务参与者都要参加会议；不上交报告；没有责备；团队成员自己组织会议	电子化传播；与人际交流相互补充；用户指定内容和格式；知识推进；有选择服从；商业目标在监控之中；简洁描述；目标明确的数据库	交流是互惠的；知识输出方团队的知识要经过交换；个人在整个组织范围内传播隐性知识；赋予活动有意义的名称	所需知识由高层经理确定；知识专家采集和解释知识；采集是实时发生的，而非事后回顾；以最终用户为中心；综合多方面的声音	电子论坛按主题分类；电子论坛得到监控与支持；鼓励不同层次的员工参与；知识是被拉动的

资料来源：Dixon，2002。

　　根据以往研究我们发现，知识转移往往涉及三个主体：知识本身、转移输出方和转移输入方。一般以子公司为主体的知识转移，知识往往来源于投资东道国，知识输出方则为东道国子公司，输入方则为另一地区子公司或母公司。而本书研究的逆向知识转移则主要指由海外子公司向母公司的转移过程，知识来源仍为投资东道国，知识输出方为当地子公司，而知识输入方为投资母公司。

二、逆向知识转移与顺向知识转移

　　本书主要研究跨国公司内部知识转移，为辨析不同类型的转移活动，本书根据知识转移主体对其进行分类和定义。其中顺延公司内部管理层级由母公司向子公司传播知识被称为顺向知识转移，同一管理层级的子公司之间共享和传播知识被称为横向知识转移，而由子公司向母公司传播知识则被称为逆向知识转移。

　　顺向知识转移由母公司向子公司共享和转移知识，它不仅将母公司战略和文化传递给海外子公司，实现母子公司的战略统一，也将母公司的竞争优势、重要资源和动态能力与子公司共享，以便将竞争优势扩散到海外东道国经营中去。因此它所涉及知识涵盖显性和隐性等不同类型。其目标是向子公司传递资源和能力，鼓励子公司学习、应用、实践和延续竞争优势。

横向知识转移为子公司之间的知识转移活动，这类知识转移多为子公司之间的技术交流和合作，共享建立竞争优势的能力和资源，因此以显性知识为主。其目标是将子公司经验和优势向其他同类型东道国扩散，实现资源价值最大化，并鼓励子公司在应用和模仿基础上实现改革创新。

逆向知识转移为子公司向母公司的知识转移活动，母公司将通过战略导向引导调控子公司的知识活动，所涉及知识不仅是子公司需求，更是母公司所需的知识信息，因此转移知识多与具体的海外投资和实践活动相关联，无论是显性或隐性知识，都具有一定实践嵌入性。其目标是通过子公司平台直接接触东道国知识资源，并通过内部转移与母公司实现共享，并借由学习应用促进母公司自主创新，最终缩小母子公司的技术差距，提高基于知识资源的竞争优势。

概括来说，不同类型知识转移在转移过程、渠道、效果、知识管理战略、竞争优势构建等方面呈现显著差异（见表2-2）。

表2-2　跨国公司不同类型内部知识转移的差异比较

比较视角	顺向知识转移	横向知识转移	逆向知识转移
涉及知识类型	显性和隐性	显性为主	显性和隐性（嵌入性知识）
知识转移过程	母公司→子公司	子公司→子公司	子公司→母公司
转移渠道选择	内部工作手册、数据库、电子信息、管理沟通、轮岗交流等	电子平台信息、轮岗交流、现场考察学习等	工作报告、业绩汇报、电子平台信息、数据库资源、内部培训与学习等
预期知识目标	向子公司传递竞争优势和关键资源，将母公司优势向全球范围扩展	共享子公司经营经验和资源，实现资源利用价值最大化	共享东道国先进技术和知识资源，学习东道国经营经验，充实和满足母公司知识需求
知识转移效果	知识共享吸收、学习和模仿	知识传播和共享、模仿和应用	知识共享和吸收、应用和创新
知识战略观	知识作为维持竞争优势的依托，通过知识传播扩展竞争优势	知识作为不同子公司海外经营的沟通主题，促进不同子公司之间共享技术知识、经营经验和竞争优势	知识作为母公司海外经营的投资寻求重点，通过知识转移获取东道国先进战略资源
竞争优势	主要来源于母公司	不同子公司竞争优势的交流和模仿	东道国子公司对竞争优势的贡献
自主创新观	转移母公司技术优势，鼓励子公司学习和应用	共享先进知识，鼓励子公司在应用基础上改良创新	与母公司共享知识，促进母公司自主创新

资料来源：作者整理。

第二节　跨国公司逆向知识转移理论基础

一、产品生命周期理论

按照 Vernon（1971）观点，发达国家跨国公司利用对外直接投资扩散新产品、新技术，依次向其他发达国家、新兴工业化国家、发展中国家等转移。这是跨国公司在不同国家之间的知识与技术转移，而内部知识转移也应遵循这一规律。此外，跨国公司知识转移类型也存在以下演化规律：首先，由知识密集型向技术资本密集型国家转移，从技术资本密集型向劳动密集型国家转移，即知识发达方向知识匮乏方的转移，以特有技术、专利、生产许可、市场需求开发、管理经验为主；第二阶段以嵌入到生产过程的知识转移为主，表现形式为知识技术密集型向劳动密集型国家转移生产设备，而后者则向前者销售产品。Pearce（1989）则以研发全球化为题对生命周期理论进行修正。他认为，跨国公司海外研发的潜在职能是对不同国家的研发分支机构加以协调，同时获得东道国创新技术，跨国公司通过研发机构深入不同国家进行技术转移和学习。他强调海外研发机构通过内部知识转移和溢出为跨国公司提供技术支持，但对不同类型转移，即研发机构向当地子公司与母公司转移知识的差异性并未详细区分。

二、内部化理论

Buckley 和 Casson（1981）沿用科斯（1937）观点提出市场内部化理论。他们将市场不完善性归结为市场机制的内在缺陷，并从技术、知识等中间品特性与市场机制的矛盾入手，论证了跨国公司是经营内部化跨越国界的产物。内部化理论涉及企业资源的国际配置过程，这种配置和转移亦可用以解释内部知识转移。但内部化理论强调从交易成本视角进行分析，知识技术作为中间产品在跨国公司中实现内部化和转移过程，然而该理论也未能深入分析知识转移将采取何种形式进行，及其效果受到何种因素影响等具体问题。同时其知识转移分析大多强调母公司向东道国子公司的转移过程，包括专利技术、管理模式、市场信息等的转移过程，然而对子公司之间的知识转移，以及向母公司的逆向知识转移分析不多。

三、技术开发与技术增长理论

Kuemmerle（1999）从技术开发与增长视角对跨国公司海外投资动因进行了系统

阐述，在其相关论文中指出，跨国公司对外投资时重视增加公司现有知识存量或利用知识存量的需求。据此，跨国公司对外直接投资可分为两类：①以母国为基础的技术开发型（HBE）。其主要目的是充分利用跨国公司现有的技术知识存量，开拓国际市场，主要影响因素是东道国市场规模和成长潜力。②以母国为基础的技术增长型（HBA），其主要目的是从海外获取先进技术与知识，增加母公司现有技术存量，提高公司国际竞争力，其影响因素主要包括：东道国公共部门和私有研发机构的投资量、国内人力资源质量、有关科技领域卓越成就等。两类投资模式都强调知识存量增加、技术开发水平和创新能力提升，基于该理论的对外投资进程将极其重视知识管理活动，包括知识外部获取、内部转移、实际应用和开发创新，并借此提升跨国公司知识存量和技术创新水平。

四、创造性资产寻求型理论

创造性资产（Created Assets）一词是由 Dunning（1993）在《跨国企业和全球经济》一书中率先提出。Dunning 认为企业资产分为两种类型：自然资产和创造性资产，后者又被称为战略性资产（Strategic Assets）。自然资产包括自然资源和未经培训的劳动力。创造性资产是在自然资源基础上，经过后天努力而创造出来的基于知识的资产，可分为有形资产和无形资产。毛蕴诗（2001）认为有形资产包括金融债券、营销网络与通信设施等，无形资产包括工艺技术能力、发明创造能力、学习和管理能力、对创造财富的态度、对企业文化的态度、人际关系与政府关系，以及信息、商标、商誉和脑力等。随着企业国际化深入，跨国公司开始关注海外东道国市场的知识资源，希望借此获得创造性资产实现更有利于竞争优势构建的跨国投资。因此，20 世纪 90 年代以来，学界越来越关注创造性资产寻求型对外投资理论。Kogut 和 Chang（1991）在研究日本企业对美国投资动因时，发现其是以获得美国先进技术为目标。Almeida（1996）从美国企业视角切入，发现流入美国半导体行业的 FDI 所建立的合资企业，比美国本土企业更倾向于引用当地专利，这说明，在美国半导体行业投资的外资企业多以寻求当地技术资源为目标。Shan 和 Song（1997）也以美国生物技术行业为例肯定外国企业投资目标为学习当地技术。

创造性资产理论研究初期，学者大多从发达国家视角进行探讨。事实上，以创造性资产寻求型动因向发达国家投资的企业多来自于存在技术差距的发展中国家或新兴经济体，因此其后许多学者选择转变视角。Kumar（1998）以亚洲新兴经济体为研究对象，通过问卷调研分析其向发达国家投资的主要动因为获取东道国品牌资源、先进技术和分销渠道等战略性资产。这种投资表现为对发达国家当地企业的进攻性并购，与当地供应商或顾客的长期"关系网络"。Hobday（1995）在研究亚洲 IT 行业国际化的过程中，发现来自新兴经济体的 PC 企业大多遵循由 OEM 向 ODM 最后向 OIM/OBM 发展的过程。企业最先以 OEM（Original Equipment Manufacturing）方式参与跨国经营，由发包方提供产品设计，自己提供生产的过程中学习和提升设计和生产技能。随着自身技术创新能力提升开始转变为 ODM（Original Development Manufacturing）方式，根据发包方的产品需求提供全面的产品设计。最后，部分 ODM 企业发展为自创想法（OIM，Original Idea Manufacturing）或自创品牌（OBM，Original Brand Manufacturing）的产品制造商。在此过程中，跨国公司不仅实现了由外部向内部的知识转移和积累，更实现了自主创新能力的提升。Wong（1999）则认为不仅局限于 IT 行业，其他行业制造商都具备关注技术的经营特征，他们会根据产品技术能力（Product Technological Capabilities）和工艺技术能力（Process Technological Capabilities），将其在跨国经营中的技术寻求型路径分为反向价值链战略、反向生命周期战略、应用领先和技术领先等不同类型。

此外，我国学者也纷纷开始探索中国企业对外投资的创造性资产寻求动因。吴先明（2003）认为对外直接投资是中国企业提高技术和管理组织能力的重要途径。由于发达国家与中国的技术差距，国际领先技术和发明往往集中在发达国家，也最早被应用于发达国家市场，因此，想要掌握最新技术知识，最直接的方法是在发达国家设置分支机构，直接获取该国技术资源，直接接触国际领先水平的人才市场，引进当地最新管理模式和工具。而中国企业的最终目标是通过内部转移实现先进知识内部化，借此提高自身知识储备、创新能力和管理效率。随后，吴先明（2008）又进一步指出中国企业实行创造性资产寻求型对外投资可遵循的五种模式，即基于 OEM、基于旗舰网络、基于海外技术监听、基于海外并购和基于学习联盟的创造性资产获取模式。

根据创造性资产寻求型投资理论，许多发展中国家跨国公司为自己开辟了在国际市场提升技术创新水平的新途径。它们在发达国家获取先进知识，并通过内部转移将其转化为自身知识储备，为提升自主创新能力创造条件。

五、两代知识管理理论

第一代知识管理着重关心组织内部的知识管理，且内容多涉及显性知识，积极采用数据仓库、群件、文档管理、成像和数据挖掘等技术，实现以技术为中心的知识转移和共享。而第二代知识管理则修正了第一代以技术为中心的狭隘思想。IBM知识管理咨询公司负责人 Mark W. McElroy（2003）在《新型知识管理：复杂性、学习和持续创新》一书中明确提出"第二代知识管理"的概念，第二代知识管理将方法由技术中心向人员中心转移，它更注重知识共享过程的主动性和参与人员积极性，同时兼顾正式和非正式渠道的知识转移，鼓励员工通过面对面接触、交流和互动传递知识和经验，构建相互信任的环境和学习氛围。两代知识管理理论的区别在于以下方面，如表 2-3 所示。

表 2-3　两代知识管理理论的异同比较

比较方面	第一代知识管理理论	第二代知识管理理论
过程模型	知识存在—收集—编码—共享知识	知识产生—验证（编码）—整合（共享和传递）
关键环节	组织内现有知识的共享，以及知识转移过程技术障碍的解决	强调构建鼓励创新和创造力的环境，通过学习和创造新知识提升竞争力
知识域	混淆了个人和集体知识的边界	区分了个人、小组和组织知识领域
支持环境	培训程序、实践社区、知识获取、知识管理文化和运作管理	个人学习、组织学习、创新和 IC 管理、询问式社区、Think Tanks、管理规划等
技术工具	信息门户、Intranet、信息管理、工作产品管理、内容管理和群件	知识门户、创新管理工具、群件、虚拟团队、E-mail 和 Listserv 讨论组
参与主体	仅限于组织内部的知识共享	不仅在组织内部进行学习，还要积极向外界学习，如组建知识联盟等
知识类型	显性知识和隐性知识	陈述式知识和程序式知识
管理战略	强调个体员工管理，注重个体行为	强调组织环境维护，注重组织学习与管理

资料来源：McElroy，2003。

第三节　跨国公司内部知识转移过程模型

一、知识转移过程模型

（一）知识共享和转移的双轨道模型（见图 2-1）

Authur Anderson 公司（1996）提出了组织内部知识共享和转移的双轨道模型。他认为知识管理关键环节为：组织知识层；知识共享和转移流程；共享支持机制。知识转移包括从创造、定义到收集知识，再到适应环境、组织吸收和理解、实践运用、经验积累直至知识内化的循环过程，而转移支持因素来自于领导、文化、技术和评估四方面。①领导支持。知识转移需要组织领导层的有力支持，不仅将知识共享作为企业核心课题，重视知识资源的应用和创造，更要将知识观传递给所有员工，并作为招聘人才、绩效考核、职业发展的衡量标准来鼓励员工共享、应用和创新知识。②文化支持。该公司认为组织应积极构建鼓励知识共享的文化氛围，提升组织民主和信任度，培养员工的学习和成长意识等。③技术支持。组织应开发支持知识管理和共享的技术工具，包括保证沟通的联系网络，完善数据库和信息系统，提升团队分工和协作效率等。④评估支持。组织应当构建全面的评价指标体系衡量知识共享、转移和管理绩效，包括财务性与非财务性指标。

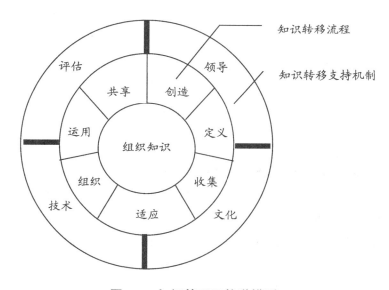

图 2-1　知识管理双轨道模型

资料来源：Anderson，1996。

该模型提倡要构建全面而严谨的知识转移过程和支持系统指导组织进行有效的知识管理，但缺点是没有对组织知识进行区分，尤其隐性和显性知识在转移过程中的差异性没有体现出来。

（二）知识管理的三柱模型（见图2-2）

Wiig（1997）认为知识管理不仅涵盖知识获取和吸收、知识价值评估等初级活动，更应包含知识转移、应用与创新等高级活动。因此，Wiig用三个柱子分别表示不同层次的知识管理活动，柱子 I 表示知识收集、获取、分类和编码，代表知识吸收的初步准备活动；柱子 II 表示知识价值的评估和测算，为知识共享和应用提供决策基础；柱子 III 表示与知识有关的集体活动，包括组织内部或团体成员之间的知识转移、知识资源重新配置、知识应用和知识再创新等，使知识资源价值在组织内部实现最大化。三根柱子代表的不同层次知识管理将初级和高级活动联系起来，构建了更全面的知识管理理论框架。

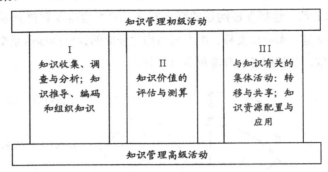

图 2-2　知识管理三柱模型

资料来源：Wiig，1997。

（三）Szulansk 的四阶段模型（见图 2-3）

Szulansk（2000）通过 8 家企业 122 组内部知识转移实践活动的问卷调研，概括得出知识转移的四阶段模型，并分析不同阶段的影响因素。四阶段模型是指知识转移将经历"创造"（Initiation）、"实施"（Implementation）、"倾斜或曲折"（Ramp-up）、"整合"（Integration）的过程。组织产生知识需求是知识转移最初意愿的形成原因，然后通过分析评估制定知识转移方案，即第一阶段"创造"过程的主要内容。而将知识转移方案初步付诸实施是"实施"过程的主要任务，实施过程中必然会存在困难和阻碍，甚至知识接受方对知识转移效果的质疑和否定，转移双方应努力适应转移过程，调整转移目标和行动方案，逐渐向满意的知识转移改进，这是转移过程必然经历的"曲折"。最后，在双方不断沟通、调整和适应的积极合作下，知识转移过程得以顺利完成，实现最初的知识需求和共享目标，最大程度地达到知识转移双方满意的结果，即"整合"过程。

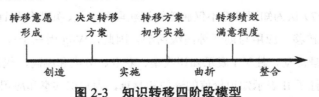

图 2-3　知识转移四阶段模型

资料来源：Szulansk，2000。

　　同时作者也探讨了知识粘性（stickiness）在不同转移阶段的阻碍作用。创造阶段的知识粘性主要指准确把握知识需求和认知转移机会的困难；实施阶段的知识粘性主要来源于知识转移双方资源能力的变化，以及信息不对称等因素造成的影响；曲折阶段的知识粘性则来自于知识转移到全新环境中，其生产设备、工艺流程、管理系统等配套设施与输出方知识环境的不一致，由此造成的新环境下知识应用效能降低，阻碍知识转移目标实现；整合阶段的知识粘性大多来源于双方对知识转移满意度判定标准的差异，如何实现双方的共同满意是经历曲折转移过程的双方需共同协商的难题，同时双方必须存在这样的共识：知识转移并不是惯例化或常规化（routinized）过程，面对每一次新知识转移，组织都必须因时制宜开发新方案来适应不同转移需要。

（四）Dixon 的循环过程模型（见图 2-4）

　　Dixon（2002）着力研究企业内部形成和分享知识的系统过程及影响其效果的主要因素，他认为企业知识转移是在某项任务中积累知识再将其应用到新任务中，在新任务中提炼新知识，并再应用到另一新任务的循环过程。员工团队在执行任务过程中将通过总结经验形成共有知识，再通过知识转移将共有知识与内部其他任务组或团队成员共享，使知识能在企业内部实现价值最大化。然而，不同任务情境下知识共享的过程和效果均不尽相同。知识转移以及在新环境中的知识应用与任务情境的基础条件和组织环境直接相关，当知识输出方与知识输入方的环境条件类似时，知识转移和共享的效果更好，因此知识转移和管理过程并不存在普适性准则或通用性模型，实践者必须根据情境条件选择合适的转移模型。

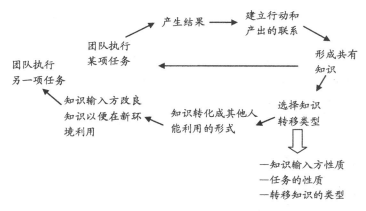

图 2-4　知识转移过程模型及影响因素

资料来源：Dixon，2002。

Dixon（2002）进一步分析影响企业选择知识转移过程的主要因素包括知识接受方性质、应用任务性质以及知识类型等。知识输入方任务背景和环境条件与输出方的相似程度将直接影响吸收和应用知识的效果，此外，知识输入方的吸收能力也将从基础能力、吸收经验和吸收程度等方面影响转移效果。知识应用到实践任务中，任务工作的性质也将影响知识转移效果，例如常规性和非常规性工作对知识管理的要求不同，常规性工作经常发生，要求详细而规范的制度作为工作指导，与之相应的知识资源更易显性化和编码化，其转移过程更易控制且效果更佳；而非常规性工作则要求指导规则的灵活性和创新性，随时根据环境变化调整应对方案，因而知识资源更强调思想性，转移难度较高也要求转移渠道更适应隐性知识要求，例如增加面对面交流，多采用经验传授和实地考察方式传授思想、分享感受和激发思维，由此也说明了知识类型对转移效果的影响。

（五）Tabachneck–Schijf 等的五阶段模型

Tabachneck-Schijf，Hermi 和 Geenen（2009）认为组织内部知识转移要经历五阶段模型，如表2-4所示。他们的观点主要适用于隐性知识转移，强调运用专家的力量和经验将隐性知识显性化，再编码转移给新的使用者实践应用，并评价和解释应用结果。他们关注知识转移过程的专业转化方法和科学评估体系，设置系统软件或模型对知识转移过程和效果进行控制，并增加了对知识转移效果的评价解释阶段，相较于其他模型有所进步。

表 2-4　知识转移过程的五阶段模型

阶段	描述	条件
1	与专家交流实现知识显性化	专业知识可转化为显性模型
2	与专家交流完成模型评估	显性模型可运用使用者语言进行解释说明
3	知识使用者的数据输入	运用使用者语言输入数据
4	对知识使用者的结果输出	运用与使用者语言兼容的格式输出结果
5	结果解释和评估	运用与使用者语言兼容的格式输出模型分析

资料来源：Tabachneck-Schijf，Hermi 和 Geenen，2009。

二、知识转移作用机制模型

（一）内部知识转移的跨国模型

Perlmutter（1969）认为母子公司关系管理存在极大的环境差异性和复杂性，因此不同母公司的管理理念不同，按照母公司管理战略导向差异可将母子公司关系分为母公司导向、子公司导向和母子公司整体导向，它们分别代表以母公司战略为指导，或以子公司自治为依托，抑或以母子公司整合协调为核心的母子公司管理模式。其后，Doz 和 Prahalad（1987）针对母子公司导向的战略管理模式，提出了跨国公司应该遵循母子公司管理两重性，即关注母子公司战略统一的同时也要关注子公司的本土化响应。母子公司协调控制模式意在调节两者，并最终寻求最适合企业整体发展的均衡点。均衡点不同则战略协调机制将有所不同，若母公司更顾及母子公司战略统一，将倾向于实施控制力强的全球一体化模式；若母公司兼顾东道国当地化需求，则更鼓励子公司实施自治管理和当地响应战略。

Bartlett 和 Ghoshal（1987）在跨国公司整合—响应模型基础上进一步指出，跨国公司在国际化活动中必须完成三项任务，即当地需求的快速响应，全球范围的战略整合和效率提升，以及内部知识转移。通过分析，两位学者将母子公司管理协调机制与跨国公司内部知识转移有机地结合起来，开辟了全新的讨论视角。他们认为为实现和协调三种任务能力的有效整合，引入了母子公司关系管理的全新模型——跨国模型。跨国模型将母子公司看作跨越国界的网络系统，通过母子公司战略协调提升全球运营效率，通过实现当地需求的快速响应提升运营灵活性，通过组织内部知识转移实现全球范围的资源配置。模型将母子公司关系管理和协调模式与知识管理联系起来，使知识转移成为跨国公司内部的必要活动，并鼓励母子公司协调机制为之服务。其后，许多北欧学者陆续进行了母子公司网络化关系管理研究，他们被称为北欧学派或网络学派。其主要观点认为母子公司协调管理机制不仅包含对子公司的控制，也包括组织内部网络的资源配置，其中知识资源配置尤为重要。通过知识转移实现内部网络节点之间的知识传播、共享、利用和创新，是跨国公司的重要任务之一，而有效的母子公司协调模式将有助于母公司对子公司知识获取和转移的监控，有助于母公司知识需求在子公司的有效响应，有助于母子公司之间的高效沟通，有助于组织内部学习氛围构建和知识创新。

跨国模型最先开始关注跨国公司内部的知识转移问题，将国际化战略与母子公司关系纳入到知识转移研究中来，并对逆向知识转移进行初步探讨。然而，该模型对内部知识转移仅限于理论探讨，尚未深入分析其特征与影响因素。

（二）知识共享过程的核心能力模型

Leonard-Barton（1993）认为知识创造和管理过程根据知识来源不同而存在差异，

并由此导致知识共享模式和影响因素也不尽相同。作者认为知识创造或来源于四方面，即内部、外部、现在和未来。组织应该根据内外部环境对知识需求的差异进行均衡选择，而组织对知识共享的支持能力也将影响这一过程。知识共享核心能力主要来自于物理系统、管理系统、员工的技能和知识、组织的价值观与规范。物理系统主要关注 IT 系统、组织结构和流程设计是否能有效支持知识共享过程，它为知识转移和管理提供必要硬件。管理系统是指组织资源配置政策、薪酬制度、激励机制、培训计划和职业生涯规划等是否支持知识创造和获取，它将人的因素纳入到知识管理中来，为知识转移过程提供软件支持。员工的知识和技能直接关系其吸收和应用知识的能力，包括科学知识（或公共知识）、行业特有知识和组织特有知识。组织的价值观和规范则会影响组织学习和创新氛围，影响其对新知识的接受和理解，影响员工获取、学习、传递和应用新知识的积极性。四种能力的影响如图 2-5 所示。其中外层能力隐性程度越高，对组织影响力越大，属于精神层面的知识支持机制；而内层能力则更为显性，属于实体层面的支持系统，两者相辅相成缺一不可。

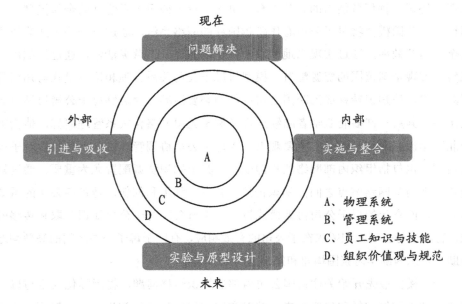

图 2-5　知识共享过程的核心能力模型

资料来源：Leonard-Barton，1993。

同时，该模型还指出组织通过四种方式创造并建立核心知识。①问题解决："目前"导向的知识创造方法。问题解决法是指组织通过应用一种崭新、有创意且有效的方法来解决当前问题时，能产生新的知识。②实验与原型设计：面向"未来"的知识创造方法。前者是为研发新产品或创造新知识而做的实验，后者则主要是针对原型产品的改良创新方案。③引进与吸收："外部"导向的知识创造方法。前者是指组织通过招聘专业人才、购买专利、授权许可、员工的外部培训、行业会议等渠道直接获取外部知识源的知识，后者则是指组织通过与外部知识源的合作项目或经验交流吸收知识，包括研究机构、高校、咨询公司等合作伙伴。④实施与整合："内部"导向的知识创造方法。组织将获取和创造的新知识在组织内部实现共享和转移，使个人知识和小组知识转化为组织整体知识，并将其正确应用到合适的实践活动中去。

（三）螺旋型知识转换生成模型

Nonaka 和 Takeuchi（1996，1997）深入研究了 20 世纪 70—80 年代日本企业的知识创新经验，在其论著《创造知识的公司》中提出了著名的螺旋型知识转换生成模型（SECI 模型）。他们认为企业会不断吸收和创造知识，并积极将新知识传递到公司内部不同组织单元，使其能应用到新实践活动中去。知识分为显性和隐性知识，二者共同决定企业组织的创造性活动，并能够通过相互转化而使知识更易于传播、理解和应用。显性和隐性知识的相互转换过程包含社会化（Socialization）、外部化（Externalization）、组合化（Combination）和内部化（Internalization）四种，通过四种模式实现两种知识类型的转换，使得隐性知识能够内化和编码化为显性知识而被知识应用者接受。这类知识转换和共享活动不仅发生在个人层面上，更会发生在团队甚至组织层面上。"社会化"是指通过观察、模仿和实践来共享经验从而实现隐性知识向隐性知识转化的过程，隐性知识之间的转化和传递主要通过观察实践、分享经验等基于情感和思维的转移方式；"外部化"是指用显性化的语言表达和概念实现由隐性知识向显性知识转化的过程，主要通过概念、模型、类比等方法将隐性知识具体化；"组合化"是指显性知识和显性知识的组合，它是运用信息技术、编码语言或数字符号等途径将显性知识进行组合和系统化的过程，主要应用会议、文档、电话记录等传递文本资料的方式，以及计算机和网络等传递电子资料的方式；"内部化"即显性知识到隐性知识的转化，是将显性知识概念化和形象化为精神层面内容，并通过前面的外部化和组合化为员工接受吸收，主要通过实践、训练和学习来实现知识转移和共享（见图 2-6）。

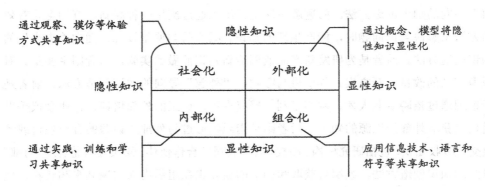

通过观察、模仿等体验
方式共享知识

隐性知识

通过概念、模型将隐
性知识显性化

隐性知识

社会化　　外部化

显性知识

内部化　　组合化

通过实践、训练和学
习共享知识

显性知识

应用信息技术、语言和
符号等共享知识

图 2-6　知识创造和转移的 SECI 模型

资料来源：Nonaka and Takeuchi，1996。

作者进一步分析在不同类型的知识转化和生成过程中知识将在不同场所和环境下创造和转移。所谓"知识转化和生成的场所"被称为"场"（Ba），这种知识"场"不仅包括实际场所，如办公室、商务会所等，也包括虚拟场所，如电子邮件、视频会议等，或基于人员的传递渠道，如经验共享、共同目标和价值观等。对应不同知识转移类型存在不同的知识转换场，社会化过程在起源场发生，外部化过程在对话场发生，组合化过程发生在系统场，内部化过程发生在实践场。起源场（Originating Ba）是人与人之间面对面交流沟通的场所，通过与不同岗位员工、顾客和高层管理人员的直接交流共享经验和想法，交流情感、认知和感觉的平台，是实现知识社会化的有利场所。对话场（Dialoguing Ba）是集体成员之间面对面沟通交流，将个人思维、经验和技能通过对话转换成公共概念和知识的场所，是将个人隐性化知识通过集体对话交流概念化、形象化、显性化的外部化过程实现的地方。系统场（Systemizing Ba）是集体成员之间在虚拟环境下交流的场所，通过电子平台和网络共享、转移和创造知识，实现显性知识的组合创新，即实现组合化的主要场所。实践场（Exercising Ba）是个人在虚拟环境下交流的场所，如企业大学、研究院和实习中心等提供培训和学习的场所，使其能通过实际训练、学习和探索将组织可编码的显性知识内部化为个人经验和技能的隐性知识。

SECI 模型不仅探讨了个人之间乃至组织之间不同类型的知识创造和转移过程，将显性知识和隐性知识之间可能的组合囊括进来，还深入分析了知识创造和转移的场所，也可称为知识转移的渠道和途径，并将不同知识转移类型与渠道结合起来，为企业知识转移活动构建完整的模型体系，也为组织全面评估知识管理和创造绩效提供了评价依据。

（四）知识转移过程的决策树模型

Jasimuddin（2007）选择 30 家美国高新技术行业跨国公司的内部知识转移活动进行案例研究，主要探讨作为知识管理战略重要环节的内部知识转移将怎样在大型跨国公司内部运行，在此过程中又会受到哪些因素影响。基于以往研究多关注影响因素并未直接探讨知识转移机制和过程，本书将影响知识转移的主要因素纳入到决策机制模型中来，构建知识转移决策树模型描述不同因素影响下知识转移过程的不同选择。（如图 2-7 所示）

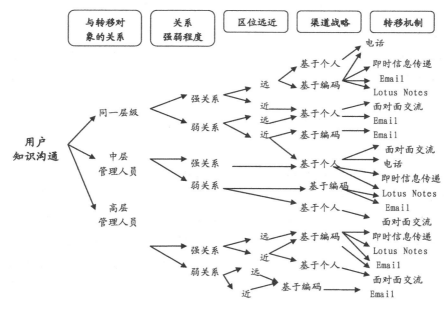

图 2-7　知识转移机制的决策树模型

资料来源：Jasimuddin，2007。

作者认为，影响知识转移过程选择的主要因素包括知识接受方性质，转移双方联系密切程度，知识接受方地理区位和转移渠道基本战略。其中知识接受方性质是指接受方在管理层级上与输出方或使用者的关系，知识转移渠道的基本战略包括基于人员（Personalisation）和基于编码（Codification）的知识沟通方式。根据影响因素差异跨国公司内部知识转移机制可分为应用电话（Telephone）、Email、即时信息传递（Instant Messaging）、Lotus Notes 和面对面交流（F-2-F）等形式。

其中，电话、Email 等方式的应用不必赘述，Lotus Notes/Domino 是由美国 Lotus 公司开发的全球知名文档数据库系统之一，是企业内部通讯、协同工作及 Internet/Intranet 平台。它具有完善的工作流程控制、数据库复制技术和完善可靠的安全机制，尤其适合于处理各种非结构化与半结构化的文档数据，建立工作流程以及各类基于 Web 的应用。前四种转移机制多被用于显性知识共享，而 F-2-F 则是主要被应用于隐性知识传递的面对面交流机制。影响因素中双方联系密切程度越高，越倾向于直接高效且能保证即时接收的转移方式，包括电话、即时信息传递、Lotus Notes 和面对面交流。地理距离远近直接决定是采用面对面交流还是基于网络平台的转移方式。知识接受方性质所代表的与输出方的管理层级关系，主要分为同一层级的同事（colleagues having the same level）、中层领导（immediate boss）和高层领导（second line managers）。随着知识接受方管理层级上升，对知识转移和传递效率的要求更高，更倾向于采用快捷即时高效的转移模式，如即时信息传递、Lotus Notes 和面对面交流。

（五）基于竞争优势的知识转移困难模型

Argote 和 Ingram（2000）从竞争优势视角探讨了组织为何进行内外部知识转移的原因，这是因为组织为了从外部获得构建持久竞争优势的知识资源，并通过内部共享和转移实现知识价值，从而帮助组织在知识应用过程中构建异于竞争对手的技术、服务或组织优势等。知识转移是组织获取、共享、传播、实践和积累知识的平台，也是组织构建基于知识资源的特有竞争优势的必要途径。同时，Argote 和 Ingram 还进一步探讨了组织知识转移的主要困难，并围绕知识转移困难构建知识转移影响因素的理论模型。

Walsh 和 Ungson（1991）提出组织内部转移和共享知识可能面临的种种障碍，主要来源于五个方面：①参与转移的个体成员（individual members）；②组织结构和性质（roles and organizational structure）；③组织运营程序与实践活动等（standard operating procedures and practices）；④组织文化；⑤工作环境的物理结构（the physical structure of the workplace），五类因素在知识转移中发挥重要作用，任何环节出现问题都会阻碍知识转移进行。Argote 和 Ingram 则在前人研究的基础上创新思维，从人员（people）、任务（tasks）和工具（tools）三个角度构建影响知识转移的困难模型。人员表示参与知识转移的个体成员，在组织内部表示知识输出方和输入方成员，双方的能力和意愿都是主要因素，而作者重点强调了知识输入方的战略导向，以及双方知识基础差距对知识转移的影响。任务表示知识转移内容和实践应用场所，知识转移内容即知识特性对转移效果存在影响，尤其知识嵌入性较强的转移活动尤为困难，无论是与人员还是工具嵌入程度越深的知识都越难转移。此外双方对于知识的实践应用具有不同的环境和资源要求，双方在应用知识的战略导向、物理环境条件等的"相似程度"将是阻碍知识转移的主要因素。工具主要表示知识转移渠道和平台，可能是基于电子和网络平台，也可能是基于人员的沟通渠道，其畅通程度和传递准确率都将影响知识转移效果。这就构成了作者探讨知识转移的困难模型。该模型不同于其他学者的正面视角，而是从可能造成障碍的负面因素切入，对剖析知识转移的内在原因和知识转移过程控制具有积极意义，然而作者却未能进一步验证模型观点，且对困难模型的因素分析过于零散，未成体系，使得该模型还存在可改进空间。

大多数国内外学者对组织内部知识转移的研究主要集中于过程控制和来自参与者、转移环境和知识类型等方面的影响因素，对因素体系的分析没有形成统一定论。而当知识转移延伸到跨国公司内部时，学者大多针对发达国家跨国公司进行研究，因此转移过程多为子公司之间的知识转移或跨越价值链的外部知识转移，抑或是母公司向子公司的顺向知识转移，而针对逆向知识转移的系统研究并不多见。可见，现有作用机制模型在研究逆向知识转移时还存在改进空间，以逆向知识转移为核心构建影响因素或作用机制模型是极具研究意义的。

第四节　跨国公司逆向知识转移作用机制研究

知识转移过程涉及多个主体，导致影响知识转移效果的因素也极其复杂，包括企业内部与外部等方面。本研究着力探讨企业内部作用机制或影响因素对知识转移效果的影响。根据大多数研究成果，企业内部影响因素涉及：知识特性本身；知识输入方；知识输出方。以往关于跨国公司知识转移的研究针对子公司和知识特性影响的探讨较为集中，但对母公司影响因素研究并不突出。本研究希望从母公司战略视角探寻其影响知识转移的主要因素，同时兼顾子公司知识转移意愿、渠道和知识类型的影响。因此该部分文献回顾将从三方面进行：一是知识特性的影响作用；二是母公司作用机制因素，也是本书的研究重点，主要包括后文将涉及的国际化战略导向、母子公司控制协调机制、知识吸收能力、转移支持机制，以及公司战略角色研究；三是子公司作用机制，包括转移意愿和渠道的影响作用等。至于知识转移评价的相关研究将在后文问卷设计的分析中有所涉及。

一、知识特性的影响

Teece（1977）认为内部知识转移的影响因素包括企业的知识转移经验、转移成本、知识特性、接收方的知识应用条件和外部竞争状况等。Szulanski（1996）则认为影响因素主要来自于激励因素和知识特性两方面。所谓激励因素是指对子公司知识转移的主动意愿给予激励的相关制度，而知识特性主要包括知识的模糊性（ambiguity；Simonin，1999）、隐性（tacitness；Birkinshaw，Nobel & Ridderstrale，2002）、情境嵌入性（embeddedness；Cantwell & Mudambi，2001）等特征。作者通过问卷调研的实证分析得出上述因素对知识转移效果的显著影响，其中知识特性的影响作用明显强于激励因素。知识特性对转移过程的影响表现为知识转移渠道、模式、难易程度和转移工具的差异，等等。

此外也有学者从知识粘滞性（stickiness）视角探讨知识特性的影响。Li和Hsieh（2009）认为以往研究知识转移的文献大都集中于外部情景因素，对知识转移执行过程中内部变量的影响探究不足。本研究就针对粘性知识的转移活动进行分析，认为知识粘性越强，其转移活动的执行过程要求更高，内部化倾向和创新倾向更强，由此将促使企业获得更好的知识转移效果和创新绩效。其中所谓知识粘性是指知识依附于其拥有者的状态和程度，这种知识属性将阻碍知识转移过程，因此必须通过更有效的转移执行和支持机制等过程因素，更强有力的内部承诺和相互信任等心理因素才能克服知识粘性，实现更有效的知识转移和创新进程。而许强（2008）则直接提出由知识复杂性、隐性、专用性和嵌入性等特性造成的知识粘滞性是阻碍内部知识转移的主要原因。知识粘滞性将造成企业知识转移的认知成本和治理成本，前者主要指由于转移渠道和过程的干扰因素而造成的知识丢失，或由于转移双方的理解差异而造成的知识误读或解码错误的成本；后者主要指为防止知识接收方滥用知识造成知识拥有者的损失而付出的成本。知识转移成本往往会受到转移参与者的组织学习惰性、知识转移经验、双方交往密切程度、契约和信息不对称等因素的影响。

近年来，在研究知识特性对知识转移影响的文献中，对知识嵌入性的研究越来越受到关注。Cantwell和Mudambi（2001）认为母子公司内部知识流动包括核心知识和辅助知识，前者与企业主要业务流程相关，后者与辅助业务流程相关，分别代表价值创造的不同环节。这种与相关业务环节相关联的性质就是所谓知识嵌入性，当嵌入某项实践活动的知识资源进行转移时将面临更大的阻力。Argot和Ingram

（2000）分析当知识嵌入于人员、任务或工具构成的网络中时，可能会出现与知识接收方组织环境不匹配的风险，知识嵌入程度越深，风险越大，由此造成的知识转移认知成本越高。国内学者也对知识嵌入性的影响进行深入研究。王清晓、杨忠（2005）基于情景模型视角，认为影响母子公司跨国知识转移的主要因素来自三方面：一是知识本身特性；二是宏观的文化制度因素；三是微观企业因素。知识的隐性程度和情景嵌入性与知识转移成负相关关系，隐性知识的内部转移难度更大，而情景嵌入主要指企业所获得知识是与特定目标相联系，与某项实践活动相关联，也就是说，所需知识是嵌入于特定内外部情境中，内部情境包括组织结构、工作流程、技术、企业文化和非正式组织；外部情境包括社会政治、经济和文化环境等。情景嵌入越深，知识转移难度也就越大。此外，跨国公司与东道国的文化和制度距离也与知识转移成负相关。薛求知、关涛（2006）主要研究知识默会性与知识嵌入性对知识转移过程的影响。知识默会是指某类知识用文字、图像甚至声音都不太能准确表达，即使通过描述也难以让接受者把握知识本质，这类知识转移必然会遇到较大阻碍。知识嵌入性亦是如此，因为此类知识与某项特定实践或企业背景相关联而导致转移困难。作者进一步分析对于此类知识应采用特殊转移工具，包括人际沟通、编码传播和内嵌转移。

二、母公司作用机制因素

母公司通过其战略导向对子公司知识转移类型和意愿产生影响；通过母子公司协调机制对转移意愿、渠道和效果产生影响；通过知识吸收能力和转移支持系统促进逆向知识转移效果。前两者从母公司组织战略视角构成影响逆向知识转移的控制机制，后两者从吸收和支持能力视角构成母公司的吸收机制，本研究将基于上述四方面对现有文献进行分析和梳理。

（一）国际化战略导向

Si 和 Bruton（1999，2005）认为国际投资战略动因对跨国公司内部知识转移，尤其是中国合资企业内部的转移活动具有积极作用。Volet（1999）在研究不同国家大学研究机构之间的知识转移时，也将参与成员对知识转移的认知、动机和行为对转移效果的影响纳入到讨论体系中来。他认为，来自新加坡和香港等地受儒家文化影响的华人学生在澳大利亚等西方国家进行跨国界交流和跨文化知识转移时，各自文化背景的差异固然会对转移效果产生影响，但参与者自身的知识转移动机和学习情绪对其的影响更显著。可见，Volet 也赞同从参与者自身战略动机的视角探讨知识转移效果问题。但在解释国际化战略如何影响知识转移效果的问题上，学界存在不同观点。

部分学者认为跨国公司会通过战略导向引导子公司的知识需求。Frost 和 Zhou（2000）认为，国外子公司"获取知识通常是因为受到所处环境异质性的影响"。因此，外部网络，例如与当地顾客、竞争者及研究机构的关系，对子公司更新现有产品技术，创新核心流程以及相关的知识转移活动会产生显著影响。它不仅关系到跨国公司内部现有的资源、信息和知识存量，而且还在很大程度上决定了公司未来的可控资源大小和创新能力发展。Owen-Smith 和 Powell（2004）则进一步分析，东道国知识强度会影响母子公司关系，对当地资源向公司内部的知识转移是驱动也是障碍。Saliola 和 Zanfei（2009）则通过研究全球价值链内部的知识转移，分析国际化战略通过影响子公司知识转移意愿产生作用。他们强调分别作为买方和供方的价值链不同企业之间存在大量不同类型的知识转移。在此过程中，知识输出方对知识的控制程度将影响其转移知识意愿，如知识密集型企业更倾向于向其他组织转移知识；输出方企业跨国经营的性质和程度也对内部知识转移产生影响，因为这类公司更倾向于融入全球价值链关系网络并实现资源共享；此外，东道国子公司的经营年限和在当地购买投入品的采购比例等因素也会影响知识转移，这是因为上述指标从时间和数量层面分别衡量了子公司融入东道国经营环境的当地化程度，程度越高，则更倾向于与当地环境的外部知识转移，但若其自治能力提升，也可能导致向母公司进行知识转移的意愿会随之减弱。

此外，其他学者则针对国际战略对知识转移效果的直接作用进行研究。Niederman（2005）应用知识转移和 IT 劳动力外包的两类案例探讨国际经营战略和信息系统对知识共享的影响。其中，国际战略对知识转移具有积极作用，尤其对跨国公司内部知识转移。因为这类知识活动跨越不同国界，市场导向的国际战略可引导其重视不同东道国市场和宏观环境的差异，进而鼓励其获取东道国市场和文化知识以便进行更有效的国际经营决策。Luo 和 Peng（1999）更强调国际投资战略中的国际化经验对内部知识转移的影响，海外投资的跨国公司如果具有在东道国直接经营，或借助合作伙伴和价值链的经营经验，则更易于与东道国子公司之间发生内部知识转移。Giroud（2002）也发现跨国公司的海外投资战略以及公司国籍会对其与海外子公司之间的纵向知识转移产生影响，新兴工业国家的内部知识转移就明显少于美国等发达国家。其他学者也关注国际化战略中的其他因素对知识转移的促进作用，包括知识寻求性投资动因（Gupta & Govindarajan, 2000；Lord & Ranft, 2000），组织结构（Lord & Ranft, 2000），以及共享价值观等（Whilst Li, 2005）。Schlegelmilch 和 Chini（2005）认为跨国公司是否能获得持久竞争优势在于其是否能从海外东道国经营过程中获得创造性知识（created knowledge），并将其应用到母公司中来。因此作者通过理论研究构建了母公司寻求创造性知识的国际化战略与跨国公司内部知识转移 尤其是逆向知识转移效果的理论模型。模型中，作者强调母公司的国际化战略通过影响子公司知识转移意愿和渠道选择，进而影响知识转移效果和取得的知识价值 从主观意愿角度设定了知识转移的可能性。同时，Schlegelmilch 和 Chini 也肯定参与知识转移的能力也将从客观能力角度影响其转移和吸收知识的效果（见图 2-8）。此外，转移双方的组织和文化距离也将成为影响其过程的调节变量。本书对逆向知识转移中母公司战略导向的积极作用进行探讨，但并未选择适当方法进行实证验证。

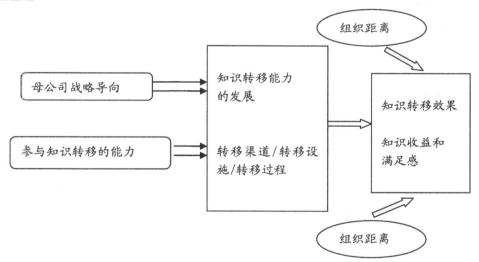

图 2-8 基于战略导向的跨国公司知识转移模型

资料来源：Schlegelmilch 和 Chini，2005。

除此之外，Duanmu 和 Fai（2007）着力研究跨国公司对中国供应商的外部知识转移。在针对 16 家无锡电子行业供应商进行案例研究后，作者发现，跨国公司对供应商进行的纵向知识转移可分为三个阶段，即初始阶段（Initiating Stage）、发展阶段（Developing Stage）和强化阶段（Intensifying Stage）。初始阶段主要进行供应商的评估和选择；发展阶段的跨国公司通过知识转移参与供应商运营，帮助供应商控制成本，提升运输绩效和产品质量稳定性；强化阶段跨国公司与供应商的知识转移和共享经营已经初具经验，将更积极推进供应商的基本运营和创新活动，尤其是持续产品改进和新产品研发，借此强化跨国公司的外部知识转移效果。不同阶段跨国公司与供应商的知识转移表现出不同的战略导向，这与跨国公司本身在东道国的国际化动因息息相关。初始阶段到发展阶段对应跨国公司在东道国经营的初步发展阶段，公司更看重海外投资的产品质量和运营效率提升，也就更关注质量和效率导向的知识转移活动。发展阶段到强化阶段的跨国公司已具有丰富的东道国运营经验，国际化动机也由之前的效率导向型投资向战略性资产寻求型转移，因此它更关注运营绩效、产品改良和创新等创造性活动的知识转移。同时，不同阶段的知识转移对应不同类型知识，显性技术知识主要被用于初始阶段，显性技术知识和部分隐性知识被用于发展阶段，而剩余部分隐性技术知识和管理知识被用于强化阶段。

与此同时，国内学者也开始关注国际战略与知识转移效果的研究。王清晓、杨忠（2005）也在情景视角下研究企业微观因素对跨国知识转移的影响，这类因素包括母子公司之间的地理、知识和关系距离、企业文化和转移动机。其中关系距离是指母子公司之间的关系越密切，则知识转移越易实现；企业文化越倾向于鼓励知识学习、创新和变革，则知识转移越容易；知识转移动机越强，则转移越容易。此外也有许多学者关注不同国家之间的知识水平距离，对跨国公司对外投资产生重要影响，进而影响在不同国家的知识转移需求和倾向。

李柏洲、汪建康（2007）在研究母子公司之间知识转移的网络体系时，将母公司、子公司和东道国三个重要角色囊括其中。他们在肯定子公司和东道国特性的同时，也论证了母公司对知识转移的影响作用。子公司在与东道国知识互动的过程中，其创新行为、组织学习和吸收能力等将影响子公司的知识输入，其自主程度和分离意愿则对其向母公司的知识输出产生影响。而东道国区位优势、市场策略则是影响知识转移的东道国因素，这类因素又与母公司的投资决策紧密相连，母公司通过投资动因和区位决策决定对东道国的选择，通过管理战略和控制模式对东道国的市场经营发生作用。可见母公司特性对子公司逆向知识转移具有间接影响，影响因素包括国际化战略（对外投资决策）、母子公司控制和协调机制、对子公司的支持系统（财务、人力、制度等）。

关涛、薛求知与秦一琼（2009）从知识嵌入性视角分析影响跨国公司内部知识转移的主要因素。作者通过问卷调研论证了知识人员嵌入、知识工具嵌入、知识嵌入惯例、企业相互协作关系以及嵌入载体的复合程度等因素与跨国公司知识转移的正相关关系。其中知识嵌入惯例乃是研究企业组织方式、规则、程序、战略导向等因素对知识转移的影响，协作关系主要涉及跨国公司与其供应商、销售商所构成的网络体系对知识转移的影响，复合嵌入则主要测量上述因素的相互作用和复合效应。作者还发现企业组织模式和战略导向等主观因素对知识转移过程产生重要影响，延伸至逆向知识转移，其作用同样不容忽视。

刘帮成（2008）着力研究跨国创业过程中的知识转移和整合机制，作者以知识转移的技术绩效和能力绩效来衡量转移效果。所谓技术绩效是指知识输入方接受转移过来的知识数量，而能力绩效则是指知识再次转移的能力。因涉及跨国公司内部与不同主体之间的转移活动，作者将其研究的知识转移分为两类：一是跨国公司的海外创业主体向母公司的逆向知识转移（Reverse Knowledge Transfer），二是将知识转移至其他战略伙伴，即跨越组织边界在价值链上或战略联盟内部的知识转移，也称为二次知识转移（Secondary Knowledge Transfer）。这两类知识转移是跨国创业主体从东道国外部环境获取知识后的高级转移活动，不同于子公司之间的横向转移，或在同一公司不同部门之间的内部转移，因其转移难度更大且满足特定知识目标，因此更能体现知识转移主体的渗透能力和转移意愿，从而用以衡量知识转移的能力绩效。同时作者构建包含知识、组织和国家层面的跨国知识转移效果影响因素评价体系，探讨不同因素的影响作用。其中知识层面的知识粘滞性越高，知识转移越难实现，而这种粘滞性可能来自于知识专有性、内隐性和复杂性。组织层面因素主要指创新导向的知识战略和组织间的信任关系更有利于知识转移实行；而国家层面因素主要是指知识转移双方的文化和制度环境差异。通过实证分析得出影响技术绩效的主要因素包括知识专有性、知识战略、信任关系和制度环境差异等；而影响能力绩效的主要因素为知识战略和信任关系。

（二）母子公司控制机制

母子公司控制协调机制是对母子公司之间的控制程度和管理模式进行界定，母公司将从战略管理、企业文化、资源支持、财务核算、股权分配等方面对子公司实施控制。其控制程度越强，子公司自主性越弱，则对母公司战略规划和执行的依赖性越强。在这类控制机制下，逆向知识转移的发生将受到积极影响，母公司将按照自身海外经营目标设计知识需求，子公司将更倾向于配合母公司知识需求，向母公司转移所需知识。同时，母子公司之间的控制协调机制越成熟，则两者的信息沟通渠道越完善，将更加有助于逆向知识转移的有效完成。

许多学者将跨国公司对外投资的进入模式与知识转移活动联系起来，借此说明母公司对子公司的股权控制程度将直接影响子公司知识转移。如 Chen，Chen 等（2005）认为，知识转移推动了跨国公司通过接近当地技术竞争中心而获取知识和创新能力的管理行为。跨国公司接近当地竞争中心的方式各有不同，从高控制性方式如全资子公司到低控制性方式像许可证经营和合资子公司。不同模式下跨国公司对海外子公司的控制程度不同，其海外子公司与当地技术中心的接近程度也不同，也就是说跨国公司通过投资进入模式对海外子公司知识转移过程实施影响和控制。Mudambi和 Navarra（2004）也认为母公司不同进入模式与知识转移种类密切相关。当企业在海外自建子公司时，母公司倾向于将知识注入当地子公司参与竞争，这种情况称为移植流（transplantation flows）；若母公司通过收购兼并设立子公司，则将子公司落后知识以母公司知识直接替代掉，被称为替代流（supplantation flows）；若跨国公司对处于不同地区子公司的知识进行优化整合，则被称为整合流（integration flows）。虽然作者主要研究母公司向子公司的知识转移，然而转移动因、过程和渠道模式会随着对外投资战略不同而有所差异的结论却是毋庸置疑的。

母子公司之间的控制机制对知识转移产生直接影响，其与子公司的协调模式也将影响知识转移的渠道选择和转移效率。在针对跨国公司的子公司或母子公司之间的知识转移时，Ambos 和 Ambos（2009）更强调知识接受方协调机制和与输出方的距离因素对知识转移效果的影响作用（如图 2-9 所示）。其中距离因素包括处于不同国家的输出方和输入方之间的文化、语言和空间距离；协调机制则包括技术协调机制（Technology-based Coordination Mechanisms, TCM）和个人协调机制（Personal Coordination Mechanisms, PCM），前者主要用于保证知识转移参与方更易于接触、储存和转换知识，也包括知识转移工具、渠道和处理方法等硬件设施，后者则多涉及参与员工的心理层面因素，为保障知识转移效果服务，通过个人协调机制能够加强知识转移参与者之间的关系纽带与心理包容度，从而有助于克服知识转移障碍。

作者认为知识转移效果不仅取决于是否能获得原始知识，更重要的在于输入方是否获得潜在有价值的知识并将知识运用在适当地方，因此评价知识转移效果分为两方面：一是所获知识是否能实现价值增值；二是运用知识获取收益的程度。

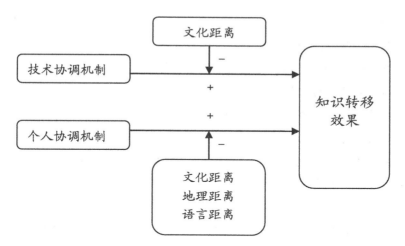

图 2-9　跨国公司知识转移过程的作用机制模型

资料来源：Ambos 和 Ambos，2009。

由于跨国公司内部知识转移涉及不同国家的不同组织部门，他们在供应链运作中占据不同环节，因此跨越供应链的运作模式和关系构建将对知识转移起到重要影响。Liu Yi，Li Yuan 等（2010）研究由供应链不同环节构成的组织联盟内部的知识转移，重点分析作为上游环节制造商的态度承诺（attitudinal commitment）与下游环节分销商的满意度（satisfaction）因素对市场知识转移的影响作用。前者包含利益承诺（calculative commitment）和忠诚承诺（loyalty commitment）两方面。利益承诺主要基于下游分销商利益计算，即制造商将会努力承诺使分销商认为联盟关系中获得的利益将大于破坏联盟所产生的损失，由此鼓励分销商维持联盟关系；与利益承诺的理性考虑不同，忠诚承诺更倾向于从情感牵连的角度来维持上下游环节的联盟关系。作者在中国市场选择 225 对分销商与制造商的联盟关系进行研究，发现利益承诺与忠诚承诺将对分销商的经济效益满意度（economic satisfaction）和社会效益满意度（social satisfaction）产生积极影响，从而使得分销商组织有更强的动力在联盟内部进行市场知识的共享和转移。本研究虽然考虑跨组织联盟内部的市场知识转移，但由于涉及不同行业层面的联盟关系，对行业特性因素的影响程度并未考虑在内。同时，对制造商权力和规模、态度承诺的结构、分销商的依赖程度等具体因素的影响研究也不够细化。

与此同时，Ellis（2010）则直接研究跨国贸易中间商（International Trade Intermediaries, ITI）与制造商之间的知识转移，发现跨国经营中知识转移双方的距离和关系稳定程度将影响其转移效果。东道国中间商与母国制造商之间涉及市场信息和技术知识的转移活动类似于跨国公司内部由子公司向母公司的逆向知识转移，作者通过对 86 组中国制造企业与中间商的海外贸易进行调研，分析得出与中间商贸易关系的年限和稳定程度，与东道国的空间距离，以及中间商的可替代性程度等因素对知识转移效率产生显著作用，进而影响生产绩效。

国外学者对母子公司之间的管理协调机制与知识转移效果的影响出于不同视角，许强（2008）则直接针对母子公司组织结构的影响程度进行分析。他通过比较分析网络结构和层级结构在母子公司关系管理中的差异，肯定基于网络结构的母子公司协调管理模式能有效促进知识转移。其一，网络结构有助于知识在跨国公司内部网络实现最大程度的流动，能使知识资源在不同组织单元应用，实现整体效用最大化；其二，网络结构的母子公司拥有共同价值观和行为准则，在战略制定和实施过程中显示高度一致性，以此为前提的内部知识共享更有效；其三，网络结构有助于内部学习氛围和文化构建，有助于鼓励知识共享和创新。

表 2-5　母子公司协调管理模式的网络结构和层级结构

比较项目	网络结构	层级结构
决策机制	相对分散	相对集中
知识转移类型	横向和纵向	纵向垂直
战略资源观	知识、关系	规模、资金
竞争优势来源	母公司和子公司	母公司
管理层次	少	多
组织学习	好	一般
子公司主动性	强	一般
应变能力	强	一般

资料来源：许强，2008。

现有文献在研究母子公司关系对跨国知识转移的影响时，主要针对组织协调机制或组织结构，以及采用中间商环节进行协调控制的模式进行研究，直接切入母子公司控制程度对知识转移影响的文献不多，这也是本书切入点之一。

（三）母公司知识吸收能力

母公司知识吸收能力也是影响跨国公司知识转移的重要因素，国内外学者对其进行过大量深入研究。Cohen 和 Levinthal（1990）提出"吸收能力"概念，他们认为转移双方的知识吸收能力差距是影响双方知识转移意愿和效果的主要因素，而该能力差距又与双方相关知识的原有存量差距有关。Mudambi（2002）认为跨国公司内部知识转移分为不同类型，根据知识流动主体分为水平流和层级流，前者指子公司之间的知识流动，后者则指母子公司之间的知识流动。EI-Sayed（2002）则是根据转移知识类型、用途和情境不同对企业内部知识转移进行分析，构建了包括知识输出子公司、知识转移机制和知识输入部门三者在内的知识转移模型。他们认为知识类型、用途和情境决定了知识转移机制，这种转移机制差异又同时受到输入和输出方的战略影响。其中，输出子公司的共享知识倾向、知识价值认知，以及知识吸收倾向和吸收能力都将影响知识转移过程和效果。

Wang，Tong 和 Koh（2004）以 62 家中国子公司为对象进行实证调研，研究跨国公司向在华子公司转移知识的影响因素。他们认为应该从知识输出方跨国公司与输入方在华子公司的角度分别研究知识转移的影响因素，其中知识输出方的转移意愿和转移能力，以及输入方的学习意愿和学习能力都会直接影响转移效果。知识输出方的知识基础和外派人员知识管理能力直接制约其转移能力和程度，而它是否愿意主动进行知识转移又取决于接收方在跨国公司中的重要性、所有权性质以及双方关系的密切程度等因素，越是重要、联系密切且控制较强的海外子公司，母公司更愿意与其共享知识。同时，知识输入方的员工能力和培训学习等支持机制的完善程度也将影响其对知识的吸收效果，而学习意愿也将由员工自身意愿以及学习激励机制决定。其所涉及的影响因素体系概括如图 2-10 所示。

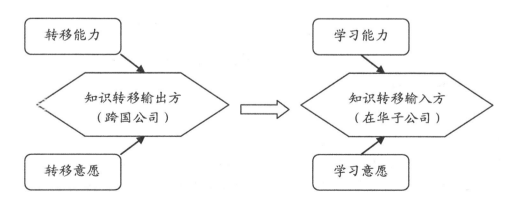

图 2-10 跨国公司内部知识转移影响因素体系

资料来源：Wang，Tong 和 Koh，2004。

此外，Xia 和 Roper（2008）通过对美国和欧洲生物制药行业的问卷调研，着力研究吸收能力对知识转移和创新能力的影响作用。作者采用研发密度、技术人员投入和持续性研发投入衡量跨国公司的知识吸收能力，分析得出企业特性（包括企业发展年龄、员工数量、所有权程度），对组织活动的战略重视程度（包括研发、生产、采购、营销和销售）都与知识吸收能力存在相关关系，其中以技术人员和研发投入衡量的吸收能力影响作用更为显著。

Mu，Tang 和 Maclachlan（2010）在对跨组织联盟的知识网络研究中发现，知识转移能有助于联盟内部形成均衡型知识网络，这种均衡将有助于联盟内部知识创新能力的不断发展，而这种知识均衡与联盟网络规模、知识转移速度以及网络节点的吸收和渗透能力（Absorptive and disseminative capacity）息息相关（见图 2-11）。其中知识发送方的渗透能力主要是指作为知识输出者的输出意愿与倾向性，是对传统知识转移意愿的升级，它不仅包括传统的知识转移意愿，还包括知识转移行为设计、渠道选择和制度规范等具体操作性内容，虽然在这方面的研究实证支持不足，但已越来越成为输出方影响因素研究的必然趋势。而吸收能力则主要是指输入方对知识的接收和消化能力等，本研究也认同将吸收能力延伸至个人的观点，因为组织中个人吸收能力将直接影响整体组织的知识吸收状况，本研究也积极从个人视角挖掘吸收能力的影响作用。研究主要采用不同时间阶段的实验仿真法进行实证研究，证实两类因素都将对跨组织联盟内部的知识转移乃至知识网络均衡产生重要影响。

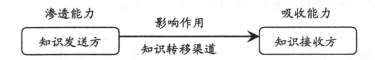

图 2-11　跨组织网络中的知识转移模型

资料来源：Mu，Tang 和 Maclachlan，2010。

Liao，Wu 等（2010）也基于台湾跨国公司的实证研究，探讨了吸收能力对企业知识获取和创新能力提升的重要作用，并认为吸收能力将会通过知识结构的多样性、组织知识层次和知识战略导向等因素对知识创新能力产生直接影响。

现有对知识吸收能力的研究主要集中于影响因素，或针对获取和理解能力进行研究，并未将知识吸收能力扩展到更高层次的学习创新中去。事实上，企业将获取的知识用于自主创新已成为发展竞争优势的必然趋势，因此将创新能力纳入到吸收能力评价体系中来具有极大的研究意义，这也是本书的另一切入点。

（四）母公司转移支持机制

吸收能力直接影响知识接受方的知识输入效果，同时对知识转移的有效支持机制也将有助于保障转移渠道畅通，促进知识转移的制度化和规范化，提升知识转移程度和效果。Goh（2005）主要研究发达国家跨国公司对发展中国家的技术转移，他认为知识扩散（Knowledge Diffusion）对鼓励跨国公司知识转移意愿有积极作用，并通过技术转移提升生产效率，降低生产成本。尤其在跨越价值链的纵向知识转移活动中，发达国家的知识转移对发展中国家供应商的生产效率提升具有积极作用，可见，有效的知识扩散制度对知识转移及其效果提升有显著作用。

Persson（2006）研究跨国公司内部知识转移，认为应从三方面概括知识转移的影响因素，即运营结构（operational structure），融合机制（integrative mechanisms）及控制机制（control mechanisms）。跨国公司内部知识转移有其必然性，一是由于获取知识的子公司未必是运用知识最有效的组织，跨国公司内部还有其他部门或组织拥有运用知识的资源和能力；二是因为跨国公司内部通过知识转移，原有的知识结构和资产组合将被全新的资源组合取代，在此过程中必将激发企业管理战略创新视角和模式，对组织内部创新具有促进作用。为此跨国公司内部组织——尤其是作为知识输入方的组织内部单元——必须提供有效的作用机制和知识环境保障知识转移的实践效率，这类作用机制就来自上述三方面。其中运营结构主要是指组织内部的生产流程（product flows），它将直接影响知识在组织内部的传递渠道、资源支持和信息共享效率等。融合机制包括联络沟通机制（liaison mechanism）、临时团队结构（temporary team structures）和永久团队结构（permanent team structures）。联络沟通机制将促使企业内部不同组织单元发现更多有助于发挥知识价值的潜在因素，从而促进组织内部的知识转移和共享；而团队结构则有助于知识学习和共享氛围的建立，从而对知识转移产生积极影响，其中临时团队结构将比永久结构更具灵活性，对知识转移更具激励性。控制机制则主要为知识转移过程提供激励机制（incentives）和社会化组织凝聚力（socialization）的辅助支持。上述知识转移作用机制可概括为图 2-12 所示模型。作者采用两维度 7 分量表法对知识转移进行问卷研究，其中因变量知识转移程度主要从两方面来衡量：①直接运用输出方子公司知识的程度；②从子公司报告和文件中获取知识的程度。作者对 20 家瑞典跨国公司的 89 家子公司进行调研分析验证了上述模型，但对各机制变量如何具体作用于知识转移的内在机理尚存在不足，且对不同知识类型下内部作用机制的差异未进行细致的比较分析。

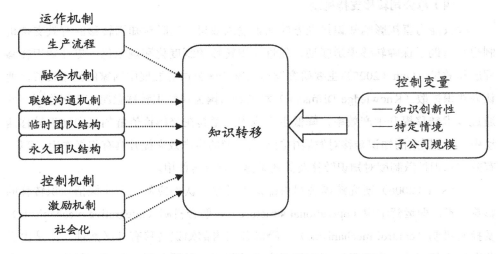

图 2-12 跨国公司内部知识转移机制模型

资料来源：Persson，2006。

Tabachneck-Schijf 和 Geenen（2009）着力从知识使用者（知识输入方）视角探讨如何跨越知识转移的壁垒和障碍，其中最重要的手段之一是依靠组织对知识转移的支持机制和对知识转移风险的判定决策机制。前者将通过调整知识使用者和输出者之间的内在关系来提高转移效果和实现预期知识目标，通过双方知识语言的共通性和应用效率提升来提高知识转移效果。而后者则通过可能性预测和估算来规避知识转移风险。Blumenberg，Wagner 等（2009）以 IT 外包业为例积极探究知识转移过程中知识共享机制（shared knowledge）对转移绩效的正向影响。知识共享机制不仅对知识转移双方关系起到促进作用，并且对完善组织知识结构具有积极影响，尤其对隐性知识的作用尤为显著。

许多学者也运用不同视角对知识转移支持机制的影响作用进行分析（Saliola & Zanfei，2009；Liao，Wu et al.，2010）。前者主要针对全球价值链下跨国公司的知识转移进行研究，他们强调企业组织结构、管理制度和能力组合都会对知识转移产生影响。后者则主要从知识获取和转移对创新能力产生影响的视角进行分析，着力探讨组织文化、组织结构、学习能力和知识管理模式等为知识获取和创新学习提供的制度保障。此外，在针对中国跨国公司的知识转移研究中，文化支持对转移效果的影响不容忽视。Buckley，Clegg 和 Tan（2006）认为在众多文化因素中，中国传统文化的"关系"和"面子"观念起到主要作用，这是中国文化不同于西方文化的重要概念之一。以往对其研究多集中在个人交往层面，Buckley 等人（2006）将其引入到组织和政府层面的沟通中来。尤其在跨国公司进入中国进行跨组织知识转移时，知识沟通和共享要依赖行之有效且沟通顺畅的转移渠道，跨国公司必须考虑中国文化背景选择合适的方式。跨国公司应该同东道国知识接受方建立长期关系，并与可能影响知识接受方的责任者构建基于"关系"的知识沟通渠道，包括组织内部员工（Employees），组织外部的当地合作伙伴（Local Partners）和政府部门（Central and Local Governments）等，基于"关系"和"面子"的沟通渠道将能实现更畅通的转移效果。作者运用 12 家中国企业进行案例研究，得出跨国公司应该与知识接受方及相关方建立长期关系，以便实现有效的跨国知识共享和转移，其中应建立信任关系获取员工支持，实现基于共享价值观和双赢观念的长期合作伙伴关系，同时积极获取政府部门的持续性环境支持。（如图 2-13 所示）

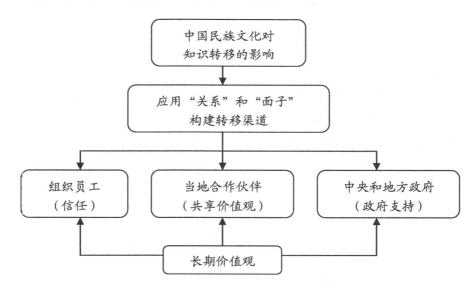

图 2-13 基于"关系"文化的组织跨国知识转移模型

资料来源：Buckley，Clegg 和 Tan，2006。

国内外学者对知识转移支持体系的研究多集中于沟通体系和文化支持等方面，但人力资源、信息管理系统、学习型组织及其他资源支持因素也不应忽视。本书将选择这一切入点，综合评价包含人员及其他资源支持、企业文化、信息系统、沟通体系在内的支持系统对知识转移的共同作用。

三、子公司作用机制因素

（一）知识转移意愿

研究跨国公司内部知识转移的文献大多强调子公司的重要作用，尤其作为知识输出方，其转移知识的主动意愿将直接影响知识转移程度与效果。Szulanski（1996）在其研究中囊括影响内部知识转移的各类因素，概括为六种，即知识特性、知识输出方渗透能力和意愿、知识输入方的吸收能力和意愿、知识转移环境。Herrera，Mufioz-Doyague 等（2010）在对跨组织联盟的知识网络研究中发现，知识转移能够有助于联盟内部形成均衡性知识网络，这种均衡将有助于联盟内部知识创新能力发展，而这种知识均衡与联盟网络规模、知识转移速度以及网络节点的吸收和渗透能力（Absorptive and disseminative capacity）息息相关。其中知识输出方的渗透能力主要指输出意愿与倾向性，它不仅包括传统的知识转移意愿因素，还包括知识转移行为设计、渠道选择和制度规范等具体操作性内容，虽然在这方面的研究实证支持不足，但已越来越成为输出方影响因素研究的必然趋势。此外，也有学者从知识所有者子公司所处区位来分析其在知识转移过程中的主动意愿差异。Gupta 和 Govindarajan（2000）认为，位于经济欠发达国家的子公司可能会因为与母国的知识差距，而影响母公司与其知识转移的意愿。Li（2004）通过研究跨国公司位于中国和芬兰的子公司，检验了子公司区位对其作为知识输入方吸引力的影响。他认为，经济发达国家子公司被母公司赋予较高的知识创造价值，母公司或其他子公司更倾向于向该国子公司共享知识。

（二）知识转移渠道

Zack（1999）和 Hansen 等（1999）认为将知识转移渠道分为人员方式（Personalisation approach）和编码方式（Codification approach），而 Jasimuddin（2007）则在研究跨国公司内部知识转移时将两种渠道进一步细分为电话（Telephone）、Email、即时信息传递、Lotus Notes 和面对面交流，电话和面对面交流属于人员方式，其他三者属于编码方式。

Ghoshal（1994）认为除正式交流渠道外，非正式组织也是企业内部知识转移的重要途径之一，如团队合作、临时任务小组等短期性为某种活动目标而组建的跨国界跨部门的合作组合，组员之间直接的交流联系更有助于为活动目标服务的特定知识共享和转移，而组员对双方环境条件的熟悉程度也将有助于知识转移后在接受方的吸收和应用。T. Pedersen（2000）将知识转移渠道进一步完善，分为广泛性和书面性交流媒介。前者包括面对面交流、非正式组织、基于团队的活动等，此类交流手段避免了知识编码化的难题，直接通过经验传授、实践观摩和模仿学习传播知识，不仅有助于加深知识输入方接收知识的程度，更有助于提升知识应用效果，但成本较高。尤其在跨国界转移时，地理、文化和语言距离等因素都将增加知识转移难度和共享成本。后者主要通过书面报告、数据库和其他文本方式来实现知识转移，它更依毛于知识编码过程，成本较低，但对知识类型有所限制。在面对隐性或嵌入性较高的特定知识时，则必须选择非书面转移途径。

余非正式途径外，对基于人员的知识转移渠道的研究也成为近年趋势。Meyer（1991）认为母子公司知识转移过程中，电子平台固然重要，但口头或面对面交流等直接渠道的效果更为显著。Bresman，Birkinshaw 和 Nobel（1999）强调面对面沟通在隐性知识共享中的作用，尤其是拜访和会议方式，但若知识显性程度较高易于编码，则不需要人员沟通渠道。Tsang（1999）从人力资源视角探讨跨国公司内部知识转移，他认为外派人员（expatriates）作为跨国公司跨越母国和东道国的核心人力资源，将作为知识载体成为跨国知识转移的主要途径和工具。作者研究跨国公司内部的双向知识转移，也就是同时涵盖子公司向母公司以及母公司向子公司的知识转移，在此过程中，外派人员不仅作为知识转移的代表，同时也是知识学习的主体，他们将所承载的知识以及应用知识的经验在母子公司之间传递，实现跨国公司内部知识共享（如图 2-14 所示）。该研究肯定了基于人员的知识共享渠道在跨国公司内部知识转移，尤其是逆向知识转移过程中的重要作用。

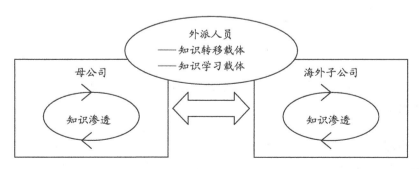

图 2-14　基于人力资源的跨国公司内部知识转移渠道
资料来源：Tsang，1999。

Minbaeva（2003）也认为基于人力资源的非书面渠道对知识转移过程产生积极影响，因为通过人员有效配置、内部培训和学习、轮岗交流、业绩考核和知识激励等手段，不仅能有效提高跨国公司知识吸收能力和程度，更能增强母子公司进行内部知识转移的动力和意愿。

第五节　跨国公司逆向知识转移战略角色研究

在研究知识转移过程中，转移参与者的战略角色是对知识转移效果影响因素的整体概括。而在涉及跨国公司内部知识转移时，跨国公司所担负的战略角色不同也会对转移活动产生影响，学者在针对不同类型知识转移时，对子公司和母公司的不同战略角色的影响程度进行分析。

一、子公司战略角色

多数学者集中探讨作为知识拥有者的子公司战略角色。Gupta 和 Govindaraja（1991）以"知识资源输出程度"以及"输入程度"两个维度，划分子公司在知识转移网络中的四个战略角色：全球创新者（Global innovator）、地区创新者（Local innovator）、执行者（Implementer）与整合者（Integrated Player）。（如图 2-15 所示）

图 2-15　跨国公司子公司在知识网络中的战略角色

资料来源：Gupta 和 Govindaraja，1991。

①全球创新者在跨国公司全球网络中积极担任为其他组织成员输出知识的角色，其来源多为自身创造知识；②整合者则在全球知识网络中担任双重角色，一方面积极从外部和内部其他成员处获取知识，另一方面将所获取、应用和创造的知识与他

人共享；③执行者比较依赖从组织内部获取知识，而较少创造知识，与母公司或其他子公司之间的知识转移频繁；④当地创新者则倾向于实施本土化战略的同时在当地创造并应用知识，其知识资源向其他子公司的流出较少，也很少依赖其他组织单元的知识流入。同时，他们认为影响跨国公司内部知识转移的主要因素包括知识来源、转移难易程度、新知识包容性和企业组织结构等。

张晓燕（2008）也从海外子公司视角对其在跨国公司知识转移中承担的角色进行深入评估。从知识转移的过程和方向上来看，子公司承担多重角色：①接受来自母公司优势知识的利用者；②从东道国市场获取知识，并整合为竞争优势来源，即知识获取者；③通过知识转移与公司内部其他组织单元实现共享，即知识贡献者，如图2-16所示。同时她也认为，海外子公司因业务或资源需求不同而分布于不同区域，但可以通过为母公司获取和传递新知识，而将母子公司以及子公司之间整合成为全新的知识组织网络。

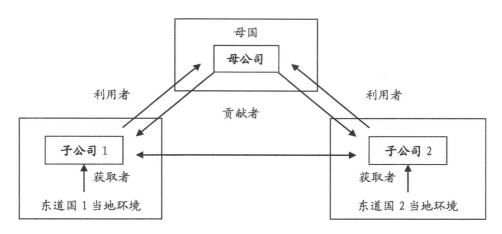

图 2-16 跨国公司子公司知识转移的多重角色

资料来源：张晓燕，2008。

二、母公司战略角色

跨国公司内部知识转移的主体必然离不开子公司，在某些知识转移活动中，子公司既担当知识输出者，又担当知识输入者，因此其战略角色极具研究价值。然而作为逆向知识转移主体，母公司在其中的作用机制和战略角色也不容忽视。本书将回顾借鉴子公司战略角色模型的母公司研究文献，希望对母公司在逆向知识转移过程中担负的角色进行概括分析。

Albino，Garavelli 和 Schiuma（1999）研究行业内供应商、制造商和消费者之间以及领导企业内部的知识转移，认为影响其效果的主要因素为：知识转移参与者（the actors），转移情境（the context），转移内容（the content），转移渠道（the media）。其中，知识转移参与者在转移过程和效果中产生显著影响，Wathne 等（1996）也认为知识转移参与者将通过过去的转移经验（prior experience）、开放度（openness）以及信任程度（trust）等因素影响知识转移效果。开放度和信任程度意味着转移方更愿意主动共享知识，接收方也更愿意学习、实践和同化新知识。而 Albino，Garavelli 和 Schiuma 则进一步分析参与者的战略角色对知识转移效果的影响，他们引入两个主要维度衡量知识转移方的角色定位，即转移速度（ST）和转移渠道的平均数量（NAC），知识转移速度受到转移知识编码程度的影响，编码程度越高知识转移速度越快；转移渠道数量则取决于企业内部管理层级数量，管理层级数量越多，管理控制程度越高，网络化管理通道越少，即知识转移和沟通渠道越少。根据以上两个维度，Albino 等人将实践知识转移的行业领导企业分为四类，如图 2-17 所示。

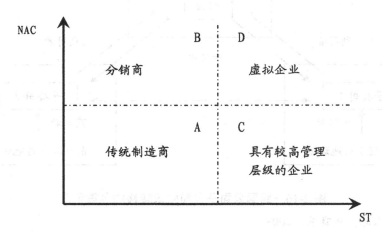

图 2-17　知识转移参与企业的不同角色类型

资料来源：Albino，Garavelli 和 Schiuma，1999。

位于第一象限的传统制造商关注整体生产过程，主要致力于生产流程和管理过程控制的工艺知识和应用技能，由于涉及应用技能等隐性知识，其转移速度较慢且渠道不多。位于第二象限的分销商企业内部沟通渠道较多，尤其通过专业化和社会化过程开拓与外界沟通获取知识的多种管道，但其涉及知识多为市场信息和营销策略等隐性知识，转移速度也较慢。位于第三象限的管理层级企业，组织结构严格，内部控制力强，转移知识多为技术性和程序性显性知识，转移速度较快，但由于其管理控制程度较高，不利于内部知识资源的自由流动和共享。位于第四象限的虚拟企业，这类企业通过与供应商与最终市场保持长期合作关系，因此不需构建太过庞大的内部组织结构，管理层级较少，信息沟通和知识共享渠道较多；同时由于对对方知识信息的编码体系相当熟悉，知识转移速度较快。

Jasimuddin（2007）在研究跨国公司内部知识转移机制的决策树模型时，着重探讨了知识接受方角色的影响作用。他主要从与输出方在管理层级上的关系衡量其对知识转移的影响，分为同一层级的同事（colleagues having the same level）、中层领导（immediate boss）和高层领导（second line managers）。同一层级的同事是指从事知识转移软件开发和测试的工作人员，中层领导是指团队或部门领导人，而高层领导则指中层领导的上级管理人员。随着知识接受方管理层级上升，接受方对知识转移效率的要求更高，更倾向于采用快捷即时高效的转移模式，如即时信息传递、Lotus Notes 和面对面交流。

Saliola 和 Zanfei（2009）研究跨越全球价值链的企业知识转移，并根据参与转移企业的治理程度不同将跨国公司分为三种类型，该分类方式亦可用于跨国公司母公司角色分类，因为在全球不同国家分散业务整合经营的跨国公司与全球价值链的运作模式类似，其母公司对知识的控制和需求程度也会影响其子公司的知识转移。这三个指标分别从与市场需求的契合程度、产品生产和质量管理标准、知识传播和研发过程等方面对企业吸收和运用知识能力进行评价。

表 2-6　跨国公司母公司的治理类型

治理类型	根据顾客特定需求设计生产的销售额比重	产品设计和质量标准	知识扩散和产品研发
GOV1	小于30%	无	无
GOV2	大于30%	有	无
GOV3	大于30%	有	有

资料来源：Saliola 和 Zanfei，2009。

GOV3 企业关注客户需求信息，关注产品质量标准、生产过程和研发创新，对内部知识转移具有较强的需求、控制和吸收能力，所需知识涵盖技术、市场和创新等方面；GOV2 企业关注客户需求，关注产品生产工程和质量控制，但对知识扩散和研发创新缺乏相关机制，说明其对市场信息和生产知识具有较强需求，但知识吸收和创新能力有所欠缺；GOV1 企业对客户特定需求、产品生产、设计和质量控制信息都缺乏关注度，知识转移需求较弱，知识吸收和创新能力不强。

同时，国内学者也随着中国企业逐渐成为海外投资主体，开始逐渐关注中国企业作为母公司的战略角色对知识转移效果的影响。许强（2008）认为母子公司分别在网络内部知识转移中扮演不同角色，其中母公司应该努力整合不同组织单元的知识资源，促进不同组织单元之间的知识共享和传播，鼓励企业内部知识交流、学习和创新。而在逆向知识转移过程中更是如此，母公司应该积极发挥主观能动性，将知识需求和海外子公司的战略管理结合起来，通过战略协调和激励机制鼓励子公司所能接触的先进知识向母公司转移。子公司，尤其是位于发达国家的子公司，不仅应该作为先进知识的接收者和拥有者，更应积极发挥贡献者和知识输出者的角色，在与母公司和其他子公司的知识转移和创造中发挥主动作用。葛京（2002）也提出母子公司知识转移分为三个层次，分别是子公司层次、母子公司关系层次、母子公司网络层次，不同层次下母子公司将在知识转移中扮演不同角色。子公司层次主导的逆向知识转移将以子公司转移意愿和决策为主，母公司作为知识输入方扮演接受者角色；母子公司关系层次下的知识转移则更注重母子公司协调管理过程和战略机制对知识转移渠道选择，转移有效性的影响；而母子公司网络则突出跨国公司作为组织网络，其内部成员在知识转移过程中都应积极发挥主动性，以期使网络内部的知识共享和应用价值实现最大化。

第六节　研究总结与述评

近年来随着知识资本对企业管理尤其是跨国经营的作用日益提升，知识管理的相关论题愈来愈受到学界重视，其中知识转移研究更是成为热点问题。前文已从理论基础和实证研究等方面对现有文献进行梳理回顾，我们发现关于企业内部知识转移的研究存在以下特点：第一，研究对象。现有文献对知识转移活动的研究分为两类：一是一般企业的知识转移活动；二是跨国公司的知识转移。一般企业的知识转移将研究重点放在知识特性、知识来源、知识管理制度、知识吸收能力、学习文化氛围等内部因素，以及企业与外部知识环境的关联性等外部因素的共同作用，强调知识转移企业创新能力提升和创新过程的影响关系；而跨国公司知识转移则因其跨国界的区域特征，因此涉及更为复杂的知识转移过程，也逐渐成为近年来研究的重点课题。这类研究又分为子公司之间知识转移和母子公司之间知识转移，它强调知识输出方和知识输入方影响因素的共同作用，作用机制更为复杂。第二，研究模型。现有文献对知识转移的研究大都围绕三个主体进行分析：知识拥有者（知识输出方）、知识特性本身、知识接受者（知识输入方）。在部分涉及外部知识转移或知识来源的研究中，外部知识来源或环境将作为模型第四方主体。第三，研究方法。由于知识转移研究是近年来热点问题，因此采用不同方法进行研究的学者很多。然而研究方法仍然遵循由理论模型向实证研究发展，由简单统计方法向复杂经济学方法发展的过程。20世纪90年代跨国公司内部知识转移研究，多以理论模型研究为主。其后，采用问卷调研对不同国家跨国公司的知识转移活动进行统计分析的学者日益增加。近年来也有学者开始尝试运用博弈均衡模型、投入产出模型等方法探讨知识转移的影响因素和作用机制问题。

国内外学者在知识转移研究领域取得大量成果，但也存在进一步探讨和完善的理论空间。

其一，针对跨国公司内部知识转移，以子公司之间的知识转移活动进行研究的文献较多，但以母子公司之间的知识转移，尤其是子公司向母公司的逆向知识转移为研究对象的文献较少。

其二，跨国公司内部知识转移的实证研究多以发达国家公司作为研究主体，即便在中国也多以跨国公司在华子公司作为对象。可如今，基于发达国家的研究结论无法完全解决中国跨国公司的知识转移问题。中国企业对外投资具有自身的独特动因和时代背景，对海外知识需求与发达国家存在差异，其知识转移模式也存在不同，因此以中国公司作为研究主体存在极大的理论和实践意义。

其三，由于跨国公司内部知识转移多与子公司有关，子公司作为知识获取者直接与知识来源发生联系，作为知识传输者拥有转移主动权，因此对子公司在知识转移中的作用机制和战略角色探讨较多，但相对而言母公司的影响作用则探讨较少。然而在逆向知识转移中，作为输入方的母公司将起到重要作用，其吸收能力和支持机制将直接影响转移效果，其战略导向和组织机制也将影响子公司知识转移意愿和类型。母公司在知识转移过程中并非一味的被动接受者，也能显示一定的主观能动性，因此基于母公司视角的知识转移研究也存在理论空间。

其四，在以往对知识输入方影响因素的研究中，大多学者强调其吸收能力、意愿和支持机制等因素的积极作用，对战略导向和组织协调机制的影响作用探讨不多。因此本研究希望能将上述因素纳入到母公司作用机制研究体系中来。

其五，在以往对知识输入方的研究中，大多强调其作为知识接受者是否能有效吸收知识，是否能有效应用和创新的角色作用。然而在逆向知识转移中的输入方母公司确是与子公司具有控制协调关系的独特主体，它应该能够通过战略调整和组织控制对知识转移过程发挥主动作用。因此本研究希望将母公司的控制机制和吸收机制联系起来，共同分析其对知识转移的影响作用，并借此探讨母公司能够在知识转移过程中发挥的战略角色。

综上所述，本研究将选择母公司作用机制作为探讨中国企业逆向知识转移的切入点，重点探讨母公司国际化战略导向、母子公司控制协调机制、知识吸收能力和转移支持机制对子公司知识转移效果的影响作用。前两者构成母公司对知识转移的控制机制，后两者构成母公司对知识转移的吸收机制。在实证检验上述因素的同时，本书将试图分析基于二维作用机制的母公司将在逆向知识转移过程中发挥的战略角色差异，并通过统计分析和案例研究加以验证。本书希望能对母公司在知识转移中发挥的主观能动性和作用机制加以分析，以期为中国企业在逆向知识转移过程中有效提升吸收能力、合理改善控制机制，以及积极调整战略角色提供具有一定价值的实践建议，以便实现更有效的知识转移。

第三章　中国海外投资企业逆向知识转移母公司作用机制的理论模型

中国企业随着国际化经营的日益成熟，其投资动因由最初的市场寻求和自然资源寻求逐渐向更高层次的战略性资源，甚至创造性资产寻求转移。中国企业通过在不同国家海外经营的丰富经验，已经积累了大量参与国际化活动的理论知识和实践技能。如今中国企业已能进行更有针对性和更高层次的海外投资，它们更看重发达国家优于自身的经营模式、文化制度，甚至技术水平等，希望通过主动扩张和海外经营直接嵌入发达国家市场，直接触及行业发展的国际领先水平。基于先进技术和管理模式等创造性资产寻求的海外投资中，中国企业需要海外子公司的逆向知识转移来满足母公司的资源需求。那么中国企业的逆向知识转移将是怎样的复杂过程，又将取决于哪些影响因素，作为母公司的中国企业又将通过哪些作用机制发挥主导作用？本章将就这一系列问题进行探讨，试图构建中国企业逆向知识转移的母公司作用机制模型以解答上述问题。为此本章将依照以下思路组织行文：首先，分析中国海外投资企业的知识转移现状，提供研究的实践背景；其次，探讨中国企业实施逆向知识转移的组织动因和主要影响因素；再次，围绕母子公司影响因素，本书从母公司视角切入，着力探讨包含控制和吸收机制的母公司二维作用机制模型；最后，本书以二维作用机制为维度，判别不同机制所代表的母公司在逆向知识转移中发挥的战略角色差异。

第一节　中国海外投资企业知识转移和管理现状

中国企业对外投资的程度日益加深，由过去注重海外市场的投资活动向关注战略性资源及创造性资产转移，这种投资趋势的转变体现在投资区位决策和行业格局上，体现为中国企业对发达国家投资的日益重视，对技术类行业和专业服务行业的投资倾向转移。中国企业在国际化经营过程中已从单纯关注海外市场向国际学习转变，通过国际投资学习东道国先进技术、管理模式和市场策略，这就必然需要借重东道国的知识积累和实践经验。因此，中国企业对外投资已经逐渐与海外知识寻求联系起来，通过海外投资和国际化经营开辟全新的知识获取途径，通过内部知识转移和共享分享东道国实践经验和学习应用其知识资源，这就使得中国海外投资企业在国际化经营的同时更加关注东道国知识获取和内部知识转移。本节将着重分析中国海外投资企业知识获取和内部知识转移现状，我们发现中国企业在知识管理活动中存在以下特征：①注重将海外知识寻求与跨国投资战略相结合，开拓知识获取途径；②注重知识吸收、学习和创新投入，培养自主创新能力；③注重组织内部的知识管理能力，提升知识管理的综合技能。

一、注重知识寻求的跨国投资

中国作为跨国公司海外投资的重要东道国，始终在国际舞台上发挥重要作用。随着跨国公司在华投资和参与国际经营的经验日益丰富，中国企业已逐渐由投资东道国向投资母国转移。自 20 世纪 90 年代开始，中国开始尝试对外投资；发展到新世纪，中国企业参与对外投资的企业数和对外投资额都逐年增加。近年来中国企业对外投资的东道国投资额如表 3-1 所示。

表 3-1　中国企业对外直接投资额（按国别划分）

（单位：万美元）

国家（地区）	2004	2005	2006	2007	2008
合计	549 799	1 226 117	1 763 397	2 650 609	5 590 717
亚洲	300 027	437 464	766 325	1 659 315	4 354 750
——日本	1 530	1 717	3 949	3 903	5 862
——韩国	4 023	58 882	2 732	5 667	9 691
——泰国	2 343	477	1 584	7 641	4 547
非洲	31 742	39 168	51 986	157 431	549 055

续表 3-1

国家（地区）	2004	2005	2006	2007	2008
欧洲	17 092	50 502	59 771	154 043	87 579
——英国	2 939	2 478	3 512	56 654	1 671
——德国	2 750	12 874	7 672	23 866	18 341
——法国	1 031	609	560	962	3 105
——俄罗斯	7 731	20 333	45 211	47 761	39 523
拉丁美洲	176 272	646 616	846 874	490 241	367 725
北美洲	12 649	32 084	25 805	112 571	36 421
——加拿大	512	3 244	3 477	103 257	703
——美国	11 993	23 182	19 834	19 573	46 203
大洋洲	12 015	20 283	12 636	77 008	195 187

资料来源：《中国统计年鉴》2005—2009 年版。

同时我们还应注意，作为发展中国家的中国企业在国际化进程中，并未将眼光局限在发展中国家，而是将发达国家或其他新兴经济体作为新的投资重点。中国企业多年来在国际市场上积累经验，已具备与发达国家企业合资经营或单独在发达国家东道国经营的经验；中国企业也希望能通过发达国家市场为我国企业带来技术创新和管理创新，通过吸取发达国家先进技术和知识资源，提高自主创新和知识积累，逐渐缩小与发达国家跨国公司的整体差距。因此，中国企业的海外投资已由对发展中国家的顺向投资向发达国家的逆向投资转移。

中国企业对外投资始终以亚洲国家作为主要市场，对亚洲国家的海外投资额占对外投资总额的绝大比重，这主要是因为中国企业与其他亚洲国家具有地域上的亲缘性，更因为双方在企业文化、经济发展和顾客需求等方面具有相似特性，中国企业对亚洲国家有一定的投资倾向性。但我们也应注意，近年来中国企业在对外投资活动中呈现出某些新趋势：①中国企业对非洲投资的比例大幅增加。考虑到非洲国家的能源禀赋，中国企业对其进行大量的基于资源寻求的投资活动。②中国企业对欧洲国家的投资大幅增加，由 2004 年的 17 092 万美元激增到 2008 年的 87 579 万美元，这种现象直接说明中国企业对欧洲市场的重视程度日益加深，其中对英国和俄罗斯的海外投资占据绝大比例。③中国企业对北美和大洋洲发达国家的投资也大幅上升。如表 3-1 所示，中国企业对美国投资额由 2004 年的 11 993 万美元增加到 2008 年的 46 203 万美元，美国市场以其全球技术领先地位的优势吸引着中国企业，尤其是高技术行业企业向其投资，希望通过海外投资获取创造性资产和重要技术知识，在通过内部知识共享和自主创新提升自身的技术水平，缩小与国际前沿发达国家的技术差距。此外，中国对澳大利亚的投资额也由 2004 年的 12 495 万美元增至 2008 年的 189 215 万美元，五年间就增加了 10 倍左右，可见澳大利亚广泛的市场空间对中国企业来说也极具吸引力。

中国企业海外投资向发达国家演进的趋势也随之带动中国企业海外资源寻求的转变，由最初的市场和自然资源寻求向更高层次的创造性资产寻求转移，如东道国先进技术、知识资源、人力资本等。Dunning（2000）考虑到新技术发展和经济自由化等趋势，将原有 OIL 模型进行修正，认为企业所考虑的所有权优势、区位优势发生了新变化，在新变化因素作用下认为企业进行国际投资将遵循六个阶段，即根据企业特定时期和环境需求，跨国公司将经历由资源寻求型 FDI 向市场寻求型、战略资产寻求型和效率寻求型转移，并最终过渡到服务于竞争优势构建的创造性资产寻求型 FDI 转移的过程。其主要思想可概括为模型如图 3-1 所示。

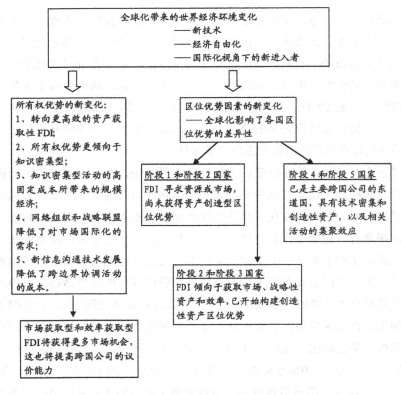

图 3-1　修正后的 OIL 模型

资料来源：Dunning, 2000。

在 Dunning 的战略性资源寻求型投资理论基础上，Dunning（1993，1998）、Kumar（1998）、吴先明（2003，2008）等许多学者又进一步开发新兴经济体国家，乃至发展中国家向发达国家投资的创造性资产寻求理论。他们认为这类国家跨国公司相比于发达国家处于技术弱势地位，他们希望通过在发达国家的合资和经营，接近国际领先技术水平和先进管理技术，接近国际化的先进人才资源，通过国际经营过程学习和吸收先进知识并内化自己的知识储备，借此提升自己的技术创新水平。可见，中国企业逐渐强化海外投资的知识资源寻求，说明其将国际化战略与知识获取和转移结合起来，充分体现了知识导向的跨国投资战略特征。

二、注重知识吸收和创新投入

中国企业通过国际投资开辟国际知识管道，从东道国渠道获取知识，再通过企业内部知识转移实现共享，企业作为知识接收方将获取知识消化吸收并用于自主创新。这是中国企业将外部知识获取和内部知识转移连接起来的运作模式，这是中国企业将国际投资与知识管理活动连接起来的运作模式。企业对知识的消化吸收程度和自主创新水平能够有效说明其内部知识共享和转移的效果，也能有效说明其对知识获取和积累的重视程度。中国企业已逐渐重视自身的知识学习和创新能力培养，为此它们积极加大技术引进费提升对知识获取的重视程度，积极加大消化吸收经费提升知识吸收和学习效能，加大科技和研发经费促进自主创新能力提升。表 3-2 列出中国企业获取、消化、学习和创新外部知识的投入情况。

表 3-2　中国企业知识吸收和科技创新活动现状

指标	2003	2004	2005	2006	2007	2008
科技经费内部支出（亿元）	1 467.8	2 002	2 543.32	3 175.8	4 123.73	5 040.67
研究与试验经费支出（亿元）	720.8	954.4	1 250.29	1 630.19	2 112.46	2 681.31
技术引进经费支出（亿元）	405.4	367.9	296.5	320.43	452.45	440.43
消化吸收经费支出（亿元）	27.1	54	69.4	81.86	106.62	106.45
购买国内技术支出（亿元）	54.3	69.9	83.4	87.43	129.59	166.2
专利申请数（件）		42318	55 271	69 009	95 905	122 076
拥有发明专利数（件）		17 988	22 971	29 176	43 652	55 723

资料来源：《中国统计年鉴》2000—2009 年版。

表 3-2 数据从三方面揭示中国企业参与知识吸收和创新活动的现状：①衡量中国

企业自身参与科技和研发活动的投入量，包括科技活动经费、科技机构数和参与科技活动人员数，以及研发经费数。近十年来，中国企业对研发和科技活动的投入量逐年增加，说明企业对自主创新和技术研发的重视程度日益加深。②衡量中国企业从海外获取、共享和吸收知识的投入量，包括技术引进支出、消化吸收经费和购买技术支出等。不同于第一类指标从企业自主创新和研发视角分析中国企业对知识的重视，这类经费投入从知识理解和学习视角表明中国企业对引进和吸收知识的重视程度。③衡量中国企业科研活动的产出量，包括专利申请数和拥有专利数。这类指标主要通过近五年数据说明中国工业企业的自主创新和知识管理成果，2008 年专利申请数为 122 076 件，相比于 2004 年的 42 318 件，已增加 2 倍有余。可见中国企业近年来重视知识积累和自主创新，不仅不断加大相关投入，而且取得较好的成果。

三、注重知识管理能力培养

中国企业对知识管理的重视日益加深，不同行业不断涌现出具有代表性的知识型公司。知识型公司是指重视知识资源和知识积累，运用知识管理的综合能力实现知识共享、应用和创新，并在这类活动中具有竞争优势地位的公司代表。

《经理人》杂志以知识活力指数和知识干扰指数的综合指标衡量不同行业公司的知识管理水平，以此评选不同行业中的明星知识型公司。其一，知识活力指数用来反映企业积累、管理和创造知识的能力和发展潜力，它通过 4 个指标综合指数来评估知识活力指数，即①基于知识的产品经营战略或商业模式；②基于人力资本的持续创新能力；③管理和应用知识并创造价值的能力；④将知识转换为股东价值的能力。知识活力指数赋值区间为 0—100，企业活力指数能超过 60 为佳。其二，知识干扰指数用来评估企业在知识管理过程中的阻力因素。知识管理过程涉及从战略到实施到知识反馈的多个环节，过程中的干扰因素众多。《经理人》选择 5 个评价标准衡量这些因素可能对知识型企业产生的干扰和负作用，即①知识导向型企业文化；②对知识员工的重视和培养；③管理和应用知识并创造价值的能力；④构建学习型组织并鼓励持续学习；⑤创造鼓励知识共享的内部环境。根据国际标准，即世界 500 强企业的知识干扰水平，企业整体知识干扰指数不应超过 10。但中国企业在知识管理方面的实践经验尚无法与国际水平持平，因此将知识干扰指数的临界值设定为 15。根据上述两个指数的综合分值，《经理人》杂志评选出中国知识型公司的 TOP 20（见表 3-3）。2010 年度中国最受赞赏的知识型公司 TOP 20 分别是：华为、比亚迪、百度、联想、中兴通讯、东软、袁隆平农业高科、海尔、阿里巴巴、尚德太阳能、宝山钢铁、腾讯、美的、李宁、上海家化、复星国际、盛大、步步高电子、云南白药、中国葛洲坝。其中计算机及软件2家,互联网4家,电子3家,电信2家,医药及化工2家,汽车1家,农业1家,能源1家,服装1家,钢铁1家,工程设计1家,多元化1家。为比较中国企业与国际知识型公司的差距,我们可以列示2009年度全球知识型企业TOP20,分别是埃森哲、苹果、BBC英国广播公司、德勤、安永、Fluor、GE、谷歌、惠普、IBM、Infosys、麦肯锡、微软、诺基亚、普华永道、三星、斯伦贝谢、塔塔集团、丰田汽车、威普罗公司,其中咨询公司5家,计算机及软件6家,互联网1家,电子3家,通信1家,汽车1家,工程设计1家,媒体1家,多元化1家,而中国企业尚未能跻身其中。

表3-3 2010年度最受赞赏的中国知识型明星公司TOP20

排名	公司	行业	综合得分	知识活力指数	知识干扰指数
1	华为技术有限公司	电信、软件	88.4	62.8	17.6
2	比亚迪股份有限公司	汽车、能源	88.1	64.8	16.9
3	百度公司	互联网	87.8	62.4	17.1
4	联想集团有限公司	计算机	87.1	61.5	17.6
5	中兴通讯股份有限公司	电信、软件	86.9	61.9	17.4
6	东软集团股份有限公司	软件	86.7	61.5	17.3
7	袁隆平农业高科技股份有限公司	农业	86.4	62.1	17.1
8	海尔集团	家电	86.2	61.8	17.0
9	阿里巴巴集团	互联网	86.1	60.8	17.2
10	尚德太阳能电力有限公司	能源	85.7	61.4	16.8
11	宝山钢铁股份有限公司	钢铁	85.6	60.7	17.1
12	腾讯控股有限公司	互联网	85.5	59.6	17.4
13	美的集团	家电	84.8	59.9	17.0
14	李宁有限公司	服装	84.5	59.9	16.7
15	上海家化联合股份有限公司	化工	84.2	59.2	16.8
16	复星国际有限公司	多元化	83.9	58.9	16.8
17	盛大集团	互联网	83.7	58.0	17.0
18	广东步步高电子工业有限公司	家电、电信	83.3	58.0	16.6
19	云南白药集团股份有限公司	医药、化工	82.2	58.7	16.0
20	中国葛洲坝集团股份有限公司	建筑、工程	82.1	57.8	16.4

资料来源:《经理人》2010年第5期。

具体来说，在中国排名前 20 的知识明星企业中，只有一半的知识活力指数高于 60，其中比亚迪为 64.8，其次是华为 62.8。而在知识干扰指数方面，却没有一家前 20 企业能低于临界值 15 以下，这说明中国企业虽然能在知识活力培养和能力提升方面具有较高水平，但在解决知识管理障碍和制度支持等阻力方面有所欠缺，这也是中国企业与发达国家的知识管理差距所在。此外，知识活力指数排名靠前的华为和联想，其知识干扰指数却最高。通过分析我们认为，华为的知识干扰指数高主要源于内部管理战略与关注技术创新的快速发展模式不匹配，使得管理滞后于技术发展造成的。而联想知识干扰指数高的原因是企业自主创新能力还有待提升，知识管理战略不力，对知识创造者的培养和激励也有所不足等。

此外，《经理人》杂志还对不同行业的知识型公司进行评分排名，选出各行业排名前 5 的知识公司明星，以此说明我国不同行业企业的知识管理水平。表 3-4 所示为各行业第一名的知识型公司及其综合分值。

表 3-4 2010 年度主要行业排名第一的最受赞赏的知识型公司

公司	行业	综合得分
神州数码（中国）有限公司	信息科技服务	81.9
用友软件股份有限公司	应用软件	81.7
浪潮集团有限公司	计算机服务器	79.3
汉王科技股份有限公司	电子设备及部件	81.4
海信集团	电视机及播放设备	81.9
广州市锐丰建业灯光音响器材有限公司	专业灯光音响	81.1
上海电气（集团）总公司	电气设备	81.1
潍柴动力股份有限公司	发动机	80.6
柳工集团	工程机械	81.2
深圳迈瑞生物医疗电子股份有限公司	医疗保健设备	81.2
从化东麟钻石有限公司	首饰珠宝	80.3
波司登股份有限公司	服装、服饰与奢侈品	81.1
依波精品集团	钟表	80.2
百丽国际控股有限公司	鞋类	80.3
青岛啤酒股份有限公司	啤酒酿造	80.5

公司	行业	综合得分
贵州茅台酒股份有限公司	白酒酿造	81.7
烟台张裕葡萄酿酒股份有限公司	葡萄酒酿造	79.4
杭州娃哈哈集团有限公司	软饮料	80.6
锦江国际酒店管理公司	酒店与豪华游轮	80.5
如家快捷酒店	经济型酒店	80.7
新东方教育科技集团	教育服务	80.2
华谊兄弟传媒股份有限公司	媒体与娱乐	81.3

资料来源：《经理人》2010 年第 5 期。

第二节　中国海外投资企业逆向知识转移动因

跨国公司在成熟扩张过程中，一方面重视海外市场渗透以加深国际化程度，另一方面不断丰富和培养竞争优势以提高竞争力。然而面对海外市场与经济环境的复杂差异性，如何才能适应东道国环境差异并发挥企业竞争优势，将是其能否立足的关键。跨国公司来自于产品差异化、成本、服务、营销乃至技术等方面的竞争优势往往与特定知识资源相关，例如体现产品性能参数和差异化优势的知识，体现成本和质量控制的生产工艺知识，体现服务标准和规范的知识，以及体现研发创新的技术知识等，知识资源与竞争优势的高度关联使得知识转移成为跨国公司维持竞争优势的重要途径之一。知识资源的内部转移和共享也有助于企业降低知识获取成本，降低知识外泄风险，提高整体战略执行的有效性。而在跨国公司内部知识转移过程中，存在不同类型转移活动。其中逆向知识转移在体现内部知识转移的共性动因同时，由于其参与主体、转移目标和渠道等方面的特殊性，将表现其特有动机。本节将分别从内部和逆向知识转移动因两方面进行探讨。

一、中国海外投资企业内部知识转移动因

通过前文分析，我们发现跨国公司内部知识转移往往出于维持和扩展竞争优势，降低知识应用成本，降低知识外泄风险，以及战略整合统一等原因。

（一）竞争优势视角

追求持续竞争优势是企业永恒的课题，它必须满足这样的条件，即有价值的、稀缺的、难以替代的和难以模仿的。企业必须致力于探寻符合上述条件的竞争优势，

而跨国公司在构建竞争优势上面临更大的机会和挑战。机会在于其跨越不同国家市场所面对的丰富且具差异化的潜在客户需求，在满足客户需求过程中寻求利基点，发展来自产品差异性等方面的竞争优势。而挑战则在于不同国家市场差异性所造成的环境不确定性，市场环境分析难度加大，对企业适应外部环境提出更高要求，如何才能在应对机会和挑战同时发展竞争优势成为跨国公司主题。

跨国公司往往属于发展成熟且具有一定市场地位的规范企业，它们在国内竞争中已构建自己完善的内部管理体制和赖以立足市场的独特优势，或是基于技术创新的产品差异化，或基于质量管理的服务体系，或基于流程充足的成本领先等。美国卡特彼勒（Caterpillar）以开发新产品的技术优势始终处于工程设备制造商的先驱地位，以成本领先者的优势姿态和遍布全球的 24 小时服务网络成为最具竞争力的工程设备提供商和售后服务运营商，类似跨国公司不胜枚举。它们在国内市场构建的竞争优势和运营能力与某些特定的知识资源密切相关，包括控制成本的生产工艺流程、服务标准和规范、核心技术等，只有通过企业内部知识转移才能将其转移给跨国经营的其他运作单元，使其在海外竞争中也能运用和发挥国内竞争优势，充分体现竞争优势的应用效能。跨国公司进行内部知识转移，能够最大限度地利用现有知识，扩展其竞争优势，确保所有运作单元都能保有相同的优势资源（Kogut & Zander，1993）。Pramongkit 等（2000）在研究行业集群内的知识转移活动时，认为企业利用发展机会和关注度去获取更多知识技能，它们的竞争优势也会随之提升，这也是许多企业鼓励知识吸收和转移的原因。Liao 和 Hu（2007）也证明有效的内部知识转移对企业构建竞争优势有重要影响。组织内部的沟通学习将有助于竞争优势构建，而知识转移将加速这一进程。

（二）交易成本视角

交易成本理论通过以下观点解释内部知识转移：其一，知识具有公共品特性，即外部使用成本较低，不易保护和排他使用，使得外部市场无法有效解决企业间知识共享问题。作为中间产品，企业特定知识很容易通过最终产品转移出去，此时，通过内部知识转移就能很好解决知识由于最终产品市场交易的外泄风险。其二，组织间知识转移可能存在各种问题，如知识拥有者可以将知识转让或授权给不同使用者，并通过知识商品化降低使用者的知识应用价值；由于信息不对称，知识使用者可能无法准确把握知识价值而造成损失，但若信息完备又会对知识拥有者造成知识被无偿占有或传播的风险，这就是所谓"知识怪圈"（knowledge paradox）。交易成本理论合理解释外部知识转移弊病和内部知识转移的有效性，但该理论更强调知识拥有和使用，而未将知识创造问题考虑进来。

　　跨国公司也可应用交易成本理论解释内部知识转移问题，观点主要集中在辨析外部和内部知识转移的成本差异。跨国公司通常遵循两种途径获取知识：一是内部知识源，二是外部知识源。外部知识获取可能通过学习、模仿、购买等方式进行，它可以使企业在更广阔的空间内寻找所需知识，扩展知识来源；也可以使企业直接运用成熟的知识成果，而减少研究开发成本；还可以使企业充分把握知识资源与外部市场需求的契合程度，以及知识运用方式等信息，以便更好地发挥知识价值。然而，外部知识转移也存在不可忽视的弊端，如知识搜寻成本过高，知识产权风险，学习成本过高，知识应用的设施和体制不健全等。尤其跨国公司面临复杂而多变的国际市场环境，企业需要关注市场变化，不断学习和开发新产品来满足需求，对知识获取、学习和创新的要求越来越高。企业需要以更低成本、更短周期、更高效率获得新知识，因此内部知识转移开始备受青睐。跨国公司实施内部知识转移将能帮助企业降低知识成本并提高知识利用效果。①内部转移可有效减少知识搜寻成本，通过内部学习和共享直接获取在其他运营单元已成功运用的知识技术。②内部转移可减少知识使用者和拥有者之间的交易成本，使用者直接从其他单元获取知识，减少了其与外部知识源再接触的交易过程。③知识资源在跨国公司内部共享，有助于充分发挥知识效能，利用知识为企业创造价值。尤其当一国市场需求饱和，相应产品还能在其他国家继续创造价值，即知识资源通过内部转移延长生命周期。④原知识使用者对于如何应用知识来适应市场需求，如何实现知识资源与组织机制的配合已充分了解，通过内部转移可以减少其他组织单元使用知识的学习成本，实现经验曲线效应。

（三）风险规避视角

　　通过内部知识转移将有助于跨国公司规避风险。①内部知识转移有助于减少知识外泄风险。通过外部渠道转移知识需要与知识拥有者接触，需要明确、规范和透明化的契约来进行知识传递，在此过程中存在一定的知识外泄风险。同时，外部知识获取可能会涉及专利问题。专利拥有者会通过衡量需求者的内部能力、经营水平和基础设施来判断其是否具有将专利技术产品化和市场化的能力，并由此选择合适需求者。知识需求者不得不处于被动选择的地位，甚至可能由于不规范的授权合同或不完善的产权保护措施而被迫卷入知识产权纠纷中。然而内部知识转移和共享则可以有效避免知识风险和纠纷。②内部知识转移更符合知识获取的亲缘性心理。Persson（2006）认为所谓亲缘性心理，是指企业在获取非重复性知识时更倾向与有长期知识交流历史的企业合作，而不倾向于向不熟悉或缺乏知识共享经验的组织寻求。③内部知识转移有助于减少知识的不适用风险。根据 Cohen，Levinthal（1990）和 Lane，Lubatkin（1998）的研究，在特定知识使用领域能更好地发挥其价值，实现学习效应。可见，知识转移和共享，学习和使用等过程都强调知识应用环境的相似性。跨国公司内部知识转移能很好地解决知识应用环境不一致的问题，不同组织单元拥有类似结构和经营背景，给知识转移和应用提供了相似环境，避免知识不适用于新组织的情况出现。

（四）战略整合视角

跨国公司通过内部知识转移也可有助于企业实现战略整合和文化统一。Szulanski（1996）认为企业组织内部的知识转移活动是直接的，而非渐进的传播过程，在此过程中，所有涉及知识转移的主体都将影响其转移效果。Osterloh 和 Frey（2000）从人力资源视角探讨了内部知识转移的双重动因，即表面和本质动因。表面动因主要适用于员工能够通过物质激励来满足自身需求的情况，此时知识共享可被用于企业内部合理分配资源，以及协调员工的物质需求和组织目标。员工将通过成本—收益分析来决定是否参与知识共享，由此可见来自物质激励的表面动因对知识转移的积极影响。而本质动因认为企业参与知识转移，主要源于员工希望获得与外部环境保持同步发展的满足感和成就感。而本质动因将发挥比表面动因更显著的影响力，尤其是在强调创新能力和学习能力的组织活动中，在组织目标不明确的实践活动中等等。

内部知识转移不仅能促进包括人力、生产和市场等的有效配置，更能实现合理业务布局的全球协调。跨国公司业务遍及不同国家，也会根据区位优势选择设置生产中心、营销中心和研发中心，全球扩张在为企业带来巨大经济效益的同时也带来战略协调困难和管理成本加大的挑战。如何实现全球范围内的战略统一是跨国公司普遍面临的难题。跨国公司往往要兼顾低成本和差异化需求，因此需要在全球范围内协调生产和营销中心等结构，同时也需要根据不同东道国市场而调整其战略模式，在此过程中它必须考虑如何实现跨国公司全球视角下的整体战略和东道国局部战略的协调问题。为实现这一目标，跨国公司内部的信息资源完整性、及时性和透明性将起到关键作用，只有全面完整的双向信息交流才能保证母子公司之间的战略透明和执行统一，因此内部知识转移和信息共享将发挥重要作用。王清晓（2007）也认为知识转移能够加深组织单元之间的相互依赖性，能够促进战略方案在组织单元之间的共享实施，能够加深其合作性和凝聚力，能够减少组织单元的管理控制成本，提高单元之间的战略协调效率。

此外，企业文化在母子公司之间的渗透共享也有赖于内部知识转移，尤其是学习和创新文化等与知识资源密切相关的文化内涵。鼓励有效的知识转移活动，保障通畅的知识转移渠道，不仅有利于企业促进知识学习，鼓励自主创新，同时也有助于不同经营单元之间的信息反馈和管理控制。可见，学习和创新文化与知识转移之间存在相互促进相辅相成的互动关系。

二、中国海外投资企业逆向知识转移动因

跨国公司内部知识转移包括母子公司及子公司之间的转移，其中子公司向母公司的逆向知识转移已逐渐成为新兴国家，尤其是发展中国家企业寻求国际竞争优势与海外先进资源的重要途径。逆向知识转移属于内部知识转移一种，它必然具有内部知识转移的共性动因，同时又由于其转移独特性而受其他因素影响。

（一）市场需求导向型视角

跨国公司的国际化进程发展至今，子公司经营自主性不断提升，它在东道国识别特定市场机会和潜在需求，以及如何将市场需求体现在产品性能中，如何实现生产和营销的有效配合等方面具有丰富经验。因此，通过逆向知识转移，子公司能向母公司反馈最新的东道国市场信息以及技术资讯，使母公司能及时开展研发项目，以最快速度开发能够领先于行业技术并契合消费者需求的最新产品；子公司也能将东道国经营经验和战略模式等管理知识与母公司共享，使其能吸取和借鉴，同时根据不同东道国市场的竞争力强弱调整全球战略中的重点和方向，根据子公司自治能力和自主程度调整母子公司协调模式等。跨国公司开展逆向知识转移对于市场潜力大且变化快的东道国具有较强实用性，在竞争优势构建和维持市场导向的战略目标方面具有积极影响。

（二）创造性资产寻求型视角

以往跨国公司的内部知识转移多起源于发达国家企业，而近年来发展起来的逆向知识转移则多来源于发展中国家企业。前者是由技术水平高知识资源丰富的国家向技术水平低的国家扩张，因此多为母公司向子公司转移知识的顺向过程，而后者则相反。发展中国家企业对外投资多为寻求国际市场和海外资源，其中资源寻求型投资又逐渐从基本资源向高级资源转移，即由原来的关注基本投入要素（土地、劳动力和资本），基本战略要素（如营销渠道、产品品牌等）向更高层次的战略性资源或创造性资产转移，包括知识资本、人力资源、先进技术、生产工艺、服务标准等。Kumar（1998）以亚洲新兴经济体国家为对象，分析得出其向发达国家投资的主

要动因是为获取东道国品牌、生产技术和分销渠道等战略性资源，表现为对发达国家企业的进攻性并购和与当地供应商及顾客建立长期"关系网络"。吴先明（2003，2008）认为对外直接投资是中国企业提高技术创新和管理组织能力的重要途径。中国企业可以向发达国家实施创造性资产寻求型投资，从而接近其先进知识，再通过知识内部化和转移过程，将其转化为自身的知识储备，并由此促进自主创新和管理效率提升。因此，发展中国家跨国公司在关注海外子公司能为母公司带来市场经济效益的同时，更加关注海外市场能提供的知识资源和关键信息，尤其是置身于发达国家或次发达国家的跨国公司子公司。为此，逆向知识转移将成为为母公司提供先进知识和市场信息的重要渠道。

第三节 中国海外投资企业逆向知识转移的影响因素研究

中国企业在对发达国家投资的过程中，不仅关注潜在市场带来的经济效益，更看重东道国先进资源带来的潜在竞争优势，即借由在发达国家的经营实践学习和吸收知识，从而推动自竞争优势构建和自主创新能力提升。为此中国企业鼓励海外子公司或经营部门对母公司的逆向知识转移，鼓励其将获取的技术、管理、文化和市场知识等传递给母公司，借此帮助其学习和创新，并改进自身经营战略和管理模式。而逆向知识转移不同于一般的内部知识转移，跨国公司总部作为知识输入方，子公司或海外部门作为知识输出方，它们的角色互换也代表其战略作用转换。可见，逆向知识转移的影响因素应当从知识特性、知识输出方子公司、知识输入方母公司三方面进行概括，如图 3-2 所示。

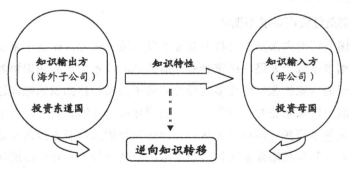

图 3-2 中国海外投资企业逆向知识转移过程

资料来源：作者整理。

一、知识特性影响因素

跨国公司为获得所需知识和信息而进行的转移活动往往受到知识特性的影响。本书认为，知识特性可从两个层面加以衡量：其一是知识本身的固有属性，如知识复杂性、模糊性、隐性和可编码性等；其二是知识与环境互动过程中的环境属性，包括知识粘性、嵌入性等。一般而言，知识被分为显性和隐性两类，而其中显性知识的可转移性更高，因此许多知识转移活动会通过衡量知识隐性程度来判断其转移成功的几率。此外，知识复杂性决定了企业获取、学习和运用知识的难度，知识模糊性则决定了企业难以准确判断知识价值，更难以把握知识发展趋势及实践应用的合理方式，而可编码性也直接约束着知识的可转移程度。可见，知识固有属性对知识转移难易程度具有直接影响。当然，除了关注知识固有属性，企业也应注意，知识并非单独存在并产生价值的个体，它需要与环境联系，通过输出者、输入者及传播过程来发挥效用和创造价值，那么它在互动过程中的环境属性必然影响知识转移。关于环境属性学界探讨较多的是知识粘性和知识嵌入性。知识粘性又称为知识粘滞性，它是指知识在传播和共享过程中必须承担成本，它代表阻碍知识转移的主要因素。知识粘性大多来源于知识独占性，尤其是专有知识使用排他性。专有知识作为一种专用性资产，它的排他性主要体现在使用情景上，某种嵌入特定实践的知识资源往往很难直接运用到其他实践活动中，企业根据知识目标和资源特性来调整知识转移模式，需要通过知识转移、学习和创新充分挖掘知识价值，改造知识使用模式，扩展其应用范畴。正是这种由独占性带来的转移成本，使得知识粘性成为阻碍内部知识转移的因素之一。而知识嵌入性则代表知识资源与某种特定实践情境相关联的程度，由此造成知识转移难度加大。知识嵌入性不仅影响被转移知识运用于其他实践的可行性，也影响其运用于其他场合的适用性。因此，考虑到知识固有和环境属性，知识转移需要因知识类型而异，因实践情境而异，因转移目标而异，遵循灵活权变原则。可见，通用型知识转移作用机制是不现实的，因转移双方和知识特性而变的作用机制才是积极有效的（Hong & Nguyen，2009）。

正是因为知识属性的复杂，知识转移作用机制应更趋向于灵活性和实用性，知识属性对转移程度和效果将造成直接影响，因此在分析转移作用机制之前，我们必须将所涉及知识进行有效归类并总结其属性特征。不同类型知识将具有不同的复杂性、模糊性、隐性，以及粘性和嵌入性，也将不同程度影响知识转移效果。

Hong 和 Nguyen（2009）按照企业管理层次将转移知识分为三类：技术知识、系统知识和战略知识，分别代表企业进行技术性和任务导向性基层运营所需知识，进行组织结构和系统设计等中级管理所需知识，以及针对企业愿景和整体战略等高层管理所需知识。不同管理层级所涉及知识类型的不同属性如表 3-5 所示。

表 3-5　跨国公司内部知识类型及其属性比较

知识类型		基本描述	举例	相关特性				
				固有属性			环境属性	
				隐性	模糊性	复杂性	粘性	嵌入性
管理层级划分	技术知识	新兴或特定技术知识，或任务导向性知识技能等。	质量评价系统；生产工艺；产品技术等。	低	低	低	低	中
	系统知识	组织系统或程序的新知识，关注社会系统企业内部的关联和协作。	绩效评估体系；跨部门项目团队；结构设计；职务说明书等。	中	中	中	高	高
	战略知识	组织长远蓝图与规划，影响企业成功的关键因素。	管理者价值观和成功标准；企业文化等。	高	高	高	中	高
应用领域划分（本书）	技术知识	产品设计、研发和生产的专业知识。	产品关键技术；生产工艺；质量控制等。	低	低	中	低	中
	管理知识	发展战略、组织模式、制度规范等。	管理理念、工具和制度等。	中	中	中	中	中
	市场知识	东道国市场特征、消费者需求变化与应对策略。	与供应商/销售商的关系网络；市场需求分析和预测；当地市场经营策略等。	中低中	高	高	中	高
	文化知识	民族和企业文化及其包容性等。	当地企业文化；文化包容性等。	高	高	高	高	高

资料来源：作者整理。

作者认为随着管理层级提升，所涉及知识类型的隐性和复杂性也随之提升，由此导致可转移难度加大，而在环境属性层面情况则有所不同。技术知识多为显性可编码知识，其转移往往不会受到太大阻力，知识粘性较低；而系统知识因其与特定组织环境关系密切，要将其从特定组织背景中抽离而运用到其他部门，必会遭遇新环境不适应以及接收方员工排斥等问题，转移难度和知识粘性较大；战略知识则涉及价值观和思维认知方面的信息，其难以编码的特性无疑为内部转移增添障碍。此外，从知识嵌入性考虑，技术知识与特定使用环境（包括设备、场地和专业人员等）相联系，使其内部转移和应用受到客观设施条件的限制；而系统知识和战略知识则往往根据企业特征和市场地位而定，代表了企业在市场经营社会网络中的独特性，不同组织部门的知识需求都不尽相同，因此其知识嵌入性也较高，知识转移难度较大。

　　上述研究对知识类型的划分大多针对一般企业，而从特定类型如跨国公司视角划分知识的研究较少。本书主要研究跨国公司内部知识转移，希望能把握跨国公司特征划分知识类型。跨国公司由于对外投资动因差异常常表现出不同的知识需求，本书基于 Hong 和 Nguyen 的研究成果，根据知识应用领域划分跨国公司所需知识为四类：技术知识、管理知识、市场知识和文化知识。中国企业在对外投资过程中，已逐渐从关注市场向创造性资产转移，其投资动因已发展成为包含市场寻求、技术寻求、先进管理模式、专业人才和文化理念等创造性资产寻求的复合模式。因此本书将中国海外投资企业的知识需求划分为技术、管理和市场知识。此外，由于中国企业在国际市场中的文化独特性，与东道国的文化差异也将成为影响跨国投资的关键因素，因此在东道国经营的海外子公司也应关注东道国文化知识，将其作为重要信息反馈给母公司将有助于母公司调整文化整合战略，更好地适应东道国文化环境。

　　跨国公司四类知识的基本特征如表 3-5 所示。技术知识往往可编码，虽然复杂性程度较高，嵌入特定使用环境而受到设备条件所限，但其仍具有一定的知识可转移性；管理知识随着管理规范化、理念化和制度化程度提升，其隐性和模糊性已随之减弱，可转移特性也逐渐增强；市场知识涉及东道国市场和需求信息，其模糊性和不确定性，以及嵌入特定市场环境等因素都使转移阻力增大；文化知识在不同类型知识中隐性和模糊性程度最高，由于其难以概括和编码，又与宏观环境甚至民族发展历史相关联，其复杂性和高嵌入性都使其具有较高的转移难度。综上所述，我们在分析跨国公司通过海外市场获取知识的逆向知识转移时，必须关注不同知识属性对知识转移的影响，从而制定与之相适应的转移机制。

二、子公司影响因素

　　在逆向知识转移过程中，海外子公司作为知识输出方占主要地位。前文已分析不同知识类型对知识转移的影响，而作为直接与外部知识源接触的海外子公司将承担更大职责，它们不仅要决定获取的知识类型，同时要选择与之相适应的转移渠道。

此外，子公司转移知识的主观意愿也将影响转移效果。可见，子公司作为知识拥有者和输出者，将通过转移意愿和渠道影响逆向知识转移过程和效果。

（一）子公司知识转移意愿

跨国公司内部知识转移已在全球范围内日益盛行，尤其在发达国家，母子公司以及子公司之间的知识转移已成为公司内部共享资源，转移竞争优势和核心能力的主要途径之一。子公司往往不仅获得其他组织成员知识支持，也具有强烈的知识转移意愿以期通过共享提升知识应用效能。然而随着新兴国家的快速发展，不同于发达国家投资模式的战略理论逐渐完善，发展中国家开始找到自己的国际化发展道路。而过去与发达国家跨国公司的合资经验也为发展中国家企业向发达国家进军奠定了基础。面对发达国家市场，许多发展中国家企业包括中国在内都希望能从中获得先进技术和管理模式，把握行业前沿的发展趋势，缩小技术差距，因此许多基于创造性资产寻求的海外投资往往伴随着强烈的知识需求。为此，中国企业多寄希望于位于国际先进水平东道国的海外子公司，通过逆向知识转移实现其知识需求。可海外子公司的表现往往难以尽如人意，它们在逆向知识转移过程中的消极反应可能存在以下原因：其一，内部知识转移未能充分发挥双向转移特征，海外子公司虽然带着母公司对其的知识需求期望，但却很少能从母公司获得有效的知识反馈和信息支持，这或许源自于母国和东道国的技术差距，也或许源自于中国企业传统的等级管理思想；其二，海外子公司的发展环境和市场规范程度优于母国，其自治程度将随着发展逐渐提升，而自治管理能力提高会引发子公司出于自我保护意识，通过维护自身知识资源而保持其在跨国公司内部的发展地位。由于上述原因，海外子公司可能会存在一定的知识转移消极性，这种主动转移意愿的缺失将极大程度影响逆向知识转移的实现。

（二）子公司知识转移渠道

子公司选择知识转移渠道是否合适有效也将影响知识转移效果。知识转移渠道不仅包括基于组织管理层级的结构型转移渠道（如基于管理职权的上下级汇报机制等），也包括基于管理规范的制度型转移渠道（如基于管理制度的定期技术交流和人员轮岗等）；不仅包括基于电子平台的知识转移渠道（如内部网络、信息管理系统等），也包括基于非电子平台的渠道（如文本资料、图形、视频、音频等）；不仅包括定期知识转移，也包括临时性转移；不仅包括正式渠道的知识转移，也包括基于非正式组织的知识转移等。无论选择哪种渠道都必须符合以下两个条件才能实现有效的知识转移：其一，渠道选择必须与知识类型相适应。不同类型知识属性各有差异，应据此选择不同转移方式。如产品技术和生产工艺等知识可编码性较高，通过电子平台传输或文本资料交流均可实现知识共享，而东道国文化和市场信息等隐性知识，无法通过编码来实现传播，则需要选择面对面交流、学习和模仿等方式实现共享。其二，渠道选择必须与特定知识目标相适应。跨国公司海外投资往往基于特定投资动因，那么在知识需求上则必然表现出倾向性，它们所选择的知识和转移渠道必须有助于其海外投资目标的实现。海外子公司必须明确把握母公司投资和知识目标，才能据此选择合理有效的转移渠道。概括来说，本书认为跨国公司内部的知识转移渠道应分为三种：基于编码的知识转移（包括文本资料或电子平台传递知识）；基于管理层级的知识转移（包括正式组织和非正式组织的知识转移）；基于人员的知识转移（包括人员轮岗、培训、学习和面对面交流等）。

三、母公司影响因素

（一）母公司国际化战略导向

在逆向知识转移过程中，母公司可以通过国际化战略引导子公司对知识资源的寻求方向，可以促进子公司进行知识管理活动。在中国企业参与的海外投资活动中，中国企业已逐渐从投资客体向投资主体转移，海外投资动因也由最初的市场寻求型向效率寻求型和战略资源寻求型转移。中国海外投资企业通过积累国际经营经验逐渐提升参与国际竞争的能力，企业越来越重视获取海外战略资源以提升国际竞争力，尤其是在向发达国家或向新兴经济国家的投资活动中，通过寻求海外东道国市场已不能满足其国际经营需求，它们开始尝试挖掘东道国公司的品牌和渠道资源开拓市场以提升市场知名度，开始挖掘技术知识和工艺知识以提升自身产品性能和服务水平，开始挖掘优秀人力资源、管理技术和理念资源等隐性知识以提升管理效率和人员素质，开始挖掘东道国文化知识以提升跨文化整合能力和文化适应性。不同战略资源寻求型投资活动意味着对东道国不同类型知识的选择获取，包括与品牌、渠道、市场营销策略等相关的市场知识，与技术工艺和服务水平相关的技术知识，与管理工具和理念相关的管理知识，以及与东道国文化、政策、法律等宏观环境相关的文化知识。战略资源寻求型海外投资战略为海外子公司的知识需求指明了方向，将促进子公司从东道国不同渠道获取相关知识资源，同时也通过母子公司一致的战略导向促进子公司对其的知识共享和转移。

（二）母子公司控制协调机制

Doz 和 Prahalad（1987）针对母子公司导向的战略管理模式，提出了跨国公司应该遵循的母子公司管理两重性问题，即关注母子公司战略层面的协调统一和关注子公司在东道国的本土化响应需求的均衡问题。母子公司协调控制模式意在调节两方面的战略倾向，并最终寻求最适合企业整体发展的均衡点，均衡点所处位置不同则母公司的战略协调机制将有所不同。若母公司更顾及母子公司的战略协调和整合统一，则将倾向于实施控制力强的全球一体化战略模式；若母公司更兼顾东道国的当地化需求，则会更鼓励子公司实施自治管理和当地响应战略。Tang, Xi 和 Ma（2006）运用模型推导法检验不同战略组织模式对内部知识转移活动的影响，全球一体化战略强调组织成员之间的知识转移和信息流动将沿着管理层级进行，而自治管理则突破管理层级限制，要求参与知识共享的成员并不按照传统层级结构确定，而是按照沟通效率和知识绩效等指标综合评定，选择其中较突出者优先纳入到知识转移对象中来。中国学者也积极探讨母子公司控制协调机制对知识转移的影响，许强（2008）着力研究网络和层级结构在母子公司关系管理中的差异，肯定基于网络结构的母子公司管理模式能有效促进知识转移。

除了直接研究组织结构对知识转移的影响外，还有部分学者认为参与者之间的信任关系也是影响转移效果的主要原因，这是由于合作双方的信任关系对合作效果有直接影响（Uzzi, 1997），知识转移也是一项基于合作和共享的知识管理活动。Hansen（1999）相信知识转移双方关系质量直接影响转移效果，而信任度则是影响关系的重要指标之一。他认为转移双方信任度越高，越有助于知识交换。因为信任关系使得知识输出方的转移意愿更强烈，也使得输入方更愿意接收对方知识，同时也将有助于降低转移冲突和知识验证成本。Szulanski, Cappetta 和 Jensen（2004）则认为如果输出方是值得信任的，会更易接受对方转移的知识，也更倾向于将知识应用于自身经营，并积极遵循输出方指导来修正知识应用行为，包括改善组织环境适应知识应用需求，提高知识学习和创新投入，促进知识管理和支持机制等，使知识转移能达到更高层次。

在研究母子公司关系对跨国公司逆向知识转移的影响时，母子公司战略协调机制和相互信任程度都将对转移效果产生影响。本书为综合研究其影响作用，将选择母子公司控制程度作为判定指标。因为母公司对子公司的控制程度不仅能反映母子公司协调管理模式，也能反映其合作和信任程度。可见，从控制程度研究母子公司协调机制对知识转移效果的影响极有意义。具体来说，这种控制程度应包括母公司对子公司的战略控制、股权控制、文化控制、资源控制和财务控制等。

（三）母公司知识吸收能力

学界一直非常重视知识吸收能力对知识转移效果影响的研究。跨国公司内部知识转移效果与转移速度以及参与主体的吸收和渗透能力（Absorptive and disseminative capacity）息息相关。其中知识输出方的渗透能力主要是指知识输出意愿与倾向性，它不仅包括传统的知识转移意愿因素，还包括知识转移行为设计、渠道选择和制度规范等具体操作性内容。虽然在这方面的研究实证支持不足，但已越来越成为输出方影响因素研究的必然趋势。而吸收能力则主要是指知识输入方对知识的接收和消化能力等，Liao，Wu 等（2010）基于台湾跨国公司的实证研究，探讨了吸收能力对知识获取和创新的重要作用，认为吸收能力会通过知识结构的多样性、知识层次和知识战略导向等因素对创新能力产生直接影响。

本书在以往研究基础上，结合中国海外投资企业的内部知识转移实践，同样肯定作为知识输入方中国企业的知识吸收能力对转移效果的影响。同时本书认为基于中国企业内部知识转移和共享学习的复杂性，不同企业对获取知识的应用程度不同，对海外知识的共享吸收也应分为不同类型。一类企业关注知识在母公司的共享和吸收程度，以期扩大母公司的知识储备；另一类企业关注东道国知识在母公司的应用实践，因为母公司往往出于某种战略需要获取知识，或基于技术和工艺的创新需要，或基于开拓不同东道国市场的经营需要，或出于跨文化管理的战略需要等，它们更倾向于将所获知识用于母公司相应的实践活动，构建能立足于国际市场的竞争优势；还有一类企业关注知识资源为自主创新服务的能力，它们通过获取海外先进技术知识、东道国人力资本和其他创造性资产，为提升自主创新能力而服务。因此，本书认为中国海外投资企业的母公司知识吸收能力可分为不同层次，即知识接受和共享能力、知识学习和应用能力、再创新和自主创新能力。

（四）知识转移支持机制

除吸收能力外，对知识转移的有效支持机制也将有助于保障知识转移渠道畅通，促进知识转移制度化和规范化，提升知识转移程度和效果。Tabachneck-Schijf 和 Geenen（2009）着力从知识输入方视角探讨如何跨越知识转移壁垒和障碍，其中最重要的手段是依靠组织支持机制和对知识转移风险的准确判定进行决策。前者将通过调整知识转移双方关系来提高转移效果，通过提升双方知识语言的共通性和知识应用效能来促进知识转移。Liao，Wu 等（2010）则主要从知识获取和转移对创新能力产生影响的视角进行分析，着力探讨企业文化、组织结构、学习能力和知识管理等支持因素为知识获取和创新学习提供的制度保障。

国内外学者对知识转移支持体系的研究多集中于沟通体系支持和文化支持等方面，但支持机制不止如此，人员、信息系统以及其他资源因素的支持作用也应受到关注。本书认为母公司对知识转移支持机制的作用效率和完善程度将直接影响逆向知识转移效果，这种支持机制涉及文化支持、学习型组织、信息管理系统支持、资源支持、沟通渠道支持等各方面，具体说来包括：①企业文化是否鼓励和包容新知识；②企业文化是否鼓励员工积极创新；③公司内部是否有较浓厚的学习氛围；④公司内部是否存在鼓励和帮助成员学习的相关机制；⑤信息管理系统的运作效率和完善程度；⑥公司内部是否积极引入研发和技术创新人才；⑦公司是否对海外知识引进和创新提供资源支持；⑧公司内部信息沟通渠道是否畅通；⑨是否与子公司保持通畅的定期信息反馈机制等。

第四节　逆向知识转移的母公司二维作用机制模型

前文已对跨国公司逆向知识转移的影响因素进行了详细分析，但对于以逆向知识转移作为获取海外先进知识的发展中国家跨国公司而言，不仅要把握知识特性和海外子公司对知识转移的影响，更要通过改善母公司作用机制来影响转移意愿和模式，影响转移过程和效果，最终实现知识获取目标。因此，跨国公司母公司不应被动接受子公司逆向知识转移，而应主动调整作用机制和战略因素，以期对知识转移产生积极作用，这是母公司在逆向知识转移中发挥主动性的关键。

在此过程中，前文论及的母公司国际化战略、母子公司协调战略、知识吸收能力和知识转移支持措施等作用机制将成为影响母公司发挥知识转移主动性的主要因素，而它们分别代表母公司的控制机制和吸收机制来调整逆向知识转移过程并提升逆向知识转移效果。其中，母公司国际化战略和母子公司协调机制共同构成控制机制，代表母公司在国际化战略和跨国管理模式中引入知识转移，将知识需求、获取和共享纳入到国际战略中来，并对子公司知识转移的类型、意愿和渠道等产生影响。同时，母公司知识吸收能力和转移支持措施则共同构成母公司吸收机制，它们衡量母公司对海外知识的吸收、共享、应用和创新程度，直接影响转移知识的效果和程度。

概括来说，母公司控制机制和吸收机制共同组成影响逆向知识转移的二维作用机制模型（Two-dimensional Mechanism Model，简称 TM Model）。本书认为母公司二维作用机制的理论模型应该从两方面进行分析：一是母公司作用机制的影响因素对逆向知识转移的直接和间接效应，后文拟采用实证研究方法对其进行验证；二是母公司作用机制的战略举措对逆向知识转移的实践指导作用，拟采用案例方法进行探讨。

一、母公司二维作用机制与逆向知识转移的综合作用

在逆向知识转移过程中，母公司将通过控制机制和吸收机制的综合作用影响子公司实施逆向知识转移的效果和程度。

控制机制包含战略导向和母子公司协调两方面，对于发展中国家跨国公司的中国企业而言，亦是如此。一是国际化战略导向。中国企业对外投资在最初实践国际化时往往更看重海外市场的潜在吸引力，以及开拓市场而必须借重的东道国渠道和品牌资源等。随着国际化进程深入和经验积累，许多中国企业开始跳脱占领海外市场的初级思路，而向寻求高级战略性资源或创新性资产转移，尤其在其向发达国家逆向投资的实践过程中，发达国家优秀的专业人才、产品核心技术和生产工艺，以及先进管理模式和系统工具等战略性资源对中国企业更具吸引力。中国企业开始将重要资源需求与海外投资战略结合起来，通过知识需求和转移战略引导发达国家的知识资源向母国流动。二是母子公司控制协调。中国企业对外投资也是全球协调的过程，它们对于海外子公司或经营部门多采用积极控制的管理模式，无论是最初的海外事业部，还是分公司，抑或是跨国并购和合资经营，海外经营部门都始终贯彻母公司的整体战略和管理模式，渗透母公司企业文化和战略导向，与母公司保持高度的战略统一性。事实上，这与中国传统文化中注重家族本源、高度集权和集体主义的文化特质相符。传承自传统文化的中国海外投资企业在国际化初期，往往倾向于秉持母公司管理理念，以期实现对海外业务的高度控制和有效监督。然而，随着东道国市场的复杂化及子公司本地化程度加深，子公司响应当地需求的战略动机日益加强，母公司逐渐放权给子公司进行针对东道国市场的自治经营。子公司自治程度提升不仅有助于熟悉东道国市场和变化趋势，更有助于母公司接触全球最新的行业资讯和技术动向，为其带来更丰富和前沿的知识资源。当然，母公司对子公司的控制力度减弱也可能会导致其无法引导子公司选择的知识类型，无法控制和监督知识转移过程和效果。可见，母子公司控制协调程度将从正方两方面对逆向知识转移

产生影响。

吸收机制主要包括母公司知识吸收能力和转移支持机制。其一，母公司作为知识输入方，其知识吸收能力必将直接影响知识转移效果。中国企业在对外投资尤其是发达国家投资的过程中，以获取东道国先进技术和知识资源作为主要动因，若要实现高效的知识转移，提升自身知识吸收能力是关键所在。中国企业与发达国家的技术和文化差距是造成吸收障碍的主要难题。学者在研究吸收能力的影响因素时，多数认为双方的技术和知识存量差距是主要原因，技术差距越大，知识输入方越难以理解和接收新知识，其吸收效果越差。此外，双方的文化和语言差距也将造成知识输入方对新知识的误读或误解，从而干扰知识吸收效果。可见母公司应努力提升自身技术水平，缩小技术差距；努力了解东道国民族文化，缩小文化差距，借此提升知识吸收能力从而提高知识转移效果。其二，母公司对知识转移的支持机制——包括资源设备和组织结构等——对逆向知识转移效果的影响。知识嵌入性是知识固有属性之一，知识应用对外部市场环境和内部资源条件都存在要求。母公司与子公司市场环境不同，内部知识应用能力和资源配备不同，组织结构不同，种种内外部环境差异都会造成新知识在输入方母公司的不适应，为其转移和应用到母公司经营活动造成障碍。因此母公司也应积极提升自身资源设备条件，调整组织结构和战略模式，以期对逆向知识转移活动给予有力支持。

控制机制和吸收机制作为母公司因素对逆向知识转移产生影响，两者不仅分别对知识转移效果产生推动，而且互为依托共同构成母公司二维作用机制。①控制机制从母公司战略管理视角为逆向知识转移指引方向，为知识转移提供有效的沟通渠道，保证其顺利进行。同时也从战略层面鼓励企业提升吸收能力和促进支持机制的完善构建，包括对子公司的资源配置、母公司学习氛围构建、创新企业文化、完善组织结构和沟通渠道、设置定期交流机制和轮岗培训等。②吸收机制从吸收能力和支持措施方面为逆向知识转移提供保障，促进知识吸收、应用和创新的转移后过程。它不仅体现了母公司注重知识管理和创新的企业文化，也体现了母公司管理、学习和创新等综合能力的提升。两种机制共同构成母公司二维作用机制模型，本书将从影响因素和战略措施两方面对理论模型进行剖析。（如图3-3所示）

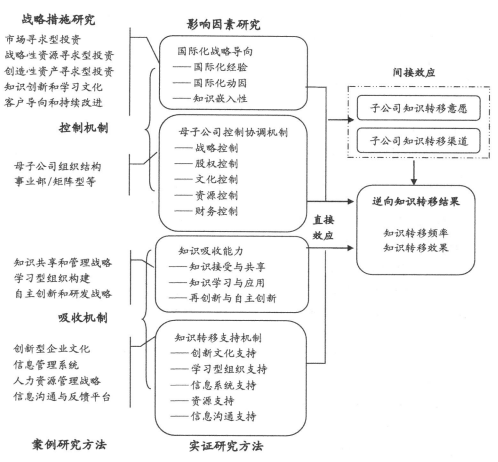

图 3-3　母公司二维作用机制与逆向知识转移的研究假设

资料来源：作者整理。

二、母公司二维作用机制的影响因素与效应分析

如上所述，母公司二维作用机制包括控制机制和吸收机制，两者分别衡量母公司对逆向知识转移的控制引导和吸收应用。本书认为，母公司二维作用机制通过直接和间接效应对转移结果产生影响。

（一）母公司二维作用机制与逆向知识转移的直接效应

根据文献回顾和本书分析，中国海外投资企业对逆向知识转移产生直接影响的母公司作用机制因素包括：母公司主观控制机制中的国际化战略导向和母子公司控制机制，以及母公司客观吸收机制的知识吸收能力和转移支持机制。

1. 母公司国际化战略导向

母公司国际化战略反映跨国公司参与国际化活动的目标，不同背景和投资动机的跨国公司对知识需求不尽相同，对海外子公司的重视程度和经验水平也会影响母公司吸收和应用知识的程度，同时母子公司的战略环境类似性也是母公司能够有效应用知识的前提条件。本书主要探讨国际化经验和动因的影响作用。

（1）母公司国际化经验。国际化经验越丰富，企业越熟悉东道国市场的资源环境，越能提出符合企业目标且便于获得的知识需求，与海外子公司进行知识共享和沟通的频率越高。

（2）母公司国际化动因。市场寻求型对外投资的母公司更倾向于对东道国市场知识的需求，包括市场需求信息、营销策略和市场竞争环境等；技术寻求型对外投资的母公司则倾向于寻求东道国技术知识，包括生产工艺和核心技术等；创造性资产寻求型投资的母公司对先进人才、管理模式和文化理念等战略性资源更为关注。可见，母公司投资动因将会影响不同类型知识的转移程度和效果。

（3）知识嵌入性程度，表示知识转移与某项企业实践活动的关联程度。对跨国投资活动而言，知识需求与企业对外投资的动因和需求相联系，两者关系越密切，则逆向知识转移效果越好。

2. 母子公司控制协调机制

母子公司的控制协调机制主要是指母公司对子公司经营运作的控制程度，或子公司的经营自治程度。母公司对子公司的控制越强，要求子公司为实现母公司知识需求而进行逆向知识转移的可能性越高；控制程度越强，监督子公司逆向知识转移实施效果的可能性也越高。而母公司对子公司的控制程度主要表现在战略、股权、文化、管理、资源控制和财务独立等方面。①战略控制从母子公司战略统一程度和母公司对子公司的战略干预程度两方面来衡量。②股权控制。股权控制与中国企业对外投资的进入模式息息相关。中国企业对外投资多采用项目合作形式，或直接在海外设厂或办事处，以及通过并购成立独立或合资子公司等。不同进入模式导致母子公司控制程度和协调模式不同，而控制程度一方面会影响子公司的自主性，一定程度上阻碍子公司转移知识的意愿，但另一方面控制程度将促进母子公司协调知识需求，并保证母公司知识需求能通过逆向知识转移得以实现。③文化控制表示知识创新和学习文化在子公司的渗透程度对知识转移的直接影响。④资源控制和财务控制则表示母公司从人力、设备和财务等方面对知识转移和共享的支持作用。

3. 母公司知识吸收能力

国内外学者大多认为，企业内部知识转移中，知识输出方的渗透能力和知识输入方的吸收能力都是直接影响知识转移效果的关键因素。而在跨国公司逆向知识转移过程中，母公司作为输入方的吸收能力同样会影响转移效果。本书则认为知识吸收能力不仅用来衡量接收理解知识的程度，更应被用于衡量知识应用和创新的程度，原因在于企业实施内部知识转移更看重将知识运用于输入方实践活动中去，甚至运用于提升企业自主创新能力，可见知识应用和创新能力不容忽视。因此本书认为母公司作为逆向知识转移的输入方，其客观吸收能力也可分为三个层次，即知识接受和共享、知识学习和应用、再创新和自主创新。

4. 母公司知识转移支持机制

母公司支持机制的完善程度和作用效率对知识转移的直接效应也不容忽视，主要包含企业文化、学习机制、信息系统、资源支持、沟通渠道等。①文化支持是指企业文化是否包容和鼓励新知识引入，是否鼓励员工创新。②学习机制不仅指企业内部浓厚的学习氛围，更意味着企业存在鼓励成员学习的相关机制，如职业培训、经验交流等。③信息系统，主要是指公司内部是否存在支持知识共享的电子平台，是否存在支持知识沟通的信息管理系统，及其完善程度。④母公司是否能为知识转移提供人力、设备、财力等资源支持，从而为知识引进和应用提供辅助条件。⑤公司内部的信息沟通渠道是否畅通、是否具备定期信息反馈机制等因素也会为知识转移提供有力支持。

（二）母公司控制机制与逆向知识转移的间接效应

母公司控制机制不仅对知识转移产生直接影响，同时通过子公司知识转移意愿和渠道选择对转移效果产生间接影响。

1. 母公司国际化战略导向

母公司对海外子公司和经营重视程度和经验水平会对子公司转移知识类型、意愿和渠道产生影响，进而影响子公司逆向知识转移效果，因此本书将其代表的母公司国际化战略导向对逆向知识转移的控制作用概括为间接效应。这种间接效应主要来自于①国际化经验对子公司转移意愿和效果的影响；②国际化投资动因对子公司知识转移类型和渠道的影响；③知识嵌入性对知识转移意愿和效果的影响，对跨国投资活动而言，知识需求将与企业投资动因和需求相联系，两者关系越密切，则子公司向其转移知识的意愿越强，效果越好。

2. 母子公司控制协调机制

母公司对子公司的控制程度也将影响子公司知识转移意愿和渠道选择，进而影响逆向知识转移效果。可见，母子公司控制协调机制对逆向知识转移效果也能产生间接效应。

三、母公司二维作用机制的战略措施研究

中国海外投资企业母公司对逆向知识转移的影响作用通过二维作用机制表现出来，不仅包含作用机制因素对知识转移过程和效果的影响效应，更包含母公司作用机制的具体战略举措对知识转移的实践支持。前者从影响因素视角对母公司作用机制进行剖析，后者则从实践操作层面对其进行分析。

（一）母公司国际化战略导向

如前文所述，海外投资企业母公司通过其国际化战略导向对逆向知识转移进行积极引导，其中主要作用因素包括国际化经验、国际化投资动因、知识嵌入程度。然而我们也应注意母公司实践活动中将通过具体的战略措施来体现其国际化战略导向以及对东道国知识资源的重视和需求程度。这类战略措施表示母公司在国际化过程中为引导和促进逆向知识转移而采取的实践举措，主要包含：通过国际化投资动因体现东道国知识需求，以及母公司对知识管理和自主创新的重视程度等。前者通过不同类型的海外投资动因表现母公司对东道国的知识需求差异，市场寻求型投资关注东道国市场知识，创造性资产寻求型投资则更关注东道国的技术、管理和文化知识。后者则体现母公司组织文化对知识和创新的重视程度，拥有成熟创新文化的企业将更注重知识技术的积累和创新，也更鼓励对海外知识技术的获取和共享。

（二）母子公司控制协调机制

母子公司控制协调机制对逆向知识转移的影响表现在母子公司的控制程度上，而母子公司控制程度的差异主要源于不同企业采取的管理和控制模式不同，或母子公司组织结构差异。多数海外子公司设立遵循区域划分或产品划分的事业部模式，根据不同市场区域、产品类型，或两者兼有的标准划分为不同事业部，与母公司保持战略统一而经营独立的运营模式。如今，大多参与海外经营的中国企业往往采取事业部模式，这类组织结构能有效保证海外子公司的业务针对性，或针对特定东道国市场进行本土化经营，或针对某类产品进行推广性扩张，无论哪种模式都能体现其对东道国市场需求的重视。同时，这种组织结构能够使母子公司保持战略一致的

同时又能实现某种程度的自主经营，不仅便于对逆向知识转移进行调控和监督，又能给子公司自治权避免其对转移知识的抵触情绪，提高其转移意愿，可见中国企业采取的事业部结构对知识转移具有较好的促进作用。

（三）母公司知识吸收能力

本书认为母公司的知识吸收能力不仅表现在知识共享和吸收上，更体现在知识应用和创新上。为提升不同层次的知识吸收能力，母公司将采取不同类型的战略措施进行配合。①为提升知识共享和吸收能力，母公司会大力发展知识管理战略，构建包括知识获取、吸收、学习、共享、转移和应用、创新的知识管理系统；②为提升知识学习和应用能力，母公司会积极推进学习型组织文化构建，巩固相应管理制度，包括定期学习交流和激励机制等；③为提升知识创新能力，母公司会注重研发投入，鼓励企业进行技术和管理的改革创新，在学习和应用海外先进技术基础上不断开发和改良自身技术，提升自主创新程度和水平。

（四）母公司知识转移支持机制

母公司还应该积极开发和完善知识转移支持机制，采取相关战略措施为知识转移提供保障。这类转移支持机制的具体战略措施包括：①关注知识和创新的企业文化；②鼓励知识积累和自我提升的学习型组织；③保障知识共享和沟通的信息管理系统；④知识管理的专业人才；⑤信息反馈和沟通机制等。

本书认为中国海外投资企业运用母公司作用机制对逆向知识转移产生影响，并围绕其构建二维作用机制的理论模型。同时，本书从战略措施和影响因素两个层面对作用机制模型进行深入研究，前者从实践操作层面分析母公司的具体战略措施如何对逆向知识转移产生影响，采用案例方法在第四章进行论证；后者探讨母公司战略导向、控制程度、知识吸收能力和转移支持机制等因素对逆向知识转移是否存在显著影响，将采用实证方法在第五章进行验证。

第五节　基于二维作用机制的母公司战略角色模型

作为逆向知识转移活动主体，母公司在其中的作用机制和战略角色也不容忽视。本研究也将借鉴子公司战略角色的研究模式，希望对母公司在逆向知识转移过程中担负的角色进行概括分析。Albino，Garavelli 和 Schiuma（1999）研究行业内供应商、制造商和消费者之间以及领导企业内部的知识转移活动，认为影响知识转移的主要组成要素为：知识转移参与者（the actors），知识转移情境（the context），知识转移内容（the content），知识转移渠道（the media），并进一步分析参与者战略角色对知识转移效果的影响，他们引入两个主要维度——知识转移速度和转移渠道数量——衡量知识转移参与方的角色定位，将其分为四类，即分销商、虚拟企业、传统制造商和高管理层级企业。这是从企业战略职能视角对知识转移企业的角色分类，而国内学者许强（2008）认为母子公司分别在内部网络知识转移中扮演不同角色，母公司应该努力整合不同组织单元的知识资源，促进知识共享和传播，鼓励企业内部知识交流、学习和创新，在逆向知识转移中亦是如此。而子公司，尤其是位于发达国家的子公司，不仅应该作为先进知识的接收者和拥有者，更应积极发挥贡献者和知识输出者的角色，在与母公司和其他子公司的知识转移和创造中发挥主动作用。

根据文献回顾和前文分析，本书认为母公司在逆向知识转移中的战略角色将受到二维作用机制影响，即控制机制和吸收机制的作用程度。若将两者分别作为横轴和纵轴，则可根据二维作用机制的影响程度大小将企业所处的战略角色分为四种，概括为母公司战略角色模型（Strategy Roles Model，简称 SR-Model）：

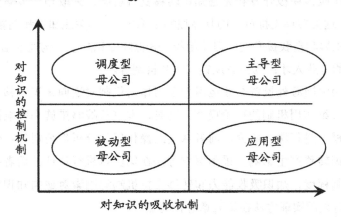

图 3-4　母公司在逆向知识转移中的战略角色

资料来源：作者整理。

一、主导型母公司

当母公司对知识转移的控制机制较强，对知识的吸收机制也较强时，往往能够在逆向知识转移中占主导地位，此类公司可被称为主导型母公司。主导型母公司在逆向知识转移中表现出积极引导和推动作用：①母公司国际化战略导向以知识获取和创新为主题，围绕知识资源寻求开展国际投资并组织海外经营，积极鼓励海外子公司与当地研究机构和行业协会保持联系，跟踪最新市场资讯和技术动向，再借助知识转移与母公司共享。②母公司对子公司控制程度越强，越能有效监督子公司逆向知识转移，保证其实施效果，并有助于子公司实现母公司的知识需求和执行母公司知识管理战略，实现跨国公司内部知识管理效率的最大化。③母公司拥有较强的知识吸收能力，不仅能有效理解来自子公司的新知识，也能将其应用到母公司战略经营活动中，更能帮助母公司提升整体经营效率和自主创新能力。④母公司的知识转移支持机制给子公司提供有效支持，从人员配备、设备资源、财务支持和组织结构等方面保证知识得到合理吸收和应用。

主导型母公司由于具备较强的战略控制和吸收能力，在引导知识需求方面具有高度控制力。这类企业往往倾向于积极寻求企业所需的先进知识资源，鼓励东道国子公司丰富知识、积累经验、扩展市场思维和文化视角，并将由此积累的竞争优势和战略性资源传递到母公司。

而在子公司进行逆向知识转移时，则会倾向于选择基于人员和网络的转移渠道。虽然基于文本资料的传播渠道效果好且成本低，但却将知识类型限定在易于编码的显性知识。面对管理理念、工艺流程、市场战略等高层次隐性知识，书面渠道并不适用，基于人员和母子公司网络结构的综合转移方式将发挥作用，前者包括人员培训、轮岗交流和经验传授等方式，这样不仅有助于输入方员工直接接触新知识的应用环境和现场经验，更准确把握知识创造价值的关键环节，从而使知识转移效果最大化。而网络结构下母公司更注重知识管理与跨国战略的有机整合，更注重组织单元在全球网络下的互动整合，从而将更促进子公司在跨国公司内部网络转移知识，实现知识资源在公司内部利用效率最大化。

总的说来，主导型母公司控制监督的逆向知识转移过程不仅能实现更高层次的知识需求，实现更积极有效的知识传播，更能将转移活动从基本的知识共享向高层次知识应用和创新转变。

作为各行业知识型公司排名第一的明星企业，华为、李宁、青岛啤酒等都应该算是主导型公司的典型案例。1903 年 8 月，古老的华夏大地诞生了第一座以欧洲技术建造的啤酒厂——日耳曼啤酒股份公司。经过百年沧桑，这座最早的啤酒公司发展成为享誉世界的"青岛啤酒"的生产企业——青岛啤酒股份有限公司。 1993 年，公司股票分别在香港和上海上市，成为国内首家在两地同时上市的股份有限公司。

如今青岛啤酒有百年积淀，创造了大量知识资产，并在规范化知识管理体系上积累大量经验，已成为将知识管理和国际化经营有效结合的主导型母公司。其知识管理活动包括以下核心内容：①导入知识管理理念、培育知识管理文化；②建立知识管理成熟度评价机制；③识别、梳理并发展青岛啤酒知识体系，使关键知识领域 PDC（掌握度、扩散度、编码度）水平有效提升；④借助知识管理系统平台创建青啤知识频道；⑤创建青啤知识管理组织制度，形成基于知识积分的知识管理级别评价机制，包括：① BSC 导向的 KSC（Knowledge ScorCard）知识记分卡。通过 KSC 使每个部门和员工在日常工作中建立一种思维，即基于岗位工作目标，明晰关键知识领域，识别关键知识现状和期望，进而设计知识应用模式。②建立"知识贡献度"评价机制，它会在总绩效体系中占一定权重。青啤知识管理项目实施后，在内部知识体系梳理、行为设计、流程 E 化、专家体系建设和结合国际发展目标等方面取得了明显成效。可见青岛啤酒已经将知识管理融入到战略管理中来，不仅强调外部知识吸收，更强调内部管理应用和共享，这是战略主导性知识管理活动的典型。

而李宁有限公司作为中国领先的体育品牌之一，产品包括运动及休闲鞋类、服装、配件和器材系列。集团主要采用外包生产和特许分销模式，已于中国建立庞大的供应链管理体系和分销网络，也自行经营李宁牌零售店。集团与 AIGLE 成立合资经营，该合资经营获 AIGLE 授予为期五十年之专营权，在中国生产、推广、分销及销售法国 AIGLE（艾高）品牌的户外运动用品；集团还与意大利运动时尚品牌 Lotto（乐途）订立为期二十年之独家特许协议，在中国开发、制造和销售 Lotto 特许产品。李宁的国际经营过程中非常注重知识管理，一方面在战略导向中融入知识管理和需求观念，另一方面通过相关制度支持内部知识共享。

1. 战略导向

李宁开发知识协同中心，它侧重针对公司业务环节的知识管理能力进行建设。目前已完成公司运营系统、战略系统、鞋产品系统、电子商务、市场研究等部门的知识管理工作并在其中推广知识管理平台，并努力将知识管理和战略系统联系起来，实现战略化知识管理。

2. 知识转移支持机制

（1）文化支持。李宁提出"崇尚运动、诚信、专业、激情、突破、信任"，建立以知识共享为核心的文化理念，支持内部知识转移。

（2）知识管理制度支持。2008 年 9 月颁布《李宁重大项目知识管理规范》将每个项目实施需要和创造的知识规范化和内部化，以解决方案、培训课件、案例经验等方式实现共享。

（3）知识转移渠道支持。2009 年 3 月颁布《李宁文档管理平台管理制度》（详细版）及《李宁文档管理平台管理制度 Q & A》主要用于规范文档上传位置、命名、模板管理和属性管理等等。

（4）信息系统支持。李宁公司积极运用业界领先的办公系统——IBM Lotus Notes 协同工作平台，进行电子邮件、个人和群组工作日历的协同，提升日常运作效率。同时使用 IBM FileNet 文档管理系统，实现高价值知识资产的统一管理，在详细分析各业务部门知识资产结构的基础上，进行知识安全性、元数据结构、工作流协同的配置。

（5）资源支持。学习发展中心（LDC）侧重于针对员工个人知识管理能力建设。LDC 的工作主要体现在人力资源管理和培训体系两个部分。总的说来，李宁属于积极引入知识管理和需求战略，同时也重视内部知识管理系统完善的综合性知识公司，即在控制和吸收机制方面都能提供强有力支持的企业，其内部和外部的知识获取和转移活动必然非常频繁，可以算是主导型母公司的代表之一。

为详细辨析四类战略角色，对其知识转移特色的比较归纳如表 3-6 所示。

表 3-6　中国企业在逆向知识转移中的母公司战略角色比较

	主导型母公司	调度型母公司	应用型母公司	被动型母公司
含义	控制机制较强，吸收机制也较强	控制机制较强，吸收机制相对较弱	吸收机制较强，控制机制相对较弱	控制机制较弱，吸收机制也较弱
转移目标	鼓励子公司将竞争优势和先进战略资源传递到母公司	往往以某种知识需求为主体；知识需求明晰，活动动机强	注重知识资源的内部共享；通过应用将知识价值最大化	拓展市场份额；积累海外经营经验
转移特点	在知识需求和目标确定方面具有高度控制力；在知识创新方面具有优势	对知识需求具有明确指向性；知识转移渠道的特定要求；知识吸收相对较弱	技术研发和客户需求为导向的运作模式；技术型跨国公司	被动接受者角色；更关注市场和管理知识
转移渠道	选择基于人员和管理层级的转移渠道	基于编码和面对面交流的转移渠道	基于编码和人员的转移渠道	基于编码和管理层级的渠道
转移效果	知识吸收和理解的初级转移；知识应用、改良和自主创新等高级转移活动	更多处于理解、学习和模仿知识的阶段，而在知识创新层面则效果相对较弱	应用于自身创新能力提升；尚未与国际经营和企业战略结合起来	关注知识学习、借鉴和应用，很少涉及自主创新
典型案例	华为、李宁、青啤等	联想、海尔、娃哈哈等	中兴、上汽、比亚迪等	

资料来源：作者整理。

二、调度型母公司

当母公司对知识转移的控制机制较强，而吸收机制较弱时，我们可将此类公司称为调度型母公司。这是因为其通过战略导向和管理控制对逆向知识转移产生较强的控制和调节。其一，该类型母公司的国际化导向往往以某种知识需求为主，以知识资源寻求为海外投资动因，对子公司知识获取具有明确指向性，知识需求明晰且转移动机强。其二，母公司对子公司也具有较强控制力，子公司会积极遵循母公司的知识需求获取知识，并将其与东道国市场需求相联系，在当地市场应用知识创造价值，再将知识实践经验传递给母公司，实现母公司知识目标。然而，该类型母公司存在吸收能力较弱的缺点，这可能源自于与东道国的技术差距，自身知识存量和知识管理经验较差，或是母子公司内部环境和文化差距。此外，母公司缺乏对逆向知识转移的制度和资源支持，也可能是导致知识吸收障碍的另一原因。总体说来，这类母公司虽然关注知识需求，积极围绕东道国知识资源和先进技术开展国际化活动，积极鼓励和监督子公司的逆向知识转移，但由于受到自身吸收机制限制而使其无法达到预期效果。

调度型母公司对知识需求具有明确指向性，它们的海外投资也大多以知识寻求和其他战略性资源为主要动因。子公司或海外经营部门则积极与东道国行业协会或其他研究机构联系，跟踪行业最新资讯和技术动向，根据母公司知识目标和东道国市场需求选择知识资源，并通过知识转移与母公司共享。

由国际化战略导向引导知识需求的知识转移对转移渠道也具有特定要求，知识吸收能力较弱要求子公司应选择传播效果更直接的方式。详细文本资料和电子信息能对知识进行有效编码和记录，能准确传达知识内涵、应用条件和实践方式，对吸收能力较弱的母公司而言将是极其有效的方式之一。此外，子公司可能会更倾向于选择面对面交流方式直接传播知识应用经验，例如子公司员工到母公司的培训、现场学习和经验交流等，通过直接沟通准确传达知识内涵，同时也有助于知识接受者及时解决知识理解和应用上的疑问，有助于知识接受者直接从知识应用中学习、模仿和借鉴经验，从而提升知识转移的吸收效果。

相比于主导型母公司，调度型母公司在逆向知识转移中更多处于接受和理解、学习和模仿知识的阶段，努力尝试对子公司新知识的正确理解，并将其应用于适当的实践活动中，而在知识创新层面则实践效果相对较弱。

联想、海尔、娃哈哈等都是积极运用战略导向和管理工具为知识需求提供指向性的调度型公司代表，联想集团的案例研究将在第五章具体阐述，这里先以海尔为例进行说明。海尔在国际经营中，非常注重竞争情报收集，它将情报看作是技术、人才、资金之外的第四项竞争力。情报及时性和完整性为海尔制订有效经营策略提供了依据，在国际市场亦是如此。国际市场环境和竞争对手复杂性使得海尔更注重国际竞争者技术、市场和管理知识的收集。过去，海尔整理竞争情报的一般流程是上网搜索，定期剪报，然后进行人工分类、整理、分析，形成满足部门需要的竞争情报报告。由于这种方式所获信息零散没有系统性，而且耗时较长效果较差。随后海尔开始采用百度的 eCIS 收集竞争信息，前期工作由"机器"（即百度 eCIS）来做，收集、整理、归类情报大大简化，所需时间只占到情报处理总时间的 20%，剩下 80% 的时间可用于进行判断、分析等高级能动活动，比如情报分析处理和情报产品制作。海尔对竞争情报的指向性搜寻为知识需求提供了明确方向，说明其通过管理工具引导海外知识获取的战略思维。

三、应用型母公司

当母公司对知识转移的控制机制较弱，而对知识的吸收机制较强时，母公司将能够充分吸收知识精髓，并应用到母公司战略活动的各个层面中来，该类型母公司被称为应用型母公司。应用型母公司在组织内部积极鼓励知识转移和共享，对推进知识转移提供制度支持，同时也通过较高层次的吸收能力充分发挥知识效用。其一，应用型母公司从外部渠道和不同海外子公司处获得知识，无论知识来源如何，母公司都积极调度组织资源和学习能力，充分理解和应用知识。这类子公司的吸收能力不仅表现在对知识的理解和应用上，更表现在将知识运用于更高层次的产品改良和创新活动中去，这样不仅充分发挥知识创造价值的作用，还能促进组织自主创新能力提升。其二，应用型母公司积极从制度因素方面为知识转移提供支持，或通过人员培训和职业规划的人力资源管理为知识转移提供人才支持，或基于知识技能的绩效管理和基于创新的激励机制构建注重知识文化，或通过信息管理系统和物流管理网络提供知识转移的信息平台等。相对吸收能力，这类型母公司将关注重点放在获取知识的应用创新层面，但还没有充分发挥对获取知识的主动控制，在通过战略导向引导海外子公司吸收所需知识方面有所欠缺。

应用型母公司可以根据需求主动获取外部知识，但在通过逆向知识转移的内部渠道获取知识时就略显被动了。这类母公司将工作重心放在自主创新能力提升和资源有效配置方面，也就是说，母公司从以下两方面关注逆向知识转移：①它更注重将海外子公司得到的知识资源在组织内部实现共享，并通过应用和实践将其价值最大化，使原本适用于知识输出方子公司的知识能被应用到组织其他部门中去。②母公司将知识应用于自身创新能力提升，例如将技术知识通过改良和再创新用于技术研发能力提升，或将生产工艺知识用于流程再造实现效率提升，或将管理知识用于组织变革提升管理效率，或将市场知识用于潜在客户分析和市场渗透，并创新设计新市场营销策略适应市场需求。

这类母公司多数采取以技术研发为竞争重点，以客户需求为导向的运作模式。它们也是在海外经营中发展成熟的技术型跨国公司，只是在海外经营初期主要将资源放在拓展市场和客户开发，虽然也将技术创新作为核心，但是仅作为产品研发部门的工作职责并未与国际经营战略结合起来。尽管如此，由于这类公司国际经验丰富且知识吸收能力较强，它存在这样的发展趋势，那就是从市场寻求向知识寻求转移，将知识需求作为海外投资动因，通过国际化战略为知识需求提供指向性，由应用型母公司向主导型母公司转移。

举例来说，中兴、上汽、比亚迪等都是这类公司的代表企业。上海汽车工业（集团）总公司（简称"上汽"）辖下拥有几十家合资企业，办公地点分散，业务范围广泛，在我国汽车行业中属于技术领先并具有国际竞争实力的民族企业。上汽集团注重技术研发和创新，因此在合资经营中也非常注重学习和引进先进技术知识，在内部共享、应用和创新，可见上汽在知识吸收能力方面具有较高水平。同时在内部知识管理机制方面，上汽早在2003年就引入开思（case）知识管理系统中的OA办公自动化系统，有助于内部知识信息管理和交流共享。上汽运用OA实施对集团内部近20个部室105个流程的知识管理，并为配合OA管理系统制定相应的规章制度，包括《关于开思OA系统文件处理规定的实施细则》等。OA系统实施后，缩短了文件和数据传输的时空距离，企业内部实现即时信息传递和知识共享，极大提升了知识管理和应用效能。总的说来，上汽拥有较高层次的知识吸收能力和转移支持机制，可以称为应用型公司的代表之一。

"技术为王，创新为本"的比亚迪同样也是注重创新能力和知识创造的典型。比亚迪现拥有IT、汽车和新能源三大产业。公司以技术优势和服务体系作为核心竞争力来源，因此在管理中突出基于客户和服务导向的自主创新和研发战略。在研发创新方面，比亚迪集中资源于中央研究院致力于产品设计和生产工艺创新，并分别设立通讯电子和汽车工程研究院，对通讯和汽车产品进行针对性的研发，研究院涵盖产品硬件、软件、测试和生产的各个环节。通过专业研发团队的积累和努力，比亚迪在相关行业领域具有较高的自主创新水平和产品设计经验，逐渐形成了具有自身特色并能与国际技术领先者相竞争的研发创新平台。比亚迪不仅重视其国内的技术创新实践，更注重在国际市场获取和积累技术资源。可见比亚迪是在知识吸收和自主创新能力方面表现极为突出的中国企业，与中兴类似，它也应该算是知识吸收能力优于知识战略导向的应用型母公司。

四、被动型母公司

当母公司对知识转移的战略导向性不强，且吸收能力也较弱时，此类母公司无法实现对知识转移的主动调控，也无法实现知识吸收较高层次的应用创新，因此被称为被动型母公司。这类母公司在逆向知识转移活动中往往作为接受者角色，它们的知识管理和创新在企业中还处于发展阶段，或并未作为企业发展的重心，因此在战略导向方面未能将知识需求和吸收纳入到管理战略中来。同时，由于其知识管理还处于初级阶段，尚未发展自主创新研发能力，或尚未开发支持知识应用和创新的系统制度，因此知识吸收能力也还处于较低层次，即重点放在知识理解和学习的基本阶段，对知识应用、改进和创新等创造性知识活动涉入较少。

这类母公司多为国际化经验较浅的跨国公司，它们参与国际经营的重心仍然放在业务拓展和市场扩张阶段，以市场导向型的国际投资模式为主，对知识、技术或人才等创造性资产的获取尚未作为企业海外投资重心。处于此阶段的企业海外投资旨在拓展市场份额，积累海外经营经验，为将来的高层次国际化经营做准备；抑或未将技术创新作为核心竞争力的跨国公司，而将重点放在市场扩张或成本优势上，因此它们更关注市场需求、营销策略和经营政策等市场知识以便对东道国进行更准确有效的市场渗透，更关注管理知识和生产工艺流程等有助于企业改善生产和管理效率，减少生产和管理成本的知识环节。同时，对市场知识和管理知识，企业更倾向于关注学习、借鉴和应用，也很少涉及更高层次的自主创新，这也是为何这类企业吸收能力不能向更高层次发展，在知识转移活动中处于被动的又一原因。被动型母公司应积极从这两方面调整策略，化被动为主动，提高对知识需求的战略导向性，提高知识创新等高层次知识吸收能力，构建支持知识转移和创新的制度措施，向应用型、调度型甚至主导型母公司转变。

第六节　本章小结

本章主要研究中国海外投资企业逆向知识转移的理论模型，为后文的案例和实证研究提供理论框架。本书认为在中国企业作为投资主体的海外知识寻求过程中，母公司发挥的战略导向和控制作用值得关注。因此本书着力探讨中国海外投资企业的母公司作用机制模型，本章围绕这一论题进行以下研究。

其一，本书分析了中国企业的海外投资和知识管理现状，为逆向知识转移的作用机制分析提供背景。中国企业对外投资发展标志着中国海外投资企业开始愈加关注发达国家市场的先进战略资源，包括技术知识、市场信息、管理模式和人力资本等，希望通过海外投资获取更丰富和更前沿的知识储备。从宏观层面，国家加强了鼓励企业组织和政府机构与海外实现技术经济合作的步伐导向，为创造性资产寻求型国际化和知识寻求型国际化提供方向；从中观层面，中国企业不同行业都开始注重从海外引进知识的消化吸收和自主创新，通过加大相关经费投入提高知识吸收、学习和应用水平；从微观层面，中国企业也大力开展知识学习和管理革新，不断涌现出大量知识型明星公司，说明知识管理理念已深入人心。

其二，本书探讨了中国海外投资企业逆向知识转移的主要动因。跨国公司实施内部知识转移是出于获取国际竞争优势、减少从外部获取知识的交易成本、规避技术和知识外泄风险，以及整合全球战略资源等原因的考虑。而具体到逆向知识转移活动，还应考虑母公司作为知识接受方的战略取向对知识转移的影响，即发展中国家企业对市场寻求型和创造性资产寻求型投资动因的实践，意味着其对海外东道国市场知识、先进技术、管理知识以及人力资本的迫切需求，这也是促使东道国子公司获取知识并向母公司转移的重要动因。

其三，本书具体分析了中国海外投资企业逆向知识转移的影响因素，应该从输出方子公司、输入方母公司和知识特性三方面归纳。本书认为，母公司影响因素包括母公司国际化战略导向、母子公司控制协调机制、知识吸收能力和转移支持机制；子公司影响因素则包括知识转移意愿和渠道选择；知识特性主要是指知识隐性、复杂性、模糊性、嵌入性等造成知识粘性的影响作用。

其四，根据对逆向知识转移影响因素的研究，本书将从母公司视角，提出中国海外投资企业逆向知识转移的母公司作用机制模型。该模型将母公司战略导向和母子公司控制协调机制对知识转移的影响归纳为母公司对转移活动积极调控的控制机制；而母公司知识吸收能力和转移支持机制则被概括为知识内化的条件和能力，称为吸收机制。母公司将通过这两个维度作用机制的共同作用影响逆向知识转移结果，而本书对二维作用机制的研究将从影响因素和战略措施两个层面进行，前者拟采用实证方法进行证明，而后者则采用案例方法进行论证。

其五，根据母公司二维作用机制模型的理论框架，我们发现，中国企业母公司在逆向知识转移过程中将发挥不同程度的主观控制作用，实现知识转移的效果也有所差异。因此，本书进一步概括归纳母公司在逆向知识转移过程中的不同战略角色，根据控制机制和吸收机制的强弱程度，母公司将被分为主导型母公司、调度型母公司、应用型母公司和被动型母公司，并分别对四种战略角色的内涵、转移目标、转移渠道和转移效果等方面进行比较分析。

第四章　中国海外投资企业逆向知识转移母公司作用机制的案例研究

　　跨国公司逆向知识转移活动在发达国家企业内部已有实践，如今也逐渐延伸至发展中国家企业中来。发展中国家跨国公司在全球扩张和国际化活动中的日益深入，为其国际竞争力提升和国际化经验积累提供保障。它们开始尝试更高层次战略性资源尤其是创造性资产、知识资本、人力资源等要素寻求型海外投资活动，以知识资源获取为目标的投资活动必然伴随更加复杂和积极的知识管理活动。而中国海外投资企业，作为发展中国家跨国公司的代表，也更加关注全球范围内的知识获取和共享资源，不仅包括企业外部，更包括企业内部；不仅强调母公司向子公司的顺向知识转移，强调子公司之间的横向知识转移，更强调子公司向母公司的逆向知识转移。它们的实践目标和经验为其他跨国公司经营者提供借鉴学习的榜样，同样也为学术研究者探索逆向知识转移活动模型提供案例。本章将选择华为、联想、中兴三个在国际投资和知识管理活动具有成熟经验的中国企业作为案例，围绕其各自海外投资和逆向知识转移活动进行研究，探究不同背景企业逆向知识转移的动因和渠道选择是否存在差异，分析不同母公司如何运用不同战略措施对知识转移进行引导和调控，由此总结归纳中国海外投资企业逆向知识转移母公司作用机制的实践经验和共性战略，既对其文所提炼的母公司作用机制理论模型的战略研究进行验证，也为后文影响因素的实证研究提供补充和支持。

第一节 逆向知识转移母公司作用机制的案例研究设计

一、案例研究思路

本章主要围绕中国海外投资企业在逆向知识转移过程中如何发挥主动作用的战略机制进行研究，探讨不同战略角色的中国企业母公司实施逆向知识转移的动因和模式，以及保证和促进逆向知识转移的战略举措。根据第三章构建的二维作用机制模型，母公司将通过国际化战略导向和母子公司控制机制对海外知识需求进行主观调控，对逆向知识转移意愿和效果产生直接影响，而母公司知识吸收机制和转移支持机制也会客观影响知识转移的应用和创新效果。然而模型中的母公司作用机制仍然应该通过具体的战略举措发挥作用，本章将围绕母公司作用机制的战略举措采用案例方法进行研究，研究内容包括以下部分。

1. 以典型案例为对象，探讨中国海外投资企业实施逆向知识转移的动因和类型

本书认为企业实施逆向知识转移的动因应该从内部和外部环境进行研究。外部环境因素包括所处行业的知识需求程度、市场竞争状况等。所处行业决定其产品性能和服务要求，注重技术的产业将关注技术知识的积累和创新，注重服务水平的行业将关注客户服务需求、竞争者信息等市场知识；而市场竞争状况则决定了企业将以控制生产成本为核心，还是以提升服务品质为核心，抑或以持续性自主创新为核心竞争力，不同竞争优势的企业对知识资源的需求也会不同。内部环境因素则包括国际化动因和企业文化等，中国企业以市场寻求为动因的海外投资，或以战略性资源/创造性资产寻求为动因的海外投资，其对东道国的知识需求存在极大差异；同时，企业文化对创新成果和活动的支持程度，以及鼓励创新的激励机制都会直接影响内部知识获取、共享、转移和积累的积极性。

2. 以典型案例为对象，探讨中国海外投资企业实施逆向知识转移的渠道和模式

根据文献回顾内容，跨国公司海外子公司实施逆向知识转移主要通过两种渠道：一是基于编码的知识转移渠道，即对知识编码后通过电子平台、文本或影音资料等有形渠道进行，主要针对显性知识进行共享和传递；二是基于人员的知识转移渠道，

即采用面对面交流、经验传授、交流会、工作轮岗等形式进行，主要针对难以编码的显性及隐性知识进行转移。本书也认同知识转移渠道基于编码和人员的分类方式，将通过对典型案例的研究，分析中国海外投资企业一般采取哪些编码和人员形式进行知识沟通和转移。

3. 以典型案例为对象，探讨中国海外投资企业母公司作用机制的战略举措

围绕母公司二维作用机制，中国海外投资企业将通过哪些具体的战略举措对逆向知识转移产生影响。具体来说，母公司国际化战略导向将通过不同投资动因，企业创新文化和学习机制等战略模式发挥作用；而母子公司协调控制机制对知识转移的影响则通过母子公司的组织结构及控制程度产生作用。母公司知识吸收能力包含三个层次，即知识共享和接受能力、知识学习和应用能力、知识再创新和自主创新能力，分别对应知识共享和管理战略、学习型组织构建、自主创新和研发等战略措施；而母公司知识转移支持机制则根据转移支持因素分类，分别对应企业创新文化、信息管理系统、人力资源管理战略、信息沟通和反馈机制构建和平台维护等。本章将通过典型案例分析，探讨其中具有共性影响的战略模式。

4. 比较分析案例研究对象所代表的不同战略角色在中国企业逆向知识转移中的作用差异

本书将根据案例对象在逆向知识转移中的战略举措分析，归纳其所代表的母公司作用机制的共性战略，并结合战略角色模型进行定位和比较分析。本书将选择中国海外投资企业中具有丰富知识转移经验，并发挥不同战略角色的典型案例进行研究，包括主导型、调度型和应用型母公司三类。

本章将围绕上述问题选择典型案例进行研究，在分析案例对象基本情况和知识管理现状的基础上，分析其参与逆向知识转移的类型、动因和渠道，并对其母公司如何在转移过程中发挥战略作用进行研究，探讨不同作用机制下母公司将采取哪些战略举措影响知识转移过程和效果，并总结比较不同作用机制下母公司的战略角色差异。因此，本章的案例研究将参照图4-1所示思路进行。

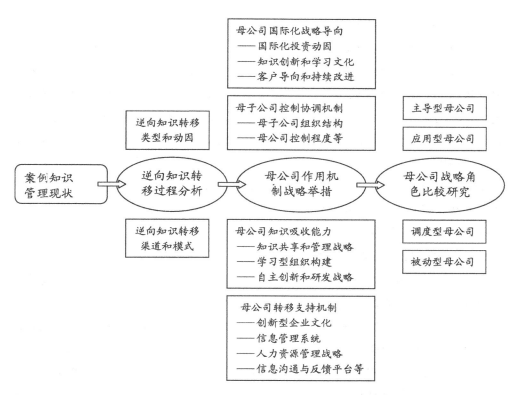

图 4-1 中国海外投资企业逆向知识转移案例研究思路

资料来源：作者整理。

二、案例研究对象选择

本章选择华为、联想、中兴三家跨国公司作为研究对象，因为本书研究海外投资企业逆向知识转移的母公司作用机制，所以在选择案例时关注以下标准：其参与国际投资活动的经验和程度，对知识管理和转移的重视程度，在同行中的知识管理地位和现状，以及母公司在知识转移中发挥主动性角色的程度。

（一）参与国际化活动经验和程度

华为、中兴和联想均是成功的中国海外投资企业，拥有 15 年以上国际化经验，其海外经营和战略能力较强。同时考虑到其作为各自行业领军企业，必然具备行业领先的技术和成本优势，必然极其重视知识积累和自主创新。再加上多年国际化经验，他们已具备将海外投资与知识战略结合的能力，海外知识获取和转移活动频繁，因此作为研究母公司战略对知识转移影响的典型案例较为恰当。

（二）对知识管理和转移活动的重视程度

华为在信息和网络产品领域，中兴在通讯产品领域，联想在电脑、手机和家电产品领域，均属于技术导向型且注重研发创新的跨国企业，它们或以产品服务的技术优势领先于同行竞争者，或以生产和管理革新带来的市场经营和成本优势巩固市场地位，无论从哪个角度来说，它们对技术研发和知识资源的重视程度相同。尤其在它们参与国际竞争以后，来自海外发达国家的合作研发机会和先进技术，来自东道国先进生产者的工艺流程和管理模式，来自海外本土化代理商和经销商的市场营销策略，都为其带来了更广泛的知识学习和借鉴机会。在海外经营过程中它们也积极开展知识获取和转移活动，知识学习和自主创新程度日益加深，为我们分析中国企业海外逆向知识转移提供了素材。

（三）在同行中的知识管理地位和现状

《经理人》杂志 2010 年第 5 期为我国各行业知识型公司的明星企业做了排序，为我国公司的知识管理发展和知识活力提升提供学习标杆。杂志借鉴国际通行的评价标准综合分析企业知识活力，主要包括 9 大标准：①由知识驱动的公司战略和企业文化；②向市场所提供的基于知识的商业模式；③基于公司智力资本的持续创新能力；④公司高层对知识工作者的重用和培养；⑤管理客户知识并创造价值；⑥建立学习机制；⑦创造有利于知识共享的内部环境；⑧把企业知识转换为收入和股东价值的能力；⑨收入增长和企业发展。杂志选择两个指标的综合评分进行排序，分别为"知识活力指数"和"知识干扰指数"。前者根据 9 条评选标准之中第 2、3、4、8 项指标加权综合为"知识活力指数"，后者则是根据剩余 5 项指标的评分，判定这些干扰因素对知识型公司的负面影响。根据全行业综合排序，《经理人》列出了我国企业中排名前 5 名的知识明星企业，依次为：华为、比亚迪、百度、联想、中兴。华为、联想、中兴分别上榜，而在各行业的细分中，华为和中兴也分列通信设备行业前两名，联想则排在计算机及外围设备行业的第一名。（如表 4-1 所示）

可见，三个企业在重视和创造知识，运用知识提升竞争力和产品附加价值方面极具优势，其内部获取和转移知识的活动相对频繁，再加上其海外经营经验丰富，跨国界的知识获取、转移和创新活动已成为公司发展重心，足以作为分析中国企业逆向知识转移的典型案例。

表 4-1　最受赞赏的中国知识型公司排名

综合排名	全行业综合排名				通信设备行业		计算机及外围设备行业	
	前五名	综合评分	知识活力指数	知识干扰指数	前五名	综合评分	前五名	综合评分
1	华为技术有限公司	88.4	62.8	17.6	华为技术有限公司	88.4	联想集团有限公司	87.1
2	比亚迪股份有限公司	88.1	64.8	16.9	中兴通讯股份有限公司	86.9	方正科技集团股份有限公司	81.9
3	百度公司	87.8	62.4	17.1	烽火通信科技股份有限公司	81.7	同方股份有限公司	81.1
4	联想集团有限公司	87.1	61.5	17.6	大唐电信科技股份有限公司	81.2	深圳市神舟电脑股份有限公司	79.3
5	中兴通讯股份有限公司	86.9	61.9	17.4	迈普通信技术股份有限公司	80.4	七喜控股股份有限公司	78.4

资料来源：《经理人》2010 年第 5 期。

（四）母公司发挥主动性角色的程度

华为、联想和中兴作为中国知识型公司的领先代表，其内部知识转移和创新活动极其频繁，且三个企业均有多年跨国投资和经营经验，已将知识管理和创新融入企业国际战略中。三个企业均在海外设立分支机构或区域服务中心来统辖全球市场业务，同时对海外分支机构的控制程度较高，尤其体现在战略控制中，全球分支机构和营运中心均能与母公司保持战略统一，因此也能积极贯彻母公司对知识资源的海外寻求并通过主动转移方式与母公司实现共享。此外，三个企业在自主创新能力方面均有各自优势，能在国内同行业企业中以技术领先，而像华为、中兴在国际通信市场上也具有技术地位。企业成功不仅源自其对技术知识和研发创新的注重，也来自于其对全球市场知识和管理生产知识的把握，使其能在研发、生产、管理、销售和服务等各环节与国际接轨，能够以效率和成本控制组织生产、管理和销售。可见三个企业均能在海外经营过程中努力获取东道国知识资源，并将其转移共享以满足母公司战略需求，以利于公司在全球范围内的业务组合和地位提升。可见三个企业的母公司通过其战略调控和知识创新对海外机构的知识转移发挥主动控制作用，能够作为本书研究的案例对象。

三、案例研究资料收集

案例研究的首要工作是资料和数据收集，本书资料来源于以下渠道：①问卷调研和访谈，笔者设计逆向知识转移问卷和访谈提纲，在三个企业分别选择 1—2 个中层管理人员进行访谈，收集问卷信息和访谈记录。②网站资料和公开数据。参考企业官方网站，收集企业信息和分析资料；根据各自公开年报（联想、中兴为上市公司）或销售业绩报告（华为非上市公司）等发展信息。③期刊或学位论文中的分析文章，借鉴可用观点结合本书所收集的资料进行分析。

本书的案例研究将根据前文分析提供的理论模型，通过三个企业的资料比较研究各自逆向知识转移活动的基本情况，探讨母公司作用机制通过哪些战略举措对逆向知识转移效果产生积极影响，这是第二、三、四节的研究内容。第五节则根据前文分析比较研究对象在逆向知识转移中的母公司战略角色，结合战略角色模型进行剖析，对案例研究内容进行总结。

第二节　华为海外逆向知识转移与母公司作用机制研究

一、研究对象知识转移概况

（一）企业发展现状

华为是全球领先的电信解决方案供应商，目前，其产品和解决方案已经应用于全球 100 多个国家，服务全球运营商 50 强中的 45 家及全球 1/3 的人口。2010 年，华为以年销售额 218.21 亿美元，入围世界 500 强，排名第 397 位，净利润达 26.72 亿美元。由美国权威商业媒体 Fast Company 日前评出了 2010 年最具创新力公司，华为紧随 Facebook，Amazon，苹果和 google 之后位列第五。华为产品和解决方案覆盖 IP、移动、固网、终端和电信增值业务等领域，致力于提供全 IP 融合解决方案，丰富人们的沟通与生活（如图 4-2 所示）。

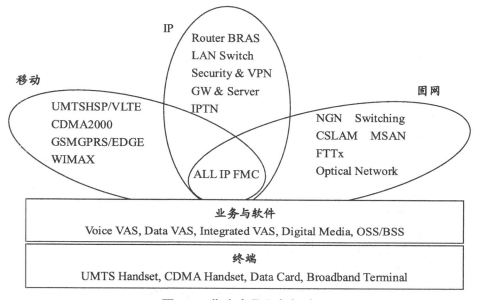

图 4-2　华为产品业务领域

资料来源：华为官方网站。

　　20 世纪 90 年代，华为开始拓展其海外业务，并陆续在海外设立了 22 个区域事业部，100 多个分支机构。华为的国际化不仅关注市场全球化，更致力于在全球范围内寻求技术、工艺、人才等战略资源，开展研发和人力资源全球化。①在研发全球化方面，华为在全球雇员中投入 43% 约 35 000 名员工作为专职研发人员，并在印度、美国、俄罗斯等地设立了 17 个海外研发机构，在全球范围内实现同步研发及资源整合。研发全球化使华为不仅得以借重全球技术和人力资源实现技术创新，更能与国际前沿技术保持同步。②在人力资源全球化方面，华为积极实行员工本土化战略，引进全球先进人才，并通过海外培训中心鼓励员工进步。

　　华为通过系统的全球化战略已逐渐在国际市场建立自己的品牌信誉和技术优势。尤其近年来，华为不断突破发达国家市场，与全球电信运营商 50 强中的多家公司构建了合作伙伴关系，包括法国电信、英国电信、西班牙电信、沃达丰、中国移动、中国电信、中国联通等。如今，华为已超越阿尔卡特—朗讯和诺基亚—西门子，成为全球第二大通信设备商，并于 2009 年赢得全世界首个商用 LTE 网络——挪威 4G 移动网络合约。通过发达国家市场的日益拓展，华为的全球市场份额稳步提升。截至 2009 年，华为实现全球销售额 302 亿美元，同比增长 30%，其中超过 2/3 的销售额来自国际市场。而所获 160 亿美元的合同订单中，有 72% 来自国际市场，其中在欧美日等发达国家获得的订单同比增长了 150%。近五年来华为全球销售额增长状况如图 4-3 所示。

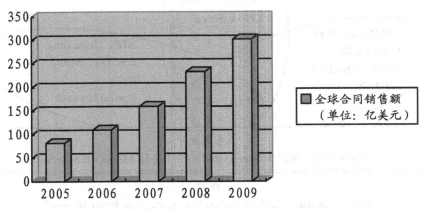

图 4-3　华为近五年全球销售额增长情况

资料来源：华为官方网站。

（二）知识管理现状

华为的发展历程也是坚持技术研发和自主创新的发展过程。它在技术创新和知识积累方面以研发为平台，以知识管理为手段，不断提升自主创新能力，力争走在世界技术前沿。华为的知识积累和创新研发活动可分为三个阶段，即国内研发阶段、合作研发阶段和全球研发阶段，不同阶段代表着华为由关注国内技术领先向关注全球技术领先转移，由利用本土知识资源向整合全球知识资源转移，有合作研发向自主创新提升的知识管理和创新过程。其大事记如表 4-2 所示。

从国内研发向全球研发的发展进程，体现了华为在知识管理活动中的战略趋势：一是始终将自主创新作为企业发展的根本，多年的自主创新和知识积累为其积淀了优越的技术水平和知识吸收能力；二是华为在国际化过程中逐渐将全球战略和知识创新活动相结合，体现知识管理的全球战略视角。华为在知识创新过程中，与发达国家东道国的技术合作和研发，为其实践海外技术获取和逆向知识转移开拓了道路，华为已逐渐成为在逆向知识转移中扮演主动角色的重要代表。下文将通过对华为逆向知识转移活动的分析，探讨华为母公司在知识转移过程中通过怎样的战略举措促进知识转移的有效实施，提升知识创新绩效。

表 4-2　华为知识管理大事记

国内研发阶段	1988 年	华为技术有限公司在深圳成立。
	1995 年	华为在北京成立第一个国内研发中心，并建立知识产权部。
	1996 年	华为在上海成立研发中心，并推出综合业务接入网和光网络 SDH 设备。
	1988 年	华为在南京成立研发中心，并将产品数字微蜂窝服务器控制交换机申请专利。
合作研发阶段	1997—2005 年	华为逐渐与 Texas、Motorola、IBM、Intel、Agere Systems、Altera、Infineon 和 Microsoft 等来自全球的运营设备商，共建了 10 所联合研发实验室。
	2005 年	华为与 IBM, The Hay Group，PWC 等合作跨国战略咨询。
全球研发阶段	1999 年	华为成立班加罗尔研发中心，并成为 CAMEL Phase II 智能网的主要供应商。
	2000 年	华为在美国硅谷和达拉斯设立研发中心。
	2003 年	华为为阿联酋电信 (Etisalat) 提供覆盖全国的 UMTS 服务。
	2004 年	华为与西门子成立合资企业，为荷兰运营商 Telfort 提供 UMTS 网络设备。
	2005 年	华为成为澳大利亚运营商 Optus 的 DSL 合作商。
	2006 年	华为和摩托罗拉在上海成立 UMTS 联合研发中心；美国移动运营商 Leap 选择华为建设 3G 网络。
	2007 年	华为与 Global Marine 等成立合资公司，提供海缆端到端网络解决方案。
	2008 年	华为首次在北美大规模商用 UMTS/HSPA 网络，为加拿大运营商 Telus 和 Bell 建设下一代无线网络。
	2010 年	华为评为我国电信行业的 TOP 1 知识明星公司。

资料来源：作者整理。

二、研究对象逆向知识转移活动的过程研究

（一）逆向知识转移的组织动因

华为公司注重研发创新，通过技术领先构建竞争优势，在海外市场亦是如此。因此华为的海外经营是基于技术寻求的投资，其海外子公司也始终秉持创新至上的技术理念，在东道国和母国之间积极扮演技术知识传递者的角色。在华为内部存在不同动因的逆向知识转移活动，他们或出于华为整体战略的考虑，或出于东道国市场的本土化战略考虑，其组织动因概括如图 4-4 所示。

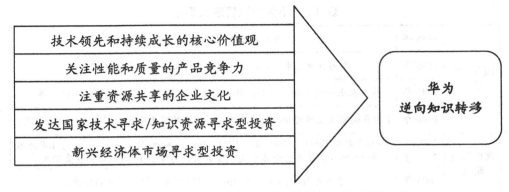

图4-4　华为实施逆向知识转移的组织动因

资料来源：作者整理。

1. **技术领先和持续成长的核心价值观**

《华为基本法》提出华为应努力成为电子信息领域世界一流设备供应商的企业愿景。它以实现顾客梦想为己任，为顾客、员工与合作者创造价值，以成为信息业世界领先企业为目标。同时它确定企业利益来源为人力资本和技术领先，通达追求知识成长和技术创新获得持续竞争优势。《华为基本法》第二条指出"尊重知识、尊重个性、集体奋斗和鼓励创新的员工，是我们事业可持续成长的内在要求"，知识作为华为成长的重要资本，在国际经营中同样意义非凡。而第三条同样对技术的核心价值观进行说明，"广泛吸收世界电子信息领域的最新研究成果，虚心向国内外优秀企业学习，在独立自主的基础上，开放合作发展领先的核心技术体系，用我们卓越的产品自立于世界通信列强之林"。当然，华为技术成长不仅有赖于国内技术发展，更寄希望于世界信息网络技术的前沿研究。可见，华为以知识技术为前提的经营宗旨，要求其必须积极开始技术知识寻求、积累和创新，而逆向知识转移则是获取、共享和吸收来自发达国家东道国先进技术资源的重要途径。

2. **关注性能和质量的产品竞争力**

华为认为，优越性能和质量是产品竞争力的关键。质量贯穿于产品寿命周期的全过程，包括研究设计、中试、制造、分销、服务和使用。因此，必须使产品寿命周期全过程中影响产品质量的因素始终处于受控状态；必须实行全面质量管理，使公司有能力持续提供符合质量标准的产品。《华为基本法》第七十九条指出，华为的质量目标是"（1）技术上保持与世界潮流同步；（2）创造性地设计、生产具有最佳性能价格比的产品；（3）产品运行实现平均 2 000 天无故障；（4）从最细微的地方做起，充分保证顾客各方面的要求得到满足；（5）准确无误的交货；完善的售后服务；细致的用户培训；真诚热情的订货与退货"。质量与国际接轨的思路主要表现在：一是技术性能上与国际潮流保持同步；二是推行 ISO-9001，定期通过国际认证复审。为实现质量目标，华为必须积极关注国际标准的更新进步，这也是其鼓励海外经营部门开展逆向知识转移的重要动因。

3. 注重资源共享的企业文化

华为内部具有注重资源共享的企业文化，也是实现内部逆向知识转移的重要原因。它在关注市场需求和技术动向的同时，还应及时将资源信息传递给母公司，以便母公司及时调整战略，强化事前控制，对市场需求和技术发展能做前瞻性反应，并实现组织内部资源的最优配置与应用。

4. 发达国家技术寻求 / 知识资源寻求型投资

对于以知识资本和技术创新为核心的华为而言，进入国际市场尤其是发达国家市场为其提供了接触国际前沿技术的机会，它会期望在国际经营同时吸收和学习先进技术，并将核心知识在组织内部实现共享，以期提升自身技术创新水平。位于发达国家的华为事业部和子公司都必然肩负着技术知识寻求的职责，逆向知识转移将是他们获取东道国知识并实现共享的重要手段。

5. 新兴经济体市场寻求型投资

华为产品遍及世界各地，在发展中国家、发达国家或新兴经济国家开展业务的动机有所不同。向发达国家扩张往往在市场渗透的同时更强调先进知识和核心技术寻求，而在新兴经济或发展中国家则更关注东道国市场和潜在需求。华为作为运营商开拓新兴市场的最佳拍档，努力提供成本低廉的终端，与大众消费相称的资费；努力提供同时满足农村和城市需求的通信服务；努力提供灵活部署的网络，帮助运营商快速扩容网络。在新兴市场，华为应更关注东道国市场特色和消费者需求差异，以便提供适应运营商和大众需求的产品服务。可见，东道国市场知识是华为海外经营的重点，华为通过顾客反馈和逆向知识转移将东道国市场知识传递到母公司，以期指导母公司在新兴市场的有针对性经营。

（二）逆向知识转移的知识类型

根据动因分析，我们发现，华为在对发达国家和新兴国家投资时关注的知识重点不同。华为在发达国家经营更注重知识技术寻求，而在新兴经济国家或发展中国家则仍以市场渗透为核心，关注市场知识的获取和反馈。具体分析如表4-3所示。

表4-3 华为海外投资东道国与转移知识类型

东道国类型	发达国家			
	东亚市场	俄罗斯，东欧及中亚市场	北美市场	欧洲（除东欧）及大洋洲市场
转移知识类型	技术知识（核心技术和生产工艺等）；市场知识	技术知识（核心技术为主）；文化知识	技术知识（核心技术为主）	技术知识（核心技术和生产工艺等）；管理知识
东道国类型	新兴国家或发展中国家			
	东南亚及南亚市场		中东北非市场	
转移知识类型	市场知识		技术知识（核心技术为主）；市场知识	

资料来源：作者整理。

1. **发达国家市场**

（1）东亚市场主要包括日韩等发达国家，特点是虽然国土面积不大，但由于经济发达，运营商营业收入高，更愿意受技术驱动，对设备质量和价格以及品牌的要求颇高，华为往往采取扶植新运营商的方式进入该类市场。新运营商对成本比较敏感，对于相同技术性能却更具成本优势的中国企业往往更青睐。华为在该类国家的经营应注重产品质量和成本价格的平衡，因此关注知识重点在于东道国核心产品技术、生产工艺流程和市场需求信息等方面。

（2）俄罗斯、东欧及中亚市场。这些国家在世界史上扮演过重要角色，民族自尊心极强，对于品牌也比较看重。欧洲的一些大牌运营商，如 Vodafone，BT，Orang 等在这些国家都买到了 3G 牌照，获准在该区域运营无线业务，这些大运营商对于产品质量极其看重。因此当地经营一方面要注重技术知识引进和质量提升，另一方面也要关注东道国文化知识减少融入当地的文化冲突。

（3）北美市场。主要指美国市场，美国通信市场较封闭且对品牌要求较高。美国数通市场一直是 CISCO 和 JUNIPER 两强相争，华为曾想借用 3COM 的力量来打入美国市场，结果却导致在思科诉华为案的纠纷，以致无法再在数通领域角逐美国市场。美国市场关注产品质量而对价格不敏感，因此华为期望打开美国市场存在难度，但可以依托在 WCDMA 的技术领先寻求突破。

（4）欧洲（除东欧）及大洋洲市场。该类东道国多为老牌资本主义强国，经济发达，消费者生活品质要求高，对于通信服务亦是如此。然而与北美市场不同的是，欧洲的运营商在获得 3G 牌照过程中成本消耗较大，相对于美国市场对产品价格更敏感一些，这就为华为打入欧洲市场提供契机。因此华为不仅应关注其技术知识，也应关注其生产、管理知识等有利于控制成本的环节。

2. 新兴国家或发展中国家

（1）东南亚及南亚市场，多为发展中国家，单个国家的市场空间虽不大，但由于各国之间交往频繁，交通方便，文化相近，市场需求相似度较高，可作为整体市场看待，其潜在市场空间就非常可观了。因此华为在该类东道国的市场寻求型投资强调对市场知识的收集和反馈。

（2）中东、北非市场。该类东道国拥有丰富的石油资源，国家财力雄厚，对于发展国力和提升国内生活品质的高技术产品和服务的需求较大，因此该类东道国强调产品技术质量且对价格不太敏感。华为应更关注其市场知识反馈，以便开发有针对性产品并提供相应的市场服务策略。

（三）逆向知识转移的渠道与模式

1. 外部渠道

（1）行业知识来源。华为通过开展和参与行业技术交流会，与价值链伙伴的合作项目等渠道实现外部知识转移。如 2010 年 11 月，华为成功举办首届 IP 技术峰会（Huawei IP Technology Gala 2010）。此次峰会对当前 IP 领域热点技术，包括 IP/MPLS 网络架构与虚拟化、IPv6、移动宽带、视频等课题进行深入探讨，吸引了来自全球 50 多家运营商的 320 多位专家。会上法国电信和 Comcast 分别分享了基于 DS-Lite 句 IPv6 演进的策略与经验，华为也指出网络扁平化、虚拟化、IPv4 向 IPv6 过渡等是 IP/MPLS 网络架构的演进方向。峰会交流对华为获取国际先进技术提供途径，以往在国外召开的同类型会议华为也都是座上嘉宾，紧跟国际技术潮流。同时，华为也积极协同渠道伙伴，为广大行业用户的通讯信息化提供完善的解决方案，并借此获取来自合作伙伴的技术知识。

（2）客户知识来源。华为秉承以客户需求为核心的研发创新模式，技术性能提升和服务改进均以客户为导向。为此，华为积极开发 In Touch You 主题论坛。如 2009 年 6 月在俄罗斯举行的"In Touch You"以本地化为主题的交流研讨会，通过与运营商的近距离接触，聚焦业务需求，探讨并挖掘潜在商业价值。会上，全球 20 多个国家 30 多家运营商，以 Digital Music，Billing，Mobile Office，IP Contact Center

等市场热点为主题，对增值业务的技术应用进行研讨，分享全球运营商电信运营的优秀经验，以促进全球的电信行业发展。

2. 内部知识渠道

（1）UCD用户体验招募平台（User-Centered Design）和In Touch Lab体验中心。华为UCD中心致力于提升电信产品的可用性和用户满意度，而In Touch Lab是面向客户新业务体验的开放实验室。华为长期与用户保持联系，积极邀请和鼓励用户加入需求信息调查，并参与在线问卷调研，反馈客户使用情况。在国际经营中，通过体验中心和相关平台的海外延伸，华为将及时把握东道国客户需求信息，以便提供满足市场需求的服务产品。同时体验中心的专业性也为东道国市场知识的技术反馈提供了平台，保障了相关信息的及时传递和反馈。

（2）三级技术培训体系。华为以技术培训作为开发员工并保持员工成长的重要手段，尤其在企业从东道国获取重要技术知识时，将其纳入技术培训课程是保证其实现内部转移和共享的有效方式。华为提供光网络、固网、数据通信、无线、业务与软件五大类产品从安装调测、验收测试、操作维护、网络运营到技术认证的全方位服务培训。培训方式包括集中培训（在总部或分部培训中心的集中学习）、当地培训（在客户所在地的培训）和现场培训（在安装维护现场的培训）三种。而在逆向知识转移活动中，针对东道国的当地和现场培训方式更加有效。

（3）流动学校的实战化课程。为充分满足客户需求，华为公司推出了流动学校服务，实现了将服务向客户延伸，并在培训的每一个环节上与客户实现零距离接触。流动学校培训内容涵盖基础类、维护实战训练类、高级技术专题类等课程，并根据用户个性需求，贴身制定培训方案，使之最大限度地满足用户的实际需要。华为流动学校自2000年6月投入使用以来，共举办300多期培训，培训5 000多人次，为公司内部员工能力提升和知识传递共享提供了有力平台。

（4）职务轮换与专长培养。华为采用职务轮换来促进员工到一线学习知识，实现隐性知识的共享和传递。《华为基本法》就明确指出要鼓励职务轮换，尤其是制定战略核心层的中高级管理人员，他们需要把握组织内部最新的技术走向和市场知识，以便制定最有针对性的发展战略。

三、研究对象逆向知识转移的母公司控制机制研究

华为在实践逆向知识转移过程中拥有自己独特的动因和模式，同时积极地采用母公司作用机制促进逆向知识转移效果，其中控制机制将通过战略导向和组织结构

引导子公司获取和转移知识的主动性和指向性，而吸收机制则通过吸收能力和支持措施保证知识吸收和应用效果。下文将分别分析华为在母公司二维作用机制方面采取的具体战略举措及其对知识转移的积极影响。

（一）母公司国际化战略导向（见图4-5）

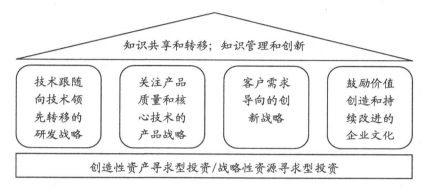

图 4-5　华为母公司国际化战略导向与知识转移

资料来源：作者整理。

1. 创造性资产寻求的国际化战略

前文已述，华为在发达国家和新兴国家的海外投资不同于发展中国家，原来以市场需求导向的投资战略不再完全适用，在发达国家市场华为更希望得到的是东道国先进技术和生产工艺、优秀品牌、渠道和销售策略等战略性资源，尤其是有利于企业自主创新提升的创造性资产。为配合创造性资产寻求，华为必将积极开展内外部的知识开发和共享活动。

2. 技术跟随向技术领先转移的研发战略

华为在通信技术领域一直扮演"技术跟随者"角色，不仅关注技术产品的大规模应用，更关注最新产品的技术更新。一旦国际领先者开发最新技术并成功应用，华为便会集中全部力量，争取在最短时间内学习开发出来，参与市场竞争。然而，技术跟随者将面临一系列难题：其一，经济学理论指出。技术进步或产品创新将为行业创造超额利润，最先创造并引入市场的生产者将获得超额利润，而其后的技术跟随者将面临行业利润率下降而无法获得超额利润的风险。其二，技术跟随者往往容易陷入专利陷阱。可见，华为想要在国际市场提升竞争地位，仅仅作技术跟随者，在国内行业市场闭门造车是不够的，必须深入到国际技术前沿地区，不仅学习吸收最新技术知识，积极引入专业技术人才，借由技术溢出和学习效应提升自身的自主创新能力，由技术跟随向技术领先型企业转移。技术领先战略将促使华为积极实现组织外部的知识获取和吸收，组织内部的知识共享和转移。

3. **关注产品质量和核心技术的产品战略**

《华为基本法》的第八条和第十条明确定义了组织目标是"以优异的产品、可靠的质量、优越的终生效能费用比和有效的服务，满足顾客日益增长的需要；是发展拥有自主知识产权的世界领先电子和信息技术支撑体系"。华为认为，优越的性能和可靠的质量是产品竞争力的关键，而技术知识则是保证华为产品性能和质量水平的基础，为此华为必将积极鼓励寻求技术和管理知识的逆向知识转移。

4. **客户需求导向的创新战略**

根据前文分析，华为的产品开发和技术创新皆是以客户需求为导向。华为积极开拓 UCD 用户体验招募平台和 In Touch Lab 体验中心跟踪客户需求，及时把握客户的需求动向，以便能够设计符合其要求的产品与服务。同时通过体验中心，华为能够把握客户对华为产品的满意度反馈，由此能及时调整技术性能和改进服务质量。华为提供专业服务和软件帮助客户增加收入、提高效率并降低成本为目标，努力改善客户收益；提供高价值定制化的终端，为满足大众消费需求并兼顾先进通信服务提供保障。可见华为的技术创新活动均以客户需求为导向，因此在关注东道国技术知识的同时市场知识和需求信息也不容忽视。

5. **鼓励价值创造和持续改进的企业文化**

华为的企业文化鼓励价值创造和开放创新，它认为"劳动、知识、企业家和资本创造了公司的全部价值"（《华为基本法》第十六条），因此华为努力将其转化为资本，并运用股权激励和配置使知识资本和人力资本的贡献得到报偿。华为对知识的尊重不仅体现在激励政策上，更体现在绩效考核指标上。华为对员工和部门的绩效考核以持续改进为标准。员工必须努力改进各环节工作效果和流程运作效率，以便达到顾客满意度和公司战略目标实现的价值平衡。持续改进的考核标准，尊重知识和价值创造的文化氛围都激励华为员工不断吸收知识，提升自身素质和企业创新水平，也鼓励企业组织内部知识共享和转移活动的频繁进行。

（二）母子公司控制协调机制

华为的基本组织结构是一种二维结构，包括事业部和地区公司。《华为基本法》第四十四条明确规定："事业部在公司规定的经营范围内承担开发、生产、销售和用户服务的职责；地区公司在公司规定的区域市场内有效利用公司的资源开展经营。事业部和地区公司均为利润中心，承担实际利润责任。"事业部是遵照对象专业化原则设立，其中根据产品领域原则建立的事业部是扩张型事业部，按工艺过程建立的是服务型事业部。前者是利润中心，实行集中政策和分权经营的均衡；而后者则是为产品或服务产出提供工艺流程某环节的专业服务。地区公司是按地区划分的具有法人资格的全资或控股子公司。地区公司在规定的区域市场和事业领域内，充分运用公司分派的资源和公共资源寻求发展，对利润承担全部责任。在地区公司负责的区域市场中，总公司及各事业部不与之进行相同事业竞争。

华为在国际经营过程中，在不同东道国市场经营会选择不同的母子公司结构。如进入特定产品需求的新兴市场，往往采取事业部形式，在集中管理的同时鼓励其进行当地化经营，因为这类市场往往相对独立，自主经营更有利于扩张和强化最终产品带来的市场效益。若当地经营已初具规模，并对华为产品和服务呈现多元化需求时，单一的扩张型事业部将不能满足其要求，地区公司形式将被采用。同时华为的二维结构也可能会在同一东道国出现，这时便会出现基于事业部和区域划分的矩阵结构。此时，华为更应贯彻这样的控制协调原则，即保证母子公司战略统一性和鼓励子公司授权自治之间的合理均衡。

华为对其海外子公司和事业部的战略控制主要体现以下三方面：①管理控制。通过建立健全管理控制系统，确保母子公司战略、政策和文化的统一性。管理控制必须分层实施，越级控制将破坏管理控制的责任基础。分层控制确保了组织内部的层级和权力结构，也为战略指令的准确下达和有效实施提供了保障。②预算控制。全面预算是公司年度全部经营活动的依据，帮助华为驾驭外部环境的不确定性，减少决策盲目性和随意性。同时，全面预算控制作为保障华为成本控制的主要途径之一，在母子公司和各事业部被统一遵行。它不仅能有效控制海外子公司或事业部，在远离母公司监督的环境下，做出不利于企业整体发展或成本与收益不符的浪费型经营决策，更能便于母公司集中资源于紧急项目。③文化控制。鼓励价值创造和持续改进的创新文化，坚持以顾客为导向的产品理念都是华为贯彻始终的观念，也被贯彻到各事业部中。

母公司对子公司的高度控制可能有助于全球范围内的战略统一和管理协调，但也可能压抑子公司的自主工作热情和主动沟通意愿。过度控制将不利于子公司发展，也不利于子公司与母公司之间的良性互动和信息循环，尤其是在重视知识的组织内部。东道国知识向母公司的逆向转移是部分海外经营的主要目标，母公司的高度控制对转移活动极其不利。华为充分认识到这一点，因此在战略控制基础上也充分鼓励授权和自主经营。华为各级事业部均为利润中心，单独承担财务责任和利润核算，同时华为也对部门主管充分授权，造成一种既有目标牵引和利益驱动，又有制度保证的高效稳定局面。这种经营模式将有助于子公司提高转移知识的主动意愿，促进组织内部共享信息和知识资源的良性循环。

四、研究对象逆向知识转移的母公司吸收机制研究

（一）母公司知识吸收能力

华为的知识转移不仅仅停留在单独的知识吸收和学习层面，更注重将其应用到产品性能改进或创新开发中去，因此华为的知识吸收能力也更集中于知识应用和改进，甚至再创新和自主创新的高级层次。这种更为积极的知识吸收主要体现在其产品研发政策，以及基于客户的持续创新政策中。

1. 产品研发和创新政策

华为的产品开发遵循自主开发和开放合作并重的原则，其产品开发既要有敢于在技术前沿领域自主创新的勇气，也要有满足市场需求的竞争能力，这样才能保证开发项目的合理成功。为此，华为建立了互相平行的三大研究系统，即产品发展战略规划研究系统、产品研究开发系统，以及产品中间试验系统。发展战略规划系统为华为长期培养和输送人才，尤其在基础技术领域按"窄频带、高振幅"的要求培养基础技术人才。而产品研究开发系统则着力培养跨领域的系统集成带头人，同时鼓励其发现技术空白点，不断创新技术指标和服务性能。中间试验系统主要进行新产品和新工艺的品质论证及测试研究，借此提高产品可靠性，持续进行容差设计试验和改进工艺降低成本，加快技术开发成果的商品化进程。

2. 基于客户的持续创新

华为的自主创新不是短暂的创新，亦不是针对某项产品的局部创新，而是持续改进、不断探索的长期创新，改进创新已作为华为文化的重要环节深植于每个员工心中。同时，华为的持续改进和创新文化始终以客户需求为导向的。《华为基本法》第二十六条指明，"顾客价值观的演变趋势引导着我们的产品方向"。组织会根据从海外事业部或子公司获得的市场和技术知识，分析客户需求和技术趋势，其进行收敛集聚的基础上提炼出其中的共性需求，进行有针对性的立项创新。

（二）母公司转移支持机制

1. 管理层支持

华为管理层的基本结构为三部分：公司执行委员会、高层管理委员会与公司职

能部门，而高层管理委员会有：战略规划委员会、人力资源委员会、财经管理委员会。其中公司执行委员会负责确定公司未来使命与目标，对公司重大问题进行决策。高层管理委员会是由资深人员组成的咨询机构，负责拟制战略规划和基本政策，审议预算和重大投资项目及其执行结果。公司职能部门代表公司总裁对公司公共资源进行管理配置，对各事业部进行指导和监控，同时职能部门应归口设立，尽量避免多头领导现象。华为尊重知识和价值创造的文化理念，基于客户导向的持续改进政策都已通过高层管理委员会确立下来，作为公司发展的既定战略贯彻实行。因此高层管理对知识创造价值的肯定，对创新文化的鼓励，都有助于组织内部开展更丰富的知识转移和管理活动。

2. 管理信息系统

华为在建设信息系统方面始终坚持采用先进成熟的技术和产品，坚持最小化自主系统开发的原则，因此它的内部管理信息系统在中国企业中已属领先水平。管理信息系统作为管理控制的支持平台和工具，旨在提高流程运作和职能控制的效率，开发和利用信息资源并有效支持管理决策。在逆向知识转移活动中，管理信息系统作为保证知识传递和共享的电子平台将发挥主要作用。

3. 人力资源管理

华为在研发部门完美的岗位匹配为技术创新提供了保障（见图4-6）。这是因为，岗位匹配的相关人员涵盖了技术管理、网络规划、技术支持、网络监控和现场维护等重要环节，任何研发环节出现问题都能及时求助专业人员，而不同环节人员也能及时沟通保证项目的顺利进行。

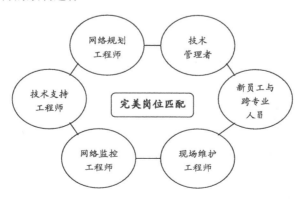

图4-6　华为技术研发领域岗位配备图

资料来源：华为官方网站。

同时，为了保证不同岗位工作人员的专业技能和能力水平，华为提供了明确的岗位技能进阶体系（见图4-7）和培训系统，前者为工作人员是否胜任岗位工作提供标准；后者则为员工学习进阶提供了培训平台和学习机会。

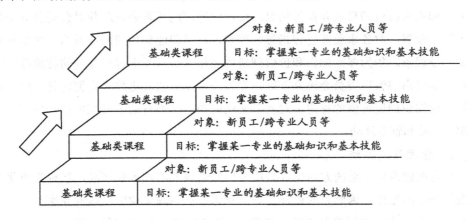

图 4-7　华为技术员工的技能进阶图

资料来源：华为官方网站。

4. 文化支持

华为真正的企业文化在于其核心价值观，可以概括为：①成就客户；②艰苦奋斗；③自我批判；④开放进取；⑤至诚守信；⑥团队合作。其中成就客户的文化代表以客户需求为导向的产品理念，积极开放禁区的精神则鼓舞华为员工持续改进和自主创新。对于创新文化对组织内部知识吸收和转移活动的促进作用前文已有分析，不再赘述。

5. 管理革新

华为不仅在技术创新上不断开拓进取，更在管理过程不断实施变革，为知识传递和创新活动提供管理保障。①流程重组。华为以市场管理、集成产品开发（IPD）、集成供应链（ISC）和客户关系管理（CRM）为主干，辅以财务、人力资源等变革项目，全面展开公司业务流程变革，引入业界实用的最佳实践，并建设了支撑这种运作的完整IT架构，为知识转移和共享提供了组织流程支持。②市场营销战略变革。战略与客户常务委员作为实现市场驱动的龙头组织，强化市场营销体系对客户需求的准确理解，对战略方向的合理把握和业务规划的正确决策。同时，华为通过投资评审委员会（IRB）、营销管理团队、产品体系管理团队及其支持结构的有效运作，确保以客户需求导向的战略实施。③财务管理变革。华为建立了与公司业务基本适应的财务服务与监控体系，对财务管理制度进行编码，实施统一监控，为知识管理和技术创新活动提供规范化财务支持。

五、母公司作用机制与逆向知识转移效果研究

华为已逐渐成长为技术导向型领先设备提供商，这与华为基于持续改进和自主创新的企业文化，重视知识技术的研发政策，基于客户导向的市场观念密不可分。然而我们也应关注，当华为将触角逐渐深入到发达国家时，华为自身的技术进步已不仅仅来源于自主创新和研发，更来源于国外先进技术和知识资源对华为的溢出和学习效应。华为存在大量不同形式的内部知识转移，包括基于电子平台、人员轮岗、组织培训等多种方式。华为母公司更是通过创造性资产寻求型国际化战略，以及鼓励子公司自主经营的授权模式，积极引导海外子公司或事业部向母公司的知识转移。华为也通过自身对知识的吸收、学习和开发提升了自主创新能力。因此可以说，华为的技术领先优势不仅来源于自身创新能力和持续改进，更有赖于逆向知识转移的资源共享。而在华为的逆向知识转移过程中，母公司通过控制和吸收机制为转移效果提供了积极引导和客观保障，在前文分析中已经详述，母公司作用机制对华为知识转移和创新能力提升的影响概括如图4-8所示。

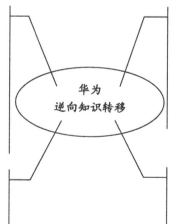

母公司国际化战略导向
1、创造性资产寻求型国际化
2、技术跟随向技术领先转移的研发战略
3、关注核心技术的产品战略
4、客户需求导向的创新战略
5、鼓励价值创造和持续改进的企业文化

母公司转移支持机制
1、管理层支持
2、管理信息系统
3、文化支持
4、人力资源管理
5、管理革新

华为
逆向知识转移

母子公司控制协调机制
1、事业部与地区公司
2、管理/预算/文化控制

母公司知识吸收能力
1、研发和创新政策
2、基于客户持续改进

图4-8   华为的母公司作用机制与逆向知识转移

资料来源：作者整理。

如今华为已在知识管理和技术性能方面占据行业领先优势，这与其在逆向知识转移中的主动实践和战略引导密不可分。在数据通信领域，华为已集合了不同客户对数据通信网络不同层次的需求，为客户提供实战性、专业化的网络技术认证。华为数据通信认证提供包含 HCDA（Huawei Certified Datacom Associate，华为认证数据通信工程师）、HCDP（Huawei Certified Datacom Professional，华为认证数据通信资深工程师）、HCDE（Huawei Certified Datacom Expert，华为认证数据通信专家）的三级通用认证体系。在行业标准构建方面，截至 2009 年 12 月底，华为加入 123 个标准组织，如 ITU、3GPP、3GPP2、ETSI、IETF、OMA 和 IEEE 等。华为积极参与国际标准制定，截至目前，华为向标准组织共提交文稿 18 000 多篇。而专利申请更是直接体现华为创新优势和知识转移成果的直接指标。据世界知识产权组织（WIPO）报道，2008 年 PCT（Patent Cooperation Treaty，专利合作条约）的国际专利申请数中国公司首次占据榜首，其中华为共递交了 1 737 件申请，从前一年的第四位跃升为全球递交申请最多的公司。2009 年，华为入选中国世界纪录协会当年世界申请专利最多的公司。截至 2009 年 12 月底，华为累计申请专利 42 543 件。在 3GPP 基础专利中，华为占 7%，居全球第五。华为的技术创新成就正是其成功知识转移的最好证明。

第三节　联想海外逆向知识转移与母公司作用机制研究

一、研究对象知识转移概况

（一）企业发展现状

联想集团于 1984 年在中国北京成立，是一家全球领先的 PC 企业，由原联想集团和原 IBM 个人电脑事业部组合而成。联想集团于 1994 年在香港上市（股份编号 992），与神州数码、联想投资、弘毅投资、融科智地共同组成联想控股。2004年，联想以 17.5 亿美元的价格收购 IBM PC 事业部，并获得在 5 年内使用 IBM 品牌权，成为全球第四大 PC 厂商，由联想及原 IBM 个人电脑事业部组成新联想。新联想 2009—2010 财务年度营业额达 166 亿美元，占全球 PC 市场份额 8.8%。截至 2010 年 7 月 31 日联想市值 485 亿港元（约 62 亿美元），其股权结构为：公众持股54.09%；联想控股持股 42.39%；TPG Capital，General Atlantic LLC 和美国新桥投资集团（Newbridge Capital LLC）2.82%；董事持股 0.7%。具体持股成员及相关业务领域分布如图 4-9 所示。

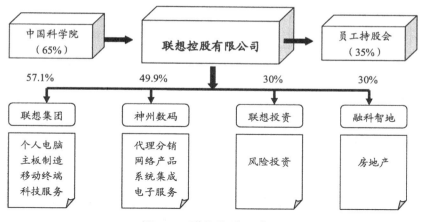

图 4-9　联想族谱示意图

资料来源：联想官方网站。

　　联想全球经营已经极具规模，尤其在并购 IBM PC 业务后，它已成为在中国（北京）和美国（罗利）同时设有总部的全球运营公司。联想在全球拥有两大市场集团，分别是覆盖日本、美国、西欧等发达国家市场，以及中国、韩国、东欧、非洲等新兴市场，在全球拥有约 3 200 名销售代表和覆盖全球的渠道网络。在销售全球化的同时联想也实施服务全球化，全球电话呼叫中心在世界各地以超过 25 种语言提供产品支援服务；助力全球服务供应链，在 18 个服务交付中心共有超过 2 500 名技术支持人员，以及约 25 000 个授权现场技术员每月同步提供上百万次的实时服务。而从发展战略角度分析，联想经历了以下阶段。

　　1．多元化发展

　　2000 年，联想开始原来集中于电脑业务向计算机相关产品延伸，实施相关多元化战略，其业务组合拓展为三个，即互联网、IT 服务和手机业务。为开拓互联网业务，联想在 2000 年 8 月入股赢时通，并于次年与美国在线 AOL 合作，合资运营 FM365 网站；在 IT 服务业务方面，联想在 2002 年先后收购汉普咨询公司、智软计算机开发有限公司和中望系统服务有限公司；在拓展手机业务方面，联想则于 2002 年投入 9 000 万与厦华电子股份有限公司合资，建立了联想移动通信有限公司。随着联想产品多元化，为重新整合产品组合和业务类别，联想在 2004 年又将业务整合为三类：①A 类业务即信息产品业务群，包括家用电子产品、商用电脑和笔记本等；②B 类业务即联想移动业务群，包括掌上电脑和手机等；③C 类业务即 IT 业务，包括咨询、应用软件的开发与集成、运营维护、外包和培训等专业服务项目。

图 4-10　联想业务发展进程

资料来源：作者整理。

2. 联想收购 IBM

由于对高增长和多元化的过分追求与有限的资源能力，再加上员工对战略创新的接受度和执行效果不如预期，联想的多元化战略绩效不尽如人意。因此在 2004 年，联想再次进行战略调整，通过战略收缩而将资源集中于 PC 业务。为了在 PC 业务上专业化发展并提升国际竞争实力，联想在 2004 年 12 月 8 日宣布以 12.5 亿美元收购 IBM 全球 PC 业务。事实上，早在 2001 年，IBM 公司就正式聘请美林证券公司在全球范围内寻找买家。2003 年 10 月左右，美林将联想排到了目标收购者的第一位。2003 年底，联想开始进行细致调查，并聘请了诸多专业公司协助谈判，如聘请麦肯锡作为战略顾问，全面了解 IBM PC 业务的整合可能；聘请高盛作为并购顾问，安永、普华永道作为财务顾问，奥美公司作为公关顾问等。虽然联想付出了高昂的中介费用，但是这些中介机构为联想并购成功创造了条件，从并购价格的议定到规避政治化责问，从融资渠道拓展到吸引战略投资，所有并购关键问题的处理都体现了中介机构的经验智慧。虽然联想并购 IBM PC 业务代价不菲，但对联想国际地位提升却意义深远。2009 年 10 月，IDC 和 Gartner 发布的全球第三季度 PC 市场报告，报告指出，联想 PC 业务的增速在当年首次达到了两位数为 18.2%，成为增长率仅次于宏基的 PC 厂商。由此足以看出联想并购 IBM 业务对其市场份额带来的直接收益。当然，与预期相比，这项空前的并购也为联想带来了许多挑战与难题。

首先是跨文化管理和全球业务整合。中美文化差异在并购后的人员整合中表现尤为明显，联想采取折中方案，在中国深圳和美国纽约分别设立总部，原 PC 业务还是由美国总部管理。这样虽然能暂时缓解文化冲突，但与联想原本整合 PC 业务的全球化初衷仍存在差异。其次是联想希望借助跨国并购提升发达国家 PC 市场份额，然而并购后市场业务虽有所提升，但并不如预期理想。这是由于原本 IBM PC 的忠实客户可能会因品牌易主，而对原来 IBM 的产品品质产生质疑；同时 IBM 原来与政府和大型公司构建的长期关系型订单，也可能因为与中国公司合并而流失。种种原因使得 IBM 与联想并购后丧失了原有的部分老客户，虽然对联想而言市场份额仍有所上涨，但对 IBM 品牌的 PC 市场却弊大于利。此外，全球业务如何实现有效协调，全球研发和营运中心如何实现战略统一，海外业务部门如何避免尾大不掉等问题都是联想并购后的难题。

（二）知识管理现状

2008 年联想入选世界品牌价值实验室编制的《中国购买者满意度第一品牌》，以销售额 16 788 百万美元荣登全球财富 500 强第 499 名。联想将自身使命概括为四为：为客户提供满意产品和服务、为员工提供成长和自我实现机会、为股东创造价值和收益、为社会提供服务和责任；"高科技的联想、服务的联想、国际化的联想"。联想的成功发展在于其关注创新和知识管理，通过知识积累和自主创新建立技术优势，提升市场份额，使其逐渐成为计算机市场的业内领先者。围绕技术创新，联想活动集中于 20 世纪 80 年、90 年代和新世纪三个时期（见表 4-4）。

表 4-4　联想知识管理大事记

20 世纪 80 年代	1984 年，创业初期的联想在北京成立。 1988 年，核心产品联想汉卡荣获国家科技进步一等奖。 1988 年，香港联想成立。 1989 年，北京联想集团公司成立。
20 世纪 90 年代	1990 年，首台联想微机通过鉴定并投放市场，标志着联想由进口电脑代理商转变为自创品牌的电脑生产和销售商。 1992 年，联想推出 1 + 1 家用电脑，开始拓展家用电脑市场。 1993 年，联想推出我国第一台"奔腾"个人电脑，拓展个人电脑市场。 1994 年，联想在香港证券交易所成功上市。 1995 年，联想开始迈入电脑相关产品市场，推出其第一台服务器。 1996 年，联想推出笔记本电脑，并在国内电脑市场位居首位。 1997 年，联想推出首台 MFC 激光一体机。 1998 年，联想电脑生产能力再创新高，市场占有率提升至 14.4%。 1999 年，联想推出"一键上网"的互联网电脑，并在全国电子产品百强企业中名列第一，成为亚太市场的领先电脑商。
新世纪	2000 年，联想战略管理使其成为电脑行业全球十强最佳管理厂商。 2001 年，联想创新推出具有丰富数码应用功能的个人电脑。 2002 年，联想成功举办首次技术创新大会（Legend World 2002），提出"关联应用"技术战略。 2002 年，联想推出国内首台具有 1 000 GFLOP/s（每秒浮点操作次数）的"深腾 1800"（DeepComp 1800）高性能计算机。 2002 年，联想开始迈进手机业务市场。 2003 年，联想成立 IGRS 工作组借以推进产业相关标准的制定。 2003 年，联想改良创新，再次推出深腾 6800 高性能计算机。 2004 年，联想在我国企业中率先成为国际奥委会全球合作伙伴。 2004 年，联想宣布已于 IBM 达成协议，成功收购 IBM 全球 PC 业务。 2007 年，联想业务组合中加入 idea 品牌。 2008 年，联想荣登"中国最具竞争力品牌榜单"大奖。

资料来源：联想官方网站。

二、研究对象逆向知识转移活动的过程研究

（一）逆向知识转移的组织动因

1. 高科技产业的技术导向

联想以电脑、手机等高科技产品攻占市场，消费者对产品的技术含量和核心性能有较高要求。企业成败关键在于其是否能长期获得产品优势，包括技术、价格以及服务优势，联想始终以此作为核心竞争力来源，因此技术创新和知识积累对企业成长至关重要，组织内外部的知识获取、吸收和转移活动也相对频繁，尤其通过逆向知识转移获取和积累发达国家先进技术和知识资源。

2. 全球研发中心的知识共享

联想在国际化过程中遵循全球范围内选择最佳地点的职能配置原则，所选东道国必须是能为该职能提供最优资源和效率的区位，因此联想将其运营中心设在北京、巴黎、罗利和新加坡，以便有效辐射处于不同地区的海外销售业务，而将研发中心设在日本大和、北京、上海、深圳及美国罗利。设在中国的研发中心是为了利用本土高素质低成本的专业人力资源，而海外研发机构选择设在发达国家，尤其是电子产品技术处于国际前沿的国家，可以为联想带来更多的先进技术知识。为了共享海外技术成果，由其向母公司的逆向知识转移必不可少。

3. 开拓海外市场的信息需求

一直以来，联想的海外市场经营以开拓市场为主，所倚重的除了产品技术和价格优势外，更通过优质的全球服务以及正面的品牌形象打动人心。联想设立全球电话呼叫中心在世界各地以超过 25 种语言提供产品支援服务，助力全球服务供应链，在 18 个服务交付中心共有超过 2 500 名技术支持人员和约 25 000 个授权现场技术员同步提供实时服务。而品牌形象方面，联想坚持以创新科技助力全球活动，2006 年 2 月，在都灵冬奥会上，联想初次以国际奥委会全球合作伙伴的身份支持奥运，以优质产品和周到服务，赢得了国际奥委会的高度赞誉；2008 年 3 月至 8 月，作为北京奥运会火炬接力全球合作伙伴和"祥云"火炬设计单位，联想全方位参与了火炬接力运行；2009 年 7 月，联想又成为上海世博会信息系统总集成商和电脑设备高级赞助商。联想积极把握时代脉搏，参与全球公益活动提升品牌形象；及时了解顾客需求信息，提供产品服务保障。为此，联想必须充分把握海外需求信息，因此向其传递东道国市场知识的逆向知识转移极其必要。

4. 联想并购 IBM 的整合要求

2003 年联想并购 IBM PC 业务后其市场份额有了明显提升，当年在国内市场联

想以 29.3% 的份额列电脑总体市场第一，远高于第二名 DELL 8.7%，而与 IBM 合并后，总体市场份额增至 35.1%（见图 4-11）。其中，台式机市场联想占有 32.1%，IBM 占有仅仅 3.4% 的市场份额，二者合并后市场份额为 35.5%；笔记本电脑市场联想的市场份额为 16.41%，比 IBM 16.88% 略低，二者市场份额之和为 33.29%。

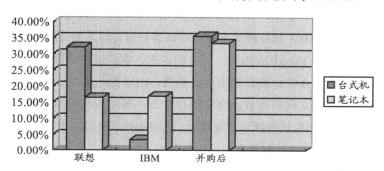

图 4-11　2003 年并购前后联想国内市场份额

资料来源：联想官方网站。

而并购带来的国际市场地位提升更加明显，原本在电脑市场联想仅占 2.3% 的市场份额，IBM 为 5.8%，并购后两者之和为 8.1%，排名世界第三，虽然远低于 DELL 与 HP 的 16.7% 和 16.2%，但对联想的国际影响力提升已经迈进了一大步（见图 4-12）。

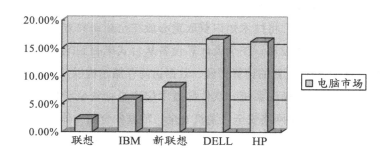

图 4-12　2003 年并购前后联想国际市场份额

资料来源：联想官方网站。

尽管联想并购 IBM 为其带来市场份额的大幅提升，但也为其带来一系列并购后的整合难题，除了必须面对的偿债财务风险外，并购后的客户流失、品牌形象树立、IBM 员工流失、跨文化整合等问题都会影响其后联想的国际经营。其中，客户流失和品牌形象树立属于市场问题。联想虽然在国内市场具有较好的品牌优势，但在国际市场的影响力远不如 DELL、HP 等老牌跨国公司。IBM 个人电脑业务每年可以带来 100 亿美元左右的销售收入，联想自然希望能够在并购后保有这部分市场。然而事实却不尽如人意，IBM 客户分为政府、企业和个人客户。①政府客户：收购 IBM 后，原来由美国政府每年固定承担的 10% IBM 订单可能会随之流失。②企业客户：有 48% 的美国企业客户表示，在 IBM 被收购后他们会考虑转为购买 DELL 或惠普的电脑。③个人客户：IBM 拥有极其忠诚的个人客户群，以其对 ThinkPad 的信赖和喜爱，或许会继续支持 ThinkPad 市场。但总的说来，客户流失是联想并购后的必然问题。此外，跨文化整合也对联想提出巨大挑战。IBM 的近万名员工来自全球 160 多个国家和地区，不同文化的有效融合和整合管理，都将成为并购后管理的难题。要想突破瓶颈，联想必须积极与国际市场接轨，把握海外东道国的市场信息和文化特色，通过知识转移使母公司在转却的东道国信息基础上制订最有效的应对战略。

（二）逆向知识转移的知识类型

联想希望能进一步开拓国际市场份额，提升国际品牌影响力，因此需要从把关注国际前沿的产品技术性能和服务水平，跟踪最新生产工艺和流程改进系统，准确把握东道国市场需求变化，东道国和母国的文化融合等方面积极努力。可见其海外知识寻求应该集中于技术知识、市场知识和文化知识。

联想对技术知识的寻求体现在：积极参加国际行业技术交流会和高峰论坛；学习先进技术和引进高级技术人才；积极提升自主创新能力。进入 2010 年，联想根据其产品的技术发展需求，将技术知识获取重心放在全新研究方向中：①下一代个人计算设备的架构及系统设计。在个人计算设备从台式电脑到笔记本到手持终端转变的过程中，联想不断研究新的计算平台、数据访问存储结构以及新的应用架构。②信息安全。联想在芯片、操作系统、软件等技术层次进行安全研究，开发各种工具和算法，为新一代 PC 提供网络安全、主机安全、数据安全的一体化解决方案。③协同计算技术。联想试图为计算机、收集等数字设备解决智能互联、资源共享和协同服务问题，构建以标准化协议为核心的协同计算架构，基于研发创新的多种设备关联应用模式。④计算、宽带和无线通讯的无缝整合技术。联想试图对有线和无线宽带等各种连接技术逐渐进行整合，与关键后台服务实现计算终端的一体化研究设计。⑤创新设计和用户研究。联想积极引入提高用户使用体验的创新业务模式，专注于用户研究的理论和技术，保持方法创新的国际领先水平。在个人计算设备、通讯和消费电子设备研究中，联想以用户导向为理念，挖掘用户需求，研究人机交互设计技术。⑥片上系统设计。联想不断研究新的低功耗、低成本的芯片技术以满足客户需求，并开发集合多媒体处理、无线连接、安全保护于一体的系统芯片。⑦高可靠技术。研究计算机设计技术，包括计算平台、应用平台、结构设计、散热设计以及材料技术的研究，设计具有超高可靠性或满足特殊市场的计算机。

如今通过并购，联想已将其国际业务延伸至欧美等发达国家，再加上在印度、新加坡等新兴国家的市场渗透，联想的国际市场分布已日益广阔。而不同国家市场需求特征和产品竞争重点必然存在差异，可见，联想要在不同市场采取合适的产品营销策略，必须首先准确掌握东道国市场知识，包括市场需求和客户群特色、有效的营销策略和渠道网络，以及相关法律法规等。

此外，并购 IBM 后联想必须面对如何处理不同国家员工的文化冲突和融合管理问题。因此，联想在将其运营和生产中心由国内扩展到国外的同时，也要将其管理思维和战略眼光伸展到国外，关注和收集海外东道国的文化知识，以便调整战略适应不同文化背景员工的需求，实现并购企业和员工之间的跨文化协同。

（三）逆向知识转移的渠道与模式

联想在海外市场获取知识的外部渠道可分为行业、企业和人员渠道。其中行业渠道是指联想通过参加行业联盟和协会的技术交流获得知识，或通过购买行业数据和分析报告获取知识。企业渠道是指联想通过参加其他竞争者或联盟企业举办的外部培训学习技术和获取知识，或者到合作伙伴处参观交流、现场学习等。而人员渠道主要指联想积极获取专业技术人才，或来自东道国人才市场和专业机构，或来自目标公司，通过获取专业人力资源来获取技术知识。联想从外部渠道获取知识后，会通过内部渠道实现组织知识共享和转移，包括子公司之间以及逆向知识转移等。联想的内部知识转移渠道可分为基于电子平台和基于人员两种。

1. **基于电子平台的知识转移**

联想在组织内部传递知识，尤其是易于编码的显性知识时，往往会采用基于电子平台的传递模式，包括电子邮件、公司内网共享文件或资料传输等。这种渠道传输速度快，普及人员广，可以达到最广泛的知识转移和共享效果，但是由于普及人群较广，没有专门的针对性，因此涉及资料多为一般知识，知识难度和专业性含量不高。而且电子平台传输知识无法保证知识接受方是否真的阅读和学习知识，无法保证知识吸收程度和效果。

2. **基于人员的知识转移**

联想除了采用基于网络平台的传输工具外，还积极采用会议交流、培训、轮岗等基于人员的知识转移渠道，尤其是逆向知识转移中，利用会议交流和报告转移市场和技术知识的效果较好。员工也可通过参与组织专门的技术和销售培训分别获取技术知识和市场知识，而轮岗对技术和销售人员的知识共享也具有积极作用。尤其是在销售人员中，轮岗作为知识转移的手段应用得更为普遍。销售人员需要在不同东道国直接面对客户，能够准确把握市场知识，在其轮岗过程中也将其知识转移到其他组织部门。基于员工的知识转移对显性和隐性知识同样适用，同时也能保证知识接收方的吸收程度和转移效果；缺点则是组织难度较高。然而联想研究院为人员培训提供了有力的平台，尤其是技术人员的培训和交流学习。联想研究院（Lenovo Corporate Research & Development）成立于 1999 年 1 月，是联想集团公司级的中央研发机构。自成立以来，它不仅致力于推动公司和所在区域的技术进步和长远发展，更积极保障联想的技术团队和人员成长，不断为企业提供坚实的研发后备力量，保障企业创新研发活动的开展和进行。

三、研究对象逆向知识转移的母公司控制机制研究

联想的知识创新和研发有赖于逆向知识转移，尤其在跨国并购将发达国家纳入联想国际版图之后。联想不仅需要采用适当的转移渠道和模式，更应该从母公司视角探寻积极的战略举措以期主动引导子公司知识获取和转移。下文分别从控制机制和吸收机制分析联想的战略举措。

（一）母公司国际化战略导向

1. **市场寻求型 / 效率寻求型的国际化战略**

联想借助有效的业务模式、简单高效的成本结构、领先的创新能力等优势，在全球业务中不断取得进展。如今的联想在海外扩张中以拓展市场份额和提升品牌形象为主，坚持以市场寻求型国际化战略为核心。联想的市场寻求不同于刚刚接触国际市场以出口和销售为目标的市场渗透，而是从关注市场收益转向关注市场需求，由单纯的市场销售向战略性营销转移，因此它更注重对东道国市场信息的收集判断。此外联想也注重效率寻求型国际化战略。它在全球范围选择设立运营、研发和生产中心，不仅有助于联想在全球范围内合理配置资源，对相关业务的统一管理也有助益。当然，不同部门在不同东道国关注知识的重点也会有所不同，研发中心所在国会更关注当地技术知识和人力资源，生产中心会更关注生产工艺知识，而运营中心则更关注管理、市场和文化知识。

2. **创业创新和服务客户的企业文化**

联想企业文化的发展分为两个阶段："八讲"阶段和国际化企业文化阶段。在

联想走向国际化之前，联想作为国内新兴民族企业，更讲求奉献服务的企业责任，讲求奋斗拼搏的企业精神，概括为"八讲"企业文化，即"讲融入、讲奉献、讲竞争、讲拼搏、讲创新、讲信誉、讲服务、讲质量"。讲融入，即将员工个人追求融入到企业整体追求中去，共同实现个人和组织目标；讲奉献，即提倡员工的集体主义和奉献精神；讲竞争，即符合市场竞争要求的内部良性竞争；讲拼搏，将 5% 的希望变成 100% 的现实；讲创新，联想应努力实现技术、管理和机制创新；讲信誉，联想将其当作企业品牌形象；讲服务，联想坚持为客户提供产品和优质服务，使客户满意度最大化；讲质量，以产品和服务质量为根本（见图 4-13）。

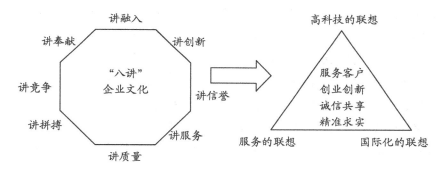

图 4-13　联想的企业文化发展过程

资料来源：作者整理。

然而进入新世纪后，联想开始拓展多元化业务，也开始国际化进程，尤其是并购 IBM 业务后，联想的国际品牌影响力日益提升。原来适用于国内市场经营的企业文化也应注入全新的元素，联想的企业文化与国际接轨，将客户导向和创新理念突出出来，形成以"服务客户、创业创新、诚信共享和精准求实"为核心的企业文化。新型企业文化不仅明确了联想工作方向应该应服务客户为导向，也指出了联想工作方式应该积极创新，提升技术水平和管理效率；精准求实，保障产品和服务质量；诚信共享，提升品牌信誉和社会形象，为联想实现长远愿景成为"高科技的联想，服务的联想，国际化的联想"提供指导。

新时代联想的企业文化强调创新、求实和共享，可见，联想已经将技术进步、知识共享和创新放到影响企业成长的位置上来。这就要求联想在新时期国际化经营中，注重从全球范围内寻求有利于企业发展的重要知识和战略资源，并通过外部知识获取和内部转移实现知识内化和积累，也要注重所获取知识的有效吸收、学习、应用和再创新，联想借此实现知识积累和应用技能提升，并通过持续性研发探索提升自主创新能力和技术水平。

3. 关注知识积累和共享的人力资源管理

联想注重员工培养和个人发展，在此过程中人力资源管理部门推行两个管理模型促进员工的自我进步：一是721模型，二是"学习—示范—练习"模型。所谓721模型是指联想内部对员工成长的分析模型，他们认为员工个人能力成长应该归功于三方面的积累，70%来自于工作经验，20%来自于人际关系，10%来自于专业培训。也就是说在个人成长过程中，实用工作经验中传递共享的知识技能将远远超过专业培训方式，这也是为什么联想更倾向于采用轮岗和现场经验学习的方式进行知识转移的原因。当然，我们还应注意的是，工作经验的学习积累还要依靠第二个模型，个人在学习某项技能或积累工作经验时必然要经历"学习—示范—练习"的过程，示范环节可以直接传递知识和经验，实现无障碍和干扰的知识转移。再通过原来岗位的工作经验和轮岗到新环境的知识应用，都能帮助员工加强练习来巩固知识转移效果，将经验知识内化为个人技能。可见，联想的人力资源管理模型是关注知识经验积累的个人发展过程，是借助知识共享和经验传递来实现个人能力提升的过程。

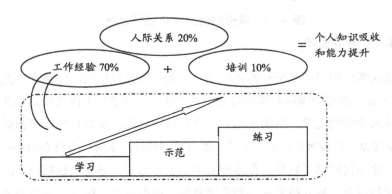

图4-14 联想关注知识共享的人力资源管理模型

资料来源：作者整理。

4. 客户和服务导向的营销战略

联想并购IBM以后，积极在全球范围内推行双模式的营销战略，即交易型模式与关系型模式并行的营销战略。过去，联想的客户开发和市场营销以关系型营销为主，客户忠诚度和长期性较好。然而并购后，联想被引入国际市场的竞争舞台，国外大型电脑供应商倾向于更快捷能迅速攻占市场的交易型营销模式，如 DELL 的直销模式对联想就造成了极大的冲击。联想希望在国际市场站稳脚跟，同样也能够和强大竞争对手争夺客户资源，依赖过去擅长的关系型营销模式攻占市场未免周期太长且收效不高，因此联想也开始积极尝试交易型模式。当然，关系型营销对客户资源的长期维护具有积极作用，联想也不会放弃这一优势。双模式并行将是适应新时代需要的营销战略。在该战略指引下，联想将继续秉持"大联想"的供应链关系管理和价值链运作模式，秉持服务和客户导向的营销理念。"大联想"的关系管理模式是指联想的市场活动是以价值链管理和长期合作为前提，以联想公司为核心，将分销商、供应商和服务合作伙伴均纳入到价值链整体运作体系中进行统一管理，秉承"风雨同舟、荣辱与共、共同发展、共同进步"的理念与合作伙伴构建长期关系，据此能有效提升价值链运作效率，控制销售成本和采购成本，对提升产品竞争力具有积极作用。

　　而服务导向的营销理念范围也很广泛，不仅包括向客户提供销售过程的售前和售中服务，也包括客户购买产品的一体化和个性化售后服务，甚至还包括针对渠道经销商和分销商的增值服务，为客户、分销商都带来利益增值。客户导向是指联想的营销战略将根据客户特点不同而选择不同的销售模式。（见图 4-15）

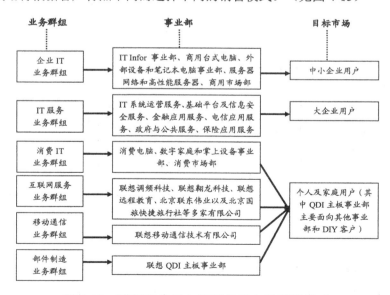

图 4-15　联想客户导向和服务导向的营销模式

资料来源：文晓刚，2005。

联想将电脑客户分为家庭用户、行业大客户和中小企业客户。针对家庭用户，联想采用"1＋1专卖店"的方式为其提供专业可靠的服务，专卖店采用统一定价、统一形象、统一布局、统一服务的运作模式，给家庭客户以值得信赖的印象。而针对行业大客户，联想将开发行业代理商进行针对性服务和销售。而其他分销商则负责中小企业市场的需求。

联想兼顾交易型和关系型营销的双模式是适应其国际化发展要求的战略革新，而其服务和客户导向的营销理念也要求其对目标市场信息能够清晰把握，尤其是在需要交易型营销打开局面的海外市场更是如此。

（二）母子公司控制协调机制

联想组织结构经历了三个时期，分别为发展初期、多元化时代和国际化时代。发展初期联想的组织结构比较简单，主要为总经理和总工程师负责制，它以联想汉卡作为第一个核心产品，以展览会和门市经营的直销方式在国内市场运营。

随着联想开展多元化战略，联想开始设立以业务划分的事业部结构。然而事业部结构容易造成资源配置重复，以及部门决策与组织目标不一致等问题，因此在2004年并购IBM业务后，联想又将职能型结构加入进来，组成职能型与事业型双线管理的矩阵式结构。

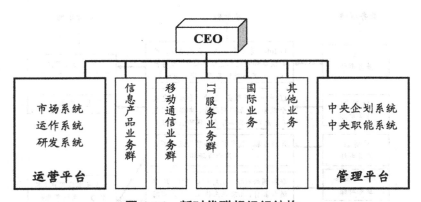

图 4-16　新时代联想组织结构

资料来源：文晓刚，2005。

而在国际业务经营中，联想逐渐在海外设立生产和运营中心，但是仍然秉持集中控制的战略理念，对海外子公司或利润中心的控制程度较高，主要体现在战略和人员控制两方面。联想坚持，一方面海外经营部门需要与母公司保持战略统一，另一方面要坚守组织结构上与母公司的上下级关系，进行定期汇报和工作交流，因此联想通过母公司的战略控制对子公司的知识需求和主动转移进行有针对性的引导。而人员控制主要是指联想对员工工作的全方位监督和管理，以保证每个员工每项工作都能有助于组织目标的实现，这种制度将有助于联想对海外知识获取和转移活动的监控。

此外还应注意的是，联想对子公司的控制程度与地理距离成反比，地理距离越远的海外子公司，母公司对其控制程度越小。例如并购 IBM 后联想也在美国设立研发和生产中心，由于 IBM 员工占总员工的一半左右，因此在美国的联想业务还是采用自治程度较高的自主经营方式，当地子公司的逆向知识转移意愿和效果也应区别分析，即美国或类似发达国家子公司可能会由于其自身发展的成熟性和独立性而无法实现联想的预期知识转移效果。

四、研究对象逆向知识转移的母公司吸收机制研究

（一）母公司知识吸收能力

联想秉承自主创新与追求卓越的传统，持续在用户关键应用领域进行技术研发。如今已建立了公司级的中央研发机构——联想研究院，以中国北京、日本大和和美国罗利三大研发基地为支点的全球研发体系。在中国大陆，联想拥有北京、深圳、上海和成都四大研发机构。其中联想研究院、软件设计中心、工业设计中心和一批大型实验室集中于北京。在上海，联想则拥有联想研究院上海分院即移动通信研发中心、笔记本研究和测试中心等。在深圳，联想部署了板卡设计中心，拥有 8 个业界先进的基础技术实验室以及多项国际专利，联想板卡设计中心为手机、掌上电脑、笔记本、PC、服务器以及网络终端、局端设备等提供板卡设计、技术服务和解决方案。联想拥有近 2 000 名包括世界级技术专家在内的一流研发人才，他们创造了 2 000 多项专利以及诸多业界第一。联想在 2009 和 2010 连续两年入选《商业周刊》全球创新 50 强。从研发能力来看，联想虽然在国际市场上与竞争对手相比还稍显落后，但在国内市场已经非常具备竞争优势了。

但是涉及逆向知识转移时，我们仍应转变分析视角。逆向知识转移的吸收效果极大程度上取决于母子公司的技术差距，尤其中国企业所面临的是发达国家先进技术向我国母公司的转移，只有本身具备强有力的自主研发能力和技术水平才能保证知识有效吸收甚至再创新，否则作为接收方的母公司只能扮演知识接受和学习角色。联想在一定程度上也面临这样的问题，它不像华为那样以关注技术和创新为国际经

营的砝码，具备较好的自主创新能力匹配国际技术前沿的挑战和冲击，它更倾向于考虑在同等技术水平下以品牌、关系和服务打败竞争对手，尤其在产品领先技术一直由国外领跑的电脑行业中。再加上联想关注的海外知识有很大一部分是东道国市场和文化知识，因此其吸收能力分析也应因知识类型而异。①技术知识。对于技术知识，联想在学习基础上已逐渐将其应用到自主创新中来，这一点从联想研究院的重视和成果斐然不难看出。②市场知识。联想积极收集东道国的市场需求信息和成功案例，并据此调整营销策略，提升品牌形象和国际影响，可见对市场知识的学习应用程度也较高。③文化知识。联想在解决并购后的跨文化整合问题时，必须了解东道国文化知识，并将其融入到原有企业文化中来，调整并创新为全体员工接受的新型文化，这是一种文化知识的再创新。概括说来，联想的吸收能力应该处于知识应用和知识创新的中间层次。

（二）母公司转移支持机制

1. LSS 团队

联想设立了 LSS（精益 6sigma）团队专门负责人才发掘和培训工作，也属于专门的知识转移团队。该团队不仅为联想输送专业人才，也为联想内部知识转移提供持续性的人力资源支持。此外，作为专业的知识转移团队，它不仅关注转移过程，更关注知识转移后的知识理解和学习，新环境应用，以及更高层次的知识创新，通过全方位的知识管理系统为联想知识活动提供资源和战略支持。

2. 股权激励

1998 年联想更名为集团控股公司在香港上市，39.2% 股权由公众股和香港导远公司持有，另外 60.8% 归联想控股集团。1999 年，联想进一步公布了股权分配方案，它希望借助股权分配使创业者、管理者和未来精英成为公司的主人，因此将股权中35% 用于员工持股，这部分股权的 35% 给最初的创业者，20% 给核心管理者，剩余45% 留给未来的精英员工。在并购 IBM 后股权结构发生了变化，但是以股权激励员工的政策并未改变。如今，联想对员工的知识创新极其重视，对有助于知识共享和技术创新的员工提供的物质激励将促进内部知识转移的进行。

3. CEMS 理念

CEMS 理念由联想集团于 2008 年 12 月，在其第一届商用技术论坛上提出，意在为公共计算、企业计算和个人计算三大领域，提供品质卓越的产品和服务，满足用户对成本、效率、管理和安全的需求。CEMS 理念主要由四部分组成：Cost- 成本、

Efficiency- 效率、Management- 管理和 Security- 安全。CEMS 理念在联想的贯彻实施，有助于促进企业内部的知识获取和创新，因为生产工艺知识的共享将有助于企业控制成本，管理和市场知识的引入将有助于企业提升管理效率，核心技术知识的引进将有助于企业提升产品性能和服务水平。因此，该理念作为保证知识共享和创新的管理措施成为转移支持体系的重要环节。

4. 职业健康与安全方针

联想集团承诺为员工创造和保持一个健康安全的工作环境，集团以下列标准为员工提供工作保障："（1）为员工提供一个安全和健康的工作环境；（2）为员工提供安全的产品和设备；（3）达到相关的法律要求和我们认可的保护员工的自愿章程，建立和坚持我们更严格的要求；（4）将员工健康和安全方面的要求纳入到企业的策略、计划、审查和产品供给中；（5）执行和努力持续改善流程以控制工伤事故，伤害和职业病；（6）鼓励员工参与和为员工提供适当的健康和安全培训，以提高员工安全和高效的工作能力；（7）对自己的业绩进行定期的评估以确保员工的健康和安全，并定期将结果汇报给高级管理层；（8）调查安全和健康事故；（9）提供适当的资源达到以上目标。"

5. 大联想网络的信息化支持

大联想网络作为连接联想内部及其利益相关者的电子平台、关系网络以及组织结构，将有助于其与相关组织单元组合成为整体系统，在系统内部能够实现无阻碍且渠道丰富的知识共享和信息沟通。而大联想网络能够提供的共享渠道不仅包含基于计算机网络的电子平台，也包含基于虚拟网络的组织结构和合作伙伴关系等，能够同时为基于编码和基于人员渠道的知识转移提供支持。可见，构建大联想网络能够有助于集团与其合作伙伴、客户乃至各经营和职能部门之间的信息沟通和共享，并为知识转移提供了长期有效的渠道平台。

五、母公司作用机制与逆向知识转移效果研究

随着联想进入新世纪，尤其是并购 IBM 业务后，它跨入了国际化经营的新时代。国际化经营不仅为其带来了国际市场份额提升，更为其带来了国外先进技术和管理模式，而这些知识和技术则以逆向转移形式为母公司吸收应用，并逐渐提升了自主创新水平。联想在逆向知识转移中母公司发挥重要而积极的作用，其作用机制模型概括如图 4-17 所示。通过作用机制和战略举措的综合作用，联想的海外子公司或经营部门积极向其转移母公司发展需要的重要知识资源，为联想的海外市场拓展和技

术创新水平提升提供了积极帮助。如今，联想在电脑产品方面已拥有了享誉全球的"Think"及最新的"idea"电脑品牌，为商用客户和个人用户提供优质专业服务。在移动互联方面，2010年联想集团发布了移动互联网战略，面向中国市场推出了全新一代移动互联网旗舰手机乐Phone，它融合了推送服务和通信整合的前瞻设计，集中体现了联想在PC和手机领域多年积累的技术优势。此外，联想还拥有丰富产品线，包括移动手持设备、服务器、外设和数码产品等。

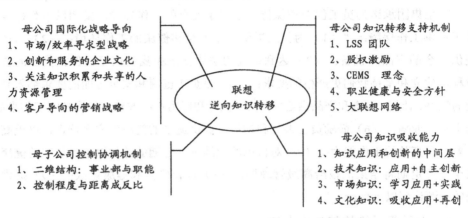

母公司国际化战略导向
1、市场/效率寻求型战略
2、创新和服务的企业文化
3、关注知识积累和共享的人力资源管理
4、客户导向的营销战略

母公司知识转移支持机制
1、LSS 团队
2、股权激励
3、CEMS 理念
4、职业健康与安全方针
5、大联想网络

联想
逆向知识转移

母子公司控制协调机制
1、二维结构：事业部与职能
2、控制程度与距离成反比

母公司知识吸收能力
1、知识应用和创新的中间层
2、技术知识：应用+自主创新
3、市场知识：学习应用+实践
4、文化知识：吸收应用+再创

图 4-17 联想的母公司作用机制与逆向知识转移

资料来源：作者整理。

而在技术创新和专利申请方面，联想也取得了突破性成果。例如，①安全芯片技术。联想研究院在2005年4月领先开发出被誉为"中国安全第一芯"的"恒智"安全芯片，取得芯片核心技术突破。②闪联标准。2002年，联想研究院提出独创的前瞻性关联应用技术战略，并以IGRS技术推动"闪联"标准发展。③手机市场。2005年联想自主研发持续发力，自主研发手机占总销量的80%，并在国产手机全行业亏损的情况下，联想手机业务逆市上扬，实现大规模盈利。④高性能服务器技术。2003年，联想推出深腾系列万亿次计算机、4万亿次超级服务器，使中国企业的高性能计算机产品首次进入世界Top 500排名前列（No.14），获得国家级科技进步二等奖。⑤笔记本技术。2005年联想推出第一款自主研发笔记本产品。⑥网络安全技术。2003年推出业界领先的千兆线速防火墙产品，获得巨大市场成功，成为国内品牌Top 1，等等。

第四节 中兴海外逆向知识转移与母公司作用机制研究

一、研究对象知识转移概况

（一）企业发展现状

1985年，中兴通讯成立。1997年10月6日，通过深圳证券交易所交易系统，采用上网定价方式，发行人民币普通股65 000 000股，上市成为中兴通讯股份有限公司，A股股票代码000063。2004年12月，中兴通讯又在香港成功上市，股票代码00763。作为能够在深圳和香港两地上市的大型公司，中兴通讯已在通信产品制造业具有领先市场地位，这与中兴始终注重以客户需求为导向，积极研发通信产品和解决方案的创新战略密不可分。通过客户导向的持续创新，中兴已在手机终端（CDMA、GSM、小灵通、3G等），网络产品（xDSL、NGN、光通信等），无线产品（CDMA、GSM、3G、WiMAX等）以及数据产品（路由器、以太网交换机等）等领域具有较强的竞争实力，并成为近年来全球增长最快的通信设备和解决方案提供商之一。如今，中兴产品服务于全球100多个国家的500多家运营商，市场覆盖面达到全球近3亿人口。中兴的国际化程度已经非常成熟，技术创新战略为其带来技术优势的同时也为其带来国际市场竞争力。

事实上，早在1995年中兴作为最早一批"走出去"的中国企业就已经开始了国际化进程。进入新世纪以来，其国际化战略有了极大发展。2000年，中兴相继与包括葡萄牙和法国电信在内的多家国际电信巨头建立战略合作关系，设法突破进入发达国家高端市场。2009年，中兴又成功突破欧洲排名前十的电信运营商，顺利推进在德国、意大利和罗马尼亚等国的LTE、GSM、有线承载与无线传输业务。截至2009年底，其中国市场销售额达304亿人民币，国际市场销售额达298.7亿人民币，总体销售额同比增长率达36%。与前几年相比，中兴在中国和国际市场的销售业务均有大幅提高，如图4-18所示。

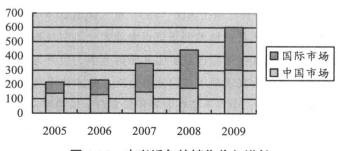

图4-18 中兴近年的销售收入增长

资料来源：中兴官方网站。

与同行业其他竞争对手如华为、Ericsson 等相比，中兴近年来的发展幅度与增长均名列前茅（见图 4-19）。国外成熟的设备运营商发展趋于稳定，其销售收入增长率已逐年降低，尤其在金融危机冲击下，甚至呈现负增长率，但相比之下中国设备运营商包括华为和中兴则相对稳定，虽然在国际环境冲击下增长率略有下降，但仍维持在 30% 左右。而在 2009 年，中兴的销售增长率明显超越华为等国内竞争对手。由此可见，中兴的稳定发展与其关注产品业务的市场拓展、关注产品技术创新的国际化战略密不可分。

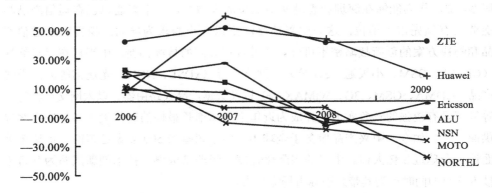

图 4-19 同行主要竞争对手的增长率对比

资料来源：中兴官方网站。

（二）知识管理现状

中兴通讯作为我国通信设备业的重点高新企业，始终注重技术项目研发和创新。对创新的重视程度体现在研发投入和产出两方面。在投入方面，中兴每年将总销售收入的 10% 左右投入研发，并在印度、美国、瑞典等国设立了 15 个研发中心。而在产出方面，中兴不仅关注客户导向的产品技术创新，也注重引导行业技术进步的基础研究和开发，多年来中兴已承担国家"863"重大课题 20 多项，并成为国家 863 高技术成果转化基地和我国首批技术创新试点企业之一。中兴基于客户导向和技术优势构建的创新战略，为其在国际市场扩张和国际竞争力提升方面奠定了基础。通过技术创新和知识积累，中兴实现了多层次综合产品技术体系和客户定制化解决方案；通过整合全球研发资源，中兴不断获取和积累来自全球的领先技术和客户知识，不断通过战略创新改进经营策略，不断通过自主创新提升自身的技术优势，在国际市场影响力日益提升（见图 4-20）。

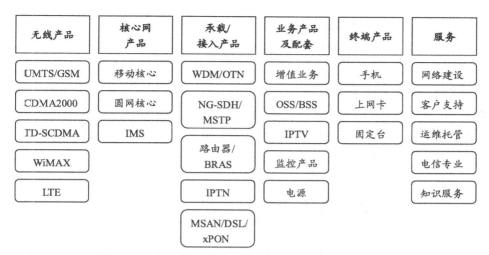

图 4-20 中兴基于技术创新的产品业务和解决方案

资料来源：中兴官方网站。

二、研究对象逆向知识转移活动的过程研究

（一）逆向知识转移的组织动因

1. 战略资源寻求型国际化战略

中兴的国际化经营属于战略型海外扩张，不仅以攻占东道国运营商的客户资源为目标，更集合公司资源提供相应服务网点，为物流和研发中心提供运营支持。中兴在全球设置 7 个海外区域服务网点，分别为乌兹别克斯坦、巴基斯坦、印度、印度尼西亚、肯尼亚、法国和墨西哥，再加上 42 个本地服务网点和 107 个分支机构，将中兴产品服务推向全球。同时中兴还设置 9 个物流转运中心和 15 个海外研发机构，为产品的海外扩张提供技术支持和网络保障。正因为中兴的战略化全球扩张，它不仅关注国外先进技术知识，更关注东道国市场信息、品牌、渠道等战略性资源。

2. 全球研发中心的资源整合

载至 2009 年底，中兴已构建 15 个海外研发中心，分别分布在印度、巴基斯坦、法国与美国等技术研发实力较强的国家。公司 6 万多名员工中有 35% 为研发人员，仅 2009 年就新增研发人员 2 500 人。公司对研发的高度重视不仅促进公司向外部学习和获取知识，也推动了组织内部的知识转移和共享。尤其在全球分布的研发中心，其接触的前沿技术和吸收能力均有所不同，组织有义务将不同来源和满足不同客户需求的技术知识共享整合。

（二）逆向知识转移的知识类型

中兴作为通讯行业具有国际竞争力的跨国公司，在海外市场以技术寻求为主的研发合作和知识获取活动较多。同时，由于其广布服务网点和分支机构，对东道国或地区的市场渗透较为成功，可见其对东道国市场知识的收集和把握也相对成熟。此外，中兴还设置物流转运中心统筹全球产品供应链，生产运作中心协调产品生产流程，所以它也非常注重海外市场的生产工艺和流程知识，通过与海外物流运作商和供应商的沟通合作，中兴会学习和获取先进管理知识提升管理效能。总的说来，中兴关注海外知识的重点集中于技术、管理和市场知识。

（三）逆向知识转移的渠道与模式

1. **员工培训**

中兴重视知识和员工技能提升，尤其设立全球培训中心，通过鼓励员工参与海外培训推进由海外分支机构向母公司的知识转移。中兴的人力资源管理注重"以人为本"，尤其在面对全球人才培养方面，中兴通过全面的培训和激励体系帮助员工实现自我成长和职业发展。为此，中兴建立了包括通用性、专业和岗位培训在内的三级培训体系，以塑造复合型人才为目标，培养员工在具体实践中所需的各种技能。在此过程中，中兴员工不仅获得物质待遇和职业发展空间，更重要的是通过培训和职业规划充实和积累知识，提升个人综合素质和技能水平。可见通过培训和学习中兴实现了在员工之间共享和转移知识的平台。

在面对国际先进知识的冲击下，中兴设立全球培训中心在东道国获取外部知识，在为客户提供定制化解决方案的同时也积极培训内部人才，实现知识从组织外部到内部的共享和转移。中兴根据全球市场划分培训中心的辐射区域，构建了包括位于总部东南亚区域培训中心在内的10个培训基地，分别为印度培训中心，埃塞俄比亚培训中心，设在巴基斯坦的南亚区中心，设在印度尼西亚的亚太区中心，设在法国的西欧中心，设在土耳其的东欧中心，设在墨西哥的北美中心，设在巴西的南美区中心，设在埃及的中东区中心，设在阿尔及利亚的北非区中心，以及规划建设的法国西欧区中心和俄罗斯中心。截至2009年底，全球培训中心共培训人员和客户共29万人次，培训中心不仅帮助企业快速响应东道国客户需求，更能将东道国市场和技术知识快速传递给组织内部成员。

2. **职业发展**

截至2009年底，中兴员工6万多人，35%的研发人员和30%的市场人员（国际业务拓展占50%），足见其对研发创新和市场拓展的重视程度。而在海外市场运营中，中兴仍然坚持研发和市场为先的人员配备策略，但同时也兼顾本土化战略导向，因此积极引入海外东道国人才，在海外子公司或分支机构中员工本土化率高达65%，这与中兴坚持的"全球成就源自本地智慧"的经营理念相符。中兴对人力资源的重视不仅体现在全球人才整合的前沿视角，也体现在管理战略上，中兴以薪资福利和职业发展并重的人力资源体制吸引、激励和培养人才，甚至在2006年还曾入选年度"大学生最佳雇主"企业。中兴不仅以优厚待遇吸引员工，更注重员工的长期发展和职业规划。中兴实行技术系统晋升、业务系统晋升、管理系统晋升"三条线"的员工职业发展道路，积极拓展个人发展空间，进行个性化职业生涯规划。为此，企业将鼓励员工参与自我提升的课程培训和经验学习，并为其提供相应的技术和经验知识，实现内部知识转移。

3. 全球物流网络平台

中心在全球构建九大物流转运中心，为其提供专业化和柔性的物流服务，并与业界知名的物流合作伙伴和供应商保持长期合作，通过良好的关系管理保证供应链运作效率和产品服务质量。遍布不同东道国的物流中心和全球1 500多个外部合作伙伴为其筑造了覆盖全球的物流网络平台，通过网络平台不仅能保证物流质量和效率，同时也能将东道国获取的生产流程、质量控制和物流管理等方面的知识技术项目向母公司或其他分支机构转移。

三、研究对象逆向知识转移的母公司控制机制研究

（一）母公司国际化战略导向

1. 支撑全球的国际化平台

中兴在全球化过程中通过设置海外分支机构和服务网点开拓业务，通过构建物流转运中心为海外业务提供物流服务支持，通过研发中心整合全球技术资源以提供技术支持，形成战略化的国际扩张。中兴在全球设立了7个区域服务网点和107各分支机构，共有1万多名员工正在从事海外市场推广和技术服务支持，他们为全球500多个运营商提供产品服务。借此中兴能够分别通过海外网点和研发中心吸收东道国市场和技术知识，有利于内部知识共享。

2. 高效研发战略管理

中兴坚持不懈实施客户导向的研发创新，再加上其人力资源本土化的战略导向，使其积极在不同东道国设立研发机构。中兴在全球不同国家设立14个海外研发机构，

不同机构关注的技术内容也有所不同。其中国内研发中心重点放在技术产品化；欧洲、美国研发中心关注前沿的核心技术研发；法国研发中心致力于高端市场突破；印度、巴基斯坦研发中心的重点放在客户定制化方案。同时，中兴已全面建立了和全球主流运营商的业务联系，并与法国电信、思科、爱立信、英特尔、微软等知名企业建立了战略合作伙伴关系。借由研发网络平台，中兴更贴近技术前沿，积极学习国外先进技术，并通过内部知识转移提升创新能力。

3. 重视人才培养的人力资源管理

前文已述，中兴注重人才培养和职业规划，为企业员工的长期成长提供平台。这样的人力资源管理在为企业提供高素质人才的同时，也将个人能力提升的观念深植于组织员工心中。秉持这种观念，员工将会积极吸收、递和共享知识，增加自己的知识储备和能力水平。

4. 拼搏创新的企业文化

中兴通讯的企业使命是"实现业界领先，为全球客户提供满意的个性化通讯产品及服务；重视员工回报，确保员工的个人发展和收益与公司发展同步增长；为股东实现最佳回报，积极回馈社会"。为此，中兴构建了包含以下价值观的企业文化，即"互相尊重，忠于中兴事业；精诚服务，凝聚顾客身上；拼搏创新，集成中兴名牌；科学管理，提高企业效益"。企业文化强调以服务顾客为导向，强调拼搏创新的精神，创新文化将促进企业吸收、共享、应用和转移知识。

（二）母子公司控制协调机制

中兴通过设置海外业务网点和分支机构开拓海外业务，但业务扩张仍统一在全球网络的管控之下，因此中兴母公司与海外分支机构之间保持高度战略统一。但是由于其业务拓展与本土市场接轨，而且员工超过50%的本土化比例，使其在开展海外经营时具有较高的自主权，这也是中兴贯彻本土化管理理念的必然结果，因此总体说来母公司对海外机构的控制程度不算很高，但这也给海外机构的逆向知识转移带来难题。

四、研究对象逆向知识转移的母公司吸收机制研究

（一）母公司知识吸收能力

前文已述，中兴注重技术研发，并在全球设立15个研发中心，跟踪国际技术潮流，提升自主创新水平。中兴员工的35%左右为研发员工，每年还会投入营业收入的10%左右作为研发经费，可见其对技术研发的重视程度。中兴的研发主要分为合

作研发和自主研发两种。合作研发不仅能包括与业内知名研究机构或高校实行产学研合作，也包括与合作伙伴构建以某项技术性能为专题的联合实验室。自主研发则是基于全球研发中心的网络化管理和沟通，实现产品技术的差异化和定制化创新，前者是为不同层次和地域的运营商提供差异化服务，后者是根据客户个性化需求实行定制化开发。中兴通过项目管理和孵化机制控制研发进程和效率，实现高效研发。可见，中兴对于从外部吸收的技术知识，往往会借由自身的研发网络平台实现再创新和自主创新。而对于市场和管理知识，则会将其转移和传递至相应部门实现知识应用和战略改良。由于研发在中兴通讯中的重要地位，对转移知识的诚信程度较高，因此其吸收能力已处于高层次水平。

（二）母公司转移支持机制

中兴为支持组织内部的知识转移，尤其是由海外分支机构或研发中心向总部的逆向知识转移，提供了相应的支持机制。①运用覆盖全球的销售与服务网络，为知识共享和传递提供渠道和平台；②推行拼搏创新的企业文化，促进组织内部技术创新，促进组织向外部吸取知识并在内部共享；③注重人才培养的人力资源管理，在员工中间构建鼓励个人成长的环境氛围，促进个人经验和知识积累；④中兴通讯学院，为内部员工成长提供学习平台，为创新研发提供技术支持。前三条已在前面的分析中涉及，不再赘述。关于中兴通讯学院，它成立于 2003 年 7 月，是中兴创办的企业大学。中兴通讯学院成立的宗旨是为中兴客户提供有价值的专业培训、咨询服务和出版物，提供知识解决方案。中兴通讯学院拥有强大的技术研发能力，14 年专业培训经验和优秀的师资队伍，再加上设施先进和规范化管理模式，使其成为企业内部培养人才和传递知识的首选平台。多年来，中兴通讯学院已为近 13 万名国内外客户提供了系统培训、维护专题和管理素质培训，其中包括海外 90 多个国家的 3 万多名外籍客户。学院致力于构建持续学习氛围，培养具有竞争优势人才，推动客户导向和知识转移目标实现。目前，中兴通讯学院的培训网络已经覆盖全球，为多家国内外运营商提供了定制化、个性化、深度化的管理和技术培训。中兴通讯学院的技术管理类培训有助于母公司的知识吸收和应用，也有利于为知识共享提供强有力的人力资源支持和学习平台。

五、母公司作用机制与逆向知识转移效果研究

中兴始终重视组织技术研发和自主创新，因此在海外经营过程中，也将投资东道国作为知识资源的另一重要来源。中兴通过积极吸收、应用和创新知识，不断提

升自身技术水平。在此过程中，中兴母公司发挥重要作用，其鼓励和支持逆向知识转移和技术资源共享的作用机制模型概括如图 4-21 所示。

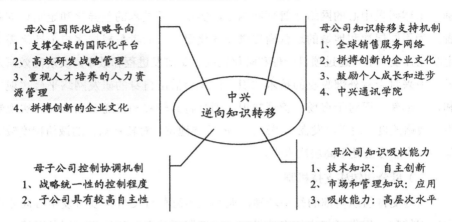

图 4-21　中兴的母公司作用机制与逆向知识转移

资料来源：作者整理。

中兴始终注重通过知识转移和共享积累技术资源，通过创新应用提升技术水平，在此过程中，母公司作用机制和战略措施发挥极其重要的作用。中兴注重研发战略和企业文化鼓励其不断积累知识和自主创新，其遍布全球的研发和服务网络为其触及全球前沿知识资源提供平台，其较高水平的知识吸收能力和母子公司控制机制为母公司获取、吸收和应用知识提供了能力保障，可见母公司的综合作用机制为中兴的创新能力和技术水平提升提供支持。近年来中兴的重要创新活动如表 4-5 所示，而具体到不同产品领域，中兴也取得了一系列的创新成果。

表 4-5　中兴近年来的创新成果

2004 年	中兴提出"运维工厂"的概念和相关方案，如 BBU ＋ RRU 方案
2007 年	中兴提出 SDR 产品方案，称为后续市场成功的重要动力
2008 年	中兴实现基于 EV-DO 的 Air to ground 解决方案，并将其在美国应用
2008 年	中兴全球首发 10G-EPON，逐步称为 PON 市场领先者
2008 年	中兴推出 PTN 解决方案，在 2009 年中国移动招标中获得 35% 份额
2009 年	EV-DO REV B 方案全球率先商业化，并领先推出 C/L 解决方案
2009 年	业内首个基于 SDR 的 HSPA ＋应用，帮助公司 UMTS 跨越式发展
2009 年	中兴面向欧美推出低成本智能手机 X760，推动了智能手机普及

资料来源：中兴官方网站。

1. 无线产品

中兴的无线产品包括 LTE、GSM/UMTS、CDMA、TD-SCDMA、WIMAX、微波和 CORE。① LTE。截至 2009 年底，中兴已在全球建立 5 个商用网以及 40 个商用及实验网。② GSM/UMTS。中兴 SDR 基站发货量超过 25 万台，居全球第一。③ CDMA。2009 年，中兴的 CDMA 全球增加市场份额居世界第一，累计市场份额居世界第二。④ WIMAX。中兴位于全球 WIMAX 第一阵营，具有 ClearWire，UQ，P1 等一流客户。⑤微波。2009 年中兴微波业务已服务于 30 多个国家 50 多个运营商，市场占有率达 4%。⑥ CORE。其 NG-HLR 居世界第一，中兴已服务于全球 110 个国家的 13.4 亿用户。

2. 承载产品

中兴在光网络产品方面也取得重要成绩，2009 年全球首发采用自主研发芯片的大容量集群路由器 T8000，同时中兴也是首家推出 IP 与传输完全融合的 IP 传送产品的企业。截至 2009 年底，中兴的光网络整体销售额位居全球业内第四，亚太区第二；同年，中兴多业务承载的市场份额跃居世界第三，在亚洲 Backbone DWDM 市场也占据第二位的市场份额；同时其 IP/Ethernet 全球新增出货量居世界第二，新增市场份额跻身世界第三。

3. 终端产品

中兴的终端产品实现定制化服务，其能为全球 120 多个国家 270 多家运营商提供个性化终端产品。中兴每年推出三大类（手机类终端、移动宽带终端、家庭桌面式融合终端）百余种产品，仅 2009 年，中兴就推出太阳能绿色手机，基于 WM6.5 的智能手机等新产品。如今，中兴终端产品的全球出货量排名世界第六，累计销量 1.5 亿，其中 Q4 手机出货量跃身世界第五，数据卡排名升至世界第二。

中兴重视自主创新和合作研发，不断开发和提升技术优势，因此，每年都积极申请专利和行业标准。累计至 2009 年中兴在中国已申请专利 26 000 多项，在国际申请专利 2 800 多项，其中 LTE/SAE 的专利申请就超过 1 700 项。在技术标准方面，中兴也积极推进，至今为止，中兴已提出国际技术标准提案超过 12 000 项，并在 70 多家国际标准组织和论坛中担任主要成员。中兴在技术发展和研发创新方面取得成绩与其关注国际发展动向和海外先进知识密不可分，可见，通过跨国知识转移，尤其是内部逆向知识转移，中兴获取了关于行业技术发展的最新指示，不断吸收、学习和创新自身技术水平，才能维持其技术优势和市场地位。

第五节　基于二维作用机制的母公司战略角色研究

　　根据前面几节的分析，华为、联想和中兴作为中国海外投资企业中较为成功的代表，其内部存在不同形式的逆向知识转移。它们通过逆向知识转移获取海外东道国的先进技术和市场、管理等方面的知识，通过吸收和应用知识提升自身的管理效率和市场开拓水平，通过技术改良和自主创新提升技术水平。因此，它们获得的竞争优势很大程度上来源于自主创新和内部知识转移。通过前面的分析，我们也发现华为、中兴和联想在通过母公司作用机制影响逆向知识转移效果方面存在不同的特色和倾向性，因此体现出不同的母公司战略角色（见图4-22）。

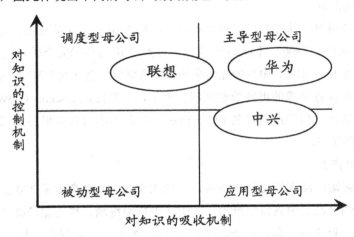

图4-22　逆向知识转移母公司战略角色的案例研究

资料来源：作者整理。

一、华为：主导型母公司

　　华为拥有主导海外知识获取和转移的国际化战略，拥有较高水平的知识吸收能力和转移支持机制，在海外子公司的逆向知识转移过程中表现出极大的主动性，体现出主动型母公司的特色。

　　华为投资于发展中国家、发达国家和新兴经济体的动因不同，知识需求也有所不同，例如在发达国家关注技术和文化知识，在新兴经济体关注市场和文化知识，而在发展中国家则更关注市场知识。可见，华为的海外知识寻求与东道国投资动因密切相关，嵌入到海外投资实践的程度较高，因此华为的国际化战略导向对海外知识寻求具有明确的指向性，能够起到调控海外知识需求的目的。此外，华为鼓励基于客户的创新战略，不仅主导了华为的成功，也对技术创新和知识转移起到积极推动作用。华为首席营销官胡厚也认为："华为的好业绩应该归功于客户导向的创新战略。"在母子公司控制机制方面，华为对海外子公司具有双重性，一方面对子公司从战略控制和资源配置方面进行控制监督，另一方面也鼓励子公司实现自主经营，这样做不仅可以保证华为母子公司的高度战略一致，也可以鼓励海外子公司接近东道国市场和运营商客户，更积极了解东道国市场特色，以便实现定制化业务创新和本土化市场经营。这种双重性使其愿意与母公司主动共享知识，同时也能保障双方在正式和非正式组织结构中传递知识和信息。总的说来，华为的母公司控制机制对逆向知识转移的积极作用很强。

华为拥有强大的知识吸收和自主创新能力，一方面它通过海外渠道学习和掌握知识，另一方面将其应用于自身的产品开发和技术创新。仅 2009 年华为研发投入就高达 133 亿元占全球销售收入的 8.9%，且比 2008 年增加 27.4%，同时它在全球设有 17 个研发中心和 36 个培训中心。华为的知识转移不仅仅停留在知识应用层面，更积极将其推进到再创新和自主创新过程中去。尤其是华为提倡的基于客户服务的研发理念，使其将东道国市场和技术知识有效融合，不仅在技术知识吸收上实现创新，在市场知识应用方面也实现了突破。可见，华为拥有较高层次的知识吸收能力，再加上华为内部从高层管理者到基层员工对知识积累和技术创新的重视，它能为逆向知识转移提供强有力的吸收机制。

综上所述，华为能够在母公司二维作用机制中体现出较强的主动性，能够积极调整和引导子公司的逆向知识转移，属于主动型母公司较为成功的范例。

二、中兴：应用型母公司

中兴作为与华为同行的强大竞争对手，也非常关注产品技术创新和构建技术优势，作为通信设备行业的领先企业之一，它也表现出较高的知识吸收能力和自主创新水平，但在国际化战略导向对海外知识的引导方面，相较于华为还有可供改善的空间，因此中兴应该算是介于应用型和主导型母公司的中间角色。

中兴的发展路径在其高层管理者理念中可见一斑，十年前侯为贵在接受《经理人》专访时探讨中兴的"本土市场国际化"，即如何"与跨国公司在本土市场竞争"，而十年后的今天侯为贵探讨的是中兴如何"在国际化市场与跨国公司和本土企业竞争"。这个对比正好体现了十年间中兴在国际化进程中的大幅发展和开拓创新。可见，中兴也在积极开展海外投资和国际经营业务，对海外市场拓展和国际技术发展的重视程度日益提升。中兴的国际化战略随着海外市场开拓日益完善，不过如今，中兴的海外业务更关注东道国市场知识，客户定制化需求和国际技术动态，对海外知识寻求的被动性较高，主动性不足，可见中兴的国际化战略尚未能与明确知识需求对接，实现知识高度嵌入的海外投资和战略管理，因此其母公司控制机制对逆向知识转移的影响仍处于支持为主而缺乏引导的阶段。

在知识吸收能力方面中兴不遗余力鼓励创新。中兴提出以成本和技术领先作为竞争优势来源，足见其对产品工艺和技术水平的重视程度。为此，它积极推进以构建技术和生产优势为主的研发战略，包括市场导向性研发关注客户需要的技术产品开发，以及成本导向性研发关注生产工艺革新和流程重组等。中兴对自主创新的重视不仅体现在技术知识方面，更在市场和管理知识方面鼓励应用和改革。为了在不同东道国市场实现符合当地差异化需求的客户导向研发，中兴国际化管理和市场当地化经营有效整合起来，通过战略导向和市场导向引导海外子公司或分支机构在东道国的知识寻求，同时运用覆盖全球的销售与服务网络和创新文化等措施积极支持海外知识获取和内部知识转移。

总的来说，中兴在知识转移支持机制和知识吸收能力方面表现出较高水平，通过创新巩固技术地位，在国际化战略方面开始提高对知识的重视程度，并努力调整国际化方向向更全面的知识型跨国公司改进，因此我们可以认为中兴是介于应用型和主导型母公司之间的企业范例。

三、联想：调度型母公司

联想在国际化进程中具有丰富的跨国经营和战略管理经验，对海外投资的战略把握较强，因此在国际化战略方面具有较高的主动性和方向性。作为家电行业领军企业，联想对技术的依赖性略低于通信设备行业，虽然对产品技术和创新能力较为重视，但其对海外知识的吸收尚未达到自主创新的较高层次，因此，联想可以归类为逆向知识转移过程中的调度型母公司。

联想通过各种形式推进海外业务拓展，最为典型的是并购 IBM PC 业务以攻占欧美等发达国家的 PC 市场。联想的海外并购具有明确目标，希望通过并购拓展东道国市场份额，体现了对东道国市场知识的重视程度。同时，联想的海外并购对跨国战略管理和跨文化整合提出了巨大挑战，联想必须关注东道国文化知识对并购整合的影响，这就要求东道国公司必须积极获取和吸收东道国文化知识。由此可见，联想在国际化经营过程中，对东道国的知识寻求具有明确的指向性，海外投资活动与特定知识需求的嵌入性程度较高，说明联想通过国际化战略对海外知识需求进行调控的能力较强。此外，联想海外并购成功后，成为在全球设置两个总部的跨国公司，联想的海外运营中心具有较高的自主性和自治性，这对实现逆向知识转移有促进作用。

联想作为家电行业知识型公司的第一名，虽然自主创新能力或许不如高技术行业那样积极，但是对产品技术和服务质量的重视程度也很高，内部技术研发和创新活动也开展得如火如荼。不过考虑到联想的海外知识需求大多集中于市场和文化管理知识，对这类知识的应用和学习要求明显高于创新要求，因此联想对海外知识的吸收能力更倾向于知识学习和应用，介于应用和创新能力之间。

总的来说，联想通过母公司控制机制调控知识需求和引导知识转移的能力较强，吸收机制则位于高层次创新和中层次应用能力之间，因此可以将其归类为调度型和主导型母公司之间的战略角色。

第六节　本章小结

本章围绕中国海外投资企业在逆向知识转移过程中的母公司作用机制进行案例研究，选择代表不同类型母公司战略角色的中国海外投资企业作为典型案例，分析中国企业实施逆向知识转移的类型、动因、渠道和模式，以及在逆向知识转移过程中通过哪些战略举措和管理制度对转移结果产生影响，归纳中国企业母公司作用机制的共性战略，并对不同作用机制下的母公司战略角色进行比较研究。本章选择华为、联想和中兴作为研究对象分析其在逆向知识转移中的母公司作用机制，对理论模型母公司战略措施部分进行验证。

在逆向知识转移动因方面，华为、联想和中兴表现出类似的知识转移需求，即借由创造性资产寻求型投资体现对东道国技术和市场知识的强烈需求，通过客户导向和关注创新的企业文化体现对知识积累、转移和创新的鼓励支持，所在行业和市场竞争对技术创新的要求等。不同案例的知识转移动因归纳如表4-6所示，从中我们不难总结中国海外投资企业实施逆向知识转移的动因或来自于行业竞争压力的外部因素，或来自于国际化投资战略和企业文化等内部动因。

表 4-6 逆向知识转移动因归纳

	华为	联想	中兴	动因归纳
逆向知识转移动因	1. 技术领先和持续成长的价值观； 2. 关注性能和质量的产品竞争力； 3. 注重资源共享的企业文化； 4. 发达国家技术资源寻求型投资； 5. 新兴经济体市场寻求型投资。	1. 高科技产业的技术导向； 2. 全球研发中心的知识共享； 3. 开拓海外市场的信息需求； 4. 联想并购IBM的整合要求。	1. 战略资源寻求型国际化战略； 2. 全球研发中心的资源整合。	1. 外部动因：所在行业和市场竞争状况等； 2. 内部动因：国际化投资战略和企业文化等。

资料来源：作者整理。

在逆向知识转移渠道方面，华为、联想和中兴内部知识转移都相对频繁，其类型涉及显性和隐性知识，他们会根据知识类型而选择不同的知识转移渠道。本书将上述案例对象的逆向知识转移渠道归纳如表 4-7 所示，我们发现中国企业在进行知识转移时通常采用基于编码和基于人员的两种方式，其中前者包括电子网络平台、文本资料、影音资料等形式，多适用于显性知识转移；后者则包括面对面交流、工作轮岗、人员培训等形式，多适用于隐性知识转移。

表 4-7 逆向知识转移渠道归纳

	华为	联想	中兴	渠道归纳
逆向知识转移渠道	1. 外部渠道：行业和客户知识来源； 2. 内部渠道：（1）UCD体验中心；（2）三级培训体系；（3）流动学校；（4）职务轮换。	1. 基于电子平台的知识转移：电子邮件、内网等； 2. 基于人员的知识转移：会议交流、培训、轮岗等。	1. 员工培训； 2. 职业发展； 3. 全球物流网络平台。	1. 基于编码的知识转移渠道； 2. 基于人员的知识转移渠道。

资料来源：作者整理。

在母公司控制机制方面，华为、联想和中兴均表现出其在国际化战略导向上对逆向知识转移的引导作用，通过分析归纳，我们发现影响知识转移的国际化战略动因包括市场和创造性资产寻求，以及鼓励创新和客户导向的企业文化等，均在知识转移战略导向中发挥作用。而在母子公司控制协调机制方面，研究对象都表现出对子公司控制的双重性，一方面通过战略统一保持对子公司的积极控制，以便母子公司在知识需求和转移目标方面保持一致，另一方面又鼓励子公司自主经营，让其在东道国市场发挥本土化优势，实现适应不同东道国的差异化经营，同时也能避免子公司转移知识的抵触情绪，提高知识转移意愿和积极性（见表4-8）。

表4-8　母公司控制机制的战略措施归纳

母公司控制机制	华为	联想	中兴	战略措施归纳
母公司国际化战略导向	1. 创造性资产寻求 2. 技术跟随向领先转移的研发战略 3. 核心技术产品战略 4. 客户导向的创新 5. 鼓励价值创造和持续改进的文化	1. 市场/效率寻求型 2. 创新和服务客户的企业文化 3. 关注知识积累和共享的人力资源管理 4. 客户和服务导向的营销战略	1. 支撑全球的国际化平台 2. 高效研发战略 3. 重视人才培养的人力资源管理 4. 拼搏创新的企业文化	市场寻求型投资战略； 创造性资产寻求型投资战略； 创新和客户导向的企业文化
母子公司控制协调机制	1. 二维结构：事业部与地区公司 2. 管理/文化控制	1. 二维结构：事业部型与职能型 2. 控制与距离成反比	1. 战略统一性 2. 子公司自主性	母公司战略控制与子公司自主经营兼顾

资料来源：作者整理。

在吸收机制方面，我们分析概括了三个研究案例在知识吸收能力和转移支持机制方面的共性战略。本书发现，中国企业对海外逆向知识转移的吸收能力因知识类型不同而有所差异，针对技术知识更依赖自主创新能力的发挥，对管理知识更依赖于知识应用能力，而对市场知识则兼顾知识应用和创新能力。而在转移支持机制方面，通过案例研究和归纳，我们发现在中国企业影响知识转移的支持机制中，信息系统、人力资源、企业文化、沟通渠道等战略措施发挥共性作用。（见表4-9）

表4-9　母公司吸收机制的战略措施归纳

母公司吸收机制	华为	联想	中兴	战略措施归纳
母公司知识吸收能力	1. 产品研发和创新政策 2. 基于客户的持续创新	1. 处于知识应用和创新的中间层 2. 技术/文化知识：应用＋自主创新 3. 市场知识：学习＋应用＋实践	1. 技术知识：再创新和自主创新 2. 市场和管理知识：知识应用 3. 吸收能力已处于高层次水平	1. 技术知识：知识创新能力 2. 市场知识：知识应用和创新能力 3. 管理知识：知识应用能力
母公司转移支持机制	1. 管理层支持 2. 管理信息系统 3. 文化支持 4. 人力资源管理 5. 管理革新	1. LSS团队 2. 股权激励 3. CEMS理念 4. 职业健康与安全 5. 大联想网络	1. 覆盖全球的销售服务网络 2. 创新企业文化 3. 个人成长进步 4. 中兴学院	1. 信息系统支持 2. 人力资源支持 3. 企业文化支持 4. 沟通渠道网络支持等

资料来源：作者整理。

第五节我们主要针对三个研究案例的母公司战略角色进行定位分析，认为华为重视知识寻求的战略导向和自主创新能力提升，应该属于中国海外投资企业中主导型母公司的典型代表；而联想对海外知识的战略性需求把握明确，知识吸收能力则属于中上水平，因此应该介于调度型和主导型母公司之间；中兴注重技术研发，自主创新能力较强，但在整合海外知识需求的战略导向方面还存在发展空间，因此介于应用型和主导型母公司之间。

第五章　中国海外投资企业逆向知识转移母公司作用机制的实证研究

前文已对中国海外投资企业在海外逆向知识转移过程中的战略导向和主动控制进行分析，在探讨母公司国际化战略、母子公司控制协调机制、知识吸收能力和转移支持机制等母公司影响因素对子公司知识转移意愿和渠道选择的影响，以及对知识转移效果和频率的间接作用。通过理论研究和案例研究方法，总结概括中国海外投资企业的母公司二维作用机制模型，以及代表不同作用机制和逆向知识转移效果的母公司战略角色模型。在此基础上，我们已初步了解，中国海外投资企业在逐渐成熟的国际化经验和管理战略的影响下，尤其在对发达国家或新兴国家等与我国企业在市场经营、技术创新和企业管理等方面具有显著优势的东道国进行经营时，其对海外子公司的知识寻求和其他重要战略资源的重视程度加深，也更鼓励子公司对其进行逆向知识转移和共享。本章将在前文理论模型和案例研究的基础上，进一步采用问卷调研的实证方法对母公司作用机制和战略角色模型进行验证，以分析和证明母公司对逆向知识转移的主动调控作用。

第一节　研究假设与问卷设计

中国海外投资企业的知识寻求动因已经逐渐渗透到跨国经营和战略中去，它们通过知识积累和自主创新改善自己的知识吸收能力和支持机制，通过战略调整和控制机制主动调控知识转移过程，前文已总结归纳中国企业在影响逆向知识转移过程中的母公司影响因素，即母公司国际化战略导向，母子公司控制机制，母公司吸收能力和知识转移支持措施，它们从主观控制机制和客观吸收机制两个维度共同构成了母公司二维作用机制模型。

　　根据第三章的理论模型研究，我们已归纳出中国海外投资企业母公司影响逆向知识转移的二维作用机制模型，即母公司主观控制机制和客观吸收机制。该模型包含了二维作用机制的主要因素并分析其对知识转移的直接和间接影响效应。理论研究过程中，本书一方面探讨二维作用机制对逆向知识转移的直接作用，另一方面探讨二维作用机制，尤其是母公司控制机制通过影响子公司知识转移意愿和渠道选择进而对逆向知识转移的间接作用。在本章的实证研究中，母公司二维作用机制的四个因素将作为自变量，逆向知识转移效果作为因变量，由此研究母公司影响机制对知识转移的影响；同时将逆向知识转移效果作为自变量，企业创新绩效作为因变量，进一步分析逆向知识转移对中国企业自主创新的积极作用。模型如图5-1所示，其中包含的基本假设可分为三类。

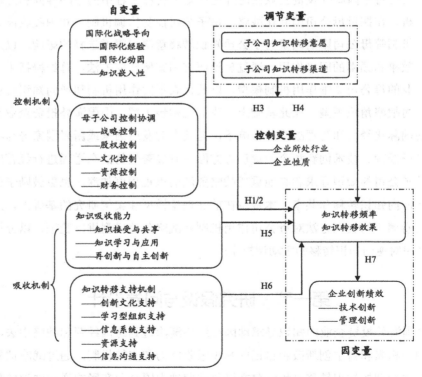

图 5-1　母公司二维作用机制模型与基本假设

资料来源：作者整理。

一、母公司作用机制直接效应的研究假设

（一）母公司国际化战略导向

母公司国际化战略反映跨国公司参与国际化活动的目标和需求，不同背景和投资动机的跨国公司对知识信息的需求也不尽相同，对海外子公司和经营的重视程度和经验水平也会营销母公司吸收和应用子公司知识的程度，同时母子公司的战略环境类似性也是母公司能够有效吸收和应用知识的前提条件。

H1：母公司国际化战略导向对逆向知识转移结果具有显著影响。

根据理论模型，母公司国际化战略导向通过国际化经验、国际化投资动因和知识嵌入性三个因素对逆向知识转移产生直接影响，研究假设如下。

H1a：母公司国际化经验对逆向知识转移结果具有显著影响；

H1b：母公司国际化动因对逆向知识转移频率和效果具有显著影响；

H1c：知识嵌入性程度对逆向知识转移频率和效果具有显著影响。

（二）母子公司控制协调机制

在本书研究中，母子公司的控制协调机制主要是指母公司对子公司经营运作的控制程度，即子公司自主经营的自治程度。母公司对子公司的控制越强，要求子公司为实现母公司知识需求而进行逆向知识转移活动的可能性越高；母公司的控制程度越强，监督子公司逆向知识转移实施效果的可能性越高，逆向知识转移频率和效果越好。我国海外投资企业作为母公司对子公司的控制程度主要表现在战略、股权、文化、管理、资源支持和财务独立等方面。

H2：母子公司控制协调机制对逆向知识转移结果具有显著影响。

按照母子公司控制协调机制的具体因素分类，可将研究假设进一步分解为：

H2a：母公司对子公司的战略控制程度对逆向知识转移结果具有显著影响；

H2b：母公司对子公司的股权控制程度对逆向知识转移结果具有显著影响；

H2c：母公司对子公司的文化控制程度对逆向知识转移结果具有显著影响；

H2d：母公司对子公司的资源控制程度对逆向知识转移结果具有显著影响；

H2e：母公司对子公司的财务控制程度对逆向知识转移结果具有显著影响。

（三）母公司知识吸收能力

在跨国公司逆向知识转移中，母公司作为输入方其知识吸收能力将直接影响转移效果。然而，以往对知识吸收能力的研究大都将其定义为获取接收知识的效率和消化理解知识的程度，本书认为知识吸收能力不仅应衡量接收理解知识的程度，更

应被用于衡量知识应用和创新的程度，原因在于企业实施内部知识转移更看重将所需知识运用于接收方的新环境新实践，甚至运用于提升自主创新能力的活动中去，知识应用和创新能力对知识转移的接收方而言不容忽视。因此本书认为母公司作为逆向知识转移的接收方，其客观吸收能力也可分为三个层次，即知识接受和共享、知识学习和应用、再创新和自主创新。

H5：母公司知识吸收能力对逆向知识转移结果具有显著影响。

H5a：母公司知识接收和共享能力对逆向知识转移结果具有显著影响；

H5b：母公司知识学习和应用能力对逆向知识转移结果具有显著影响；

H5c：母公司再创新和自主创新能力对逆向知识转移结果具有显著影响。

（四）母公司知识转移支持机制

根据理论分析和文献回顾，母公司对知识转移支持机制的作用效率和完善程度也将直接影响逆向知识转移效果，而转移支持机制主要包含企业文化支持、学习机制支持、信息系统支持、资源支持、沟通渠道支持等方面。①文化支持是指企业文化是否包容和鼓励新知识引入，是否鼓励员工创新。②学习机制不仅指企业内部浓厚的学习氛围，更意味着企业存在鼓励和支持成员学习进步的相关机制，如职业培训、知识学习和交流等。③信息平台支持，主要是指公司内部是否存在支持知识共享的电子平台，是否存在支持知识沟通的信息管理系统，以及系统运作效率和完善程度。④母公司是否能为知识转移和吸收提供人力、设备、财力等资源支持，从而对海外公司的知识引进、技术研发和新知识应用提供辅助条件，通过对海外子公司支持提升其知识转移效果。⑤公司内部以及与子公司之间的信息沟通渠道是否畅通、是否具备定期信息反馈机制等因素分别作为母公司的知识吸收方提供知识传输渠道的有力支持。

H6：母公司知识转移支持机制对逆向知识转移结果具有显著影响。

根据知识转移支持机制的具体分类，研究假设还可进一步细分为：

H6a：母公司的文化支持程度对逆向知识转移结果具有显著影响；

H6b：母公司的学习机制支持程度对逆向知识转移结果具有显著影响；

H6c：母公司的信息系统支持程度对逆向知识转移结果具有显著影响；

H6d：母公司的人力资源支持程度对逆向知识转移结果具有显著影响；

H6e：母公司的其他资源支持程度对逆向知识转移结果具有显著影响；

H6f：母公司的沟通渠道支持程度对逆向知识转移结果具有显著影响。

二、母公司控制机制间接效应的研究假设

根据理论模型，本书主要考虑控制机制的间接作用，因为吸收机制所包含的母公司吸收能力和支持机制对知识转移结果的影响更倾向于直接效应，它们一方面直接限制母公司作为知识输入方对知识的吸收和应用程度，另一方面通过支持制度和相关措施保证知识转移活动的顺利进行。相反，控制机制所包含的母公司国际化战略导向和母子公司关系主要用以衡量母公司对知识管理活动的战略重视程度，它们是通过对子公司的战略一致和内部控制来影响子公司的知识转移意愿、知识转移内容决策乃至渠道选择，并通过与其交互作用影响逆向知识转移效果，因此它们的影响作用可能是通过子公司作用机制的间接作用。

（一）母公司国际化战略导向

母公司国际化战略反映跨国公司参与国际化活动的目标和需求，不同背景和投资动机的跨国公司对知识信息的需求也不尽相同，对海外子公司和经营的重视程度和经验水平也会对子公司转移知识意愿产生影响。正是通过对知识转移类型、意愿和渠道产生影响，进而影响子公司逆向知识转移效果，因此母公司战略导向对逆向知识转移的控制作用反映为间接影响效应。母公司国际化战略对知识转移效果的间接影响效应主要来自于①国际化经验对子公司转移意愿和效果的影响；②国际化投资动因对子公司知识转移类型和渠道的影响；③国际化活动所带来的知识嵌入性需求对知识转移意愿和效果的影响，对跨国投资活动而言，知识需求将与企业对外投资的动因和需求相联系，两者关系越密切，则子公司向其转移知识的意愿越强，效果越好。

H3：母公司国际化战略导向通过子公司知识转移意愿和渠道对知识转移结果产生显著影响。

H3a：国际化经验通过子公司知识转移意愿和渠道对知识转移结果产生显著影响；

H3b：国际化动因通过子公司知识转移意愿和渠道对知识转移结果产生显著影响；

H3c：知识嵌入性程度通过子公司知识转移意愿和渠道对知识转移结果产生显著影响。

（二）母子公司控制协调机制

母公司对子公司的控制程度和协调机制将直接影响子公司知识转移意愿和渠道

选择，进而影响逆向知识转移程度与效果，可见，母子公司控制协调机制对逆向知识转移效果也能产生间接影响效应。母公司可以通过选择合理有效的控制协调机制提升子公司知识转移意愿，进而提高逆向知识转移效果。

H4：母子公司控制协调机制通过子公司知识转移意愿和渠道对知识转移结果产生显著影响。

H4a：母公司对子公司的战略控制程度通过子公司知识转移意愿和渠道对知识转移结果产生显著影响；

H4b：母公司对子公司的股权控制程度通过子公司知识转移意愿和渠道对知识转移结果产生显著影响；

H4c：母公司对子公司的文化控制程度通过子公司知识转移意愿和渠道对知识转移结果产生显著影响；

H4d：母公司对子公司的资源控制程度通过子公司知识转移意愿和渠道对知识转移结果产生显著影响；

H4e：母公司对子公司的财务控制程度通过子公司知识转移意愿和渠道对知识转移结果产生显著影响。

三、逆向知识转移与企业创新绩效的研究假设

跨国公司内部由子公司项目公司共享知识的转移活动，不仅为母公司提供来自东道国的优势资源和先进知识，更为母公司自身的技术创新和管理创新提供条件。因此逆向知识转移结果对企业创新绩效必然存在显著影响，这种影响不仅表现为技术知识带来的技术创新，也包括管理、市场和文化知识带来的企业战略和经营模式上的创新，即管理创新。

H7：逆向知识转移对母公司创新绩效具有显著影响。

H7a：逆向知识转移对母公司技术创新绩效具有显著影响。

H7b：逆向知识转移对母公司管理创新绩效具有显著影响。

本章研究涉及四类变量，自变量、因变量、中介变量和控制变量。自变量是包含母公司战略导向、母子公司控制协调机制、母公司知识吸收能力和知识转移支持机制在内的母公司影响因素，因变量主要包括逆向知识转移评价和企业创新绩效，中介变量是包含子公司知识转移意愿和渠道选择在内的子公司影响因素，控制变量则主要指企业基本状况因素。

根据变量分类，本书也会将问卷相应分为四部分：企业基本状况、母公司作用

机制评价、逆向知识转移评价、企业创新绩效评价。

四、企业基本状况的问卷设计

本部分问卷主要涉及企业所处行业、企业性质、企业规模和员工人数等基本信息（对应题项为 QI-1，QI-2，QI-3，QI-4）。一方面用于手机被访问者的整体信息，另一方面将作为检验问卷样本合理性的依据。后文将通过问卷对象的行业分布和企业类型分布，审查抽样调查的样本是否普遍并能代表中国海外投资企业的概况。此外，企业所处行业和企业性质将作为后文母公司作用机制对逆向知识转移影响的控制变量。

五、母公司作用机制评价的问卷设计

问卷以拥有海外投资或经营业务的中国企业为调研对象，本部分问卷主要针对被访者的国际化战略，母公司对子公司的控制程度、母公司的知识吸收能力以及对知识转移的支持机制等因素展开调查。

（一）国际化战略导向评价

国际化战略导向评价，对应题项 QII-1/2/3/4。国际化战略导向主要包括中国海外投资企业的国际化经验和国际化动因。其中国际化经验（变量命名为 experience）[1] 用两个题项，即参与国际经营的年限（experience-year）以及海外销售额占公司总销售额的比例（experience-sales）两个指标衡量。国际化动因（motivation）是指中国企业侧重的不同海外投资动因，根据前文分析，可能会影响中国企业海外知识寻求和知识转移的国际化动因主要包括市场寻求动因（marmotivate）、效率寻求动因（efmotivate）、战略性资源寻求动因（strmotivate）和跟随潮流趋势的国际化动因（tremotivate）。问卷中 QII-4 中的 10 个题项分别针对不同国际化动因的重要性进行评估。此外，根据文献回顾内容，知识嵌入性代表了知识特性对组织内部知识转移的影响作用。本书也考虑知识嵌入性对逆向知识转移的影响，由于知识嵌入性主要体现为与某项企业具体实践活动的联系程度，针对跨国公司则意味者与海外投资和经营活动相关联的密切程度。因此本书将知识嵌入性因素纳入到国际化战略导向变量的指标体系中来，作为其二级指标并设置相应题项。

（二）母子公司控制协调机制评价

母子公司控制协调机制评价，对应题项 QII-5。母子公司控制协调机制是指跨国公司中母公司对子公司的控制程度以及管理模式。本书主要研究前者对子公司实施

---

[1]　注：后文括号中为本书设置的相应题项指标的变量名。

逆向知识转移的影响，而母公司对子公司的控制程度（control）应该涉及不同侧面，包括战略控制（strcontrol；母公司与子公司的战略一致性和干预程度）、股权控制（stacontrol；母公司在海外子公司中的占股比例）、文化控制（culcontrol；母公司企业文化在子公司文化中的影响程度）、资源控制（rescontrol；母公司对子公司的资源分配和补给程度）和财务控制（fincontrol；母公司是否允许子公司进行独立财务核算）等。

（三）母公司知识吸收能力评价

母公司知识吸收能力评价，对应题项为QII-6。Myrna（1996）提出知识转移过程的五阶段模型，即知识获取、交流、应用、接收和同化，经历五个阶段的应用实践，知识接收方才能真正吸收知识并内化为自己的资源储备。在此过程中，知识接收方必须表现不同层次的知识吸收能力。首先，组织通过不同的知识转移渠道，从内部其他部门或外部其他主体那里获取知识，在此过程中，电子平台、口头或面对面交流、书面资料等不同渠道的采用将直接影响知识转移效果。然后，知识接收方将在与输出方交流共享知识的同时，也沟通学习应用知识的方法和条件，再将其适当有效地应用到自身相关活动中去。通过应用实践和学习积累，知识接收方将逐渐掌握知识应用技巧、知识创造价值的不同途径，从而理解和应用到接受知识。最后，组织将能够应用的新知识内化为组织内部资源，并将其用于实践创新等更高层次的内部活动中去，使转移知识能在接受方完全发挥价值。模型中强调了知识转移过程和渠道的转移效率，并将知识获取和接受区分开来，强调了知识应用和同化在知识转移中的重要作用。根据这一分析我们发现知识吸收能力（absorb）并非单纯的知识获取和吸收，而应该分为三个层次，即知识共享和吸收（shareabsorb）、知识学习和应用（applyabsorb）、知识再创新和自主创新（innoabsorb）。

（四）母公司转移支持机制评价

母公司转移支持机制评价，对应题项为QII-7。Persson（2006）研究跨国公司内部的知识转移活动，认为组织能够从运营结构、融合机制及控制机制三方面对内部知识转移提供支持。跨国公司内部的知识转移有其必然性，一是由于获取知识的子公司未必是运用知识最有效的组织，跨国公司内部还与其他部门或组织拥有运用知识的资源和能力；二是因为跨国公司内部通过知识转移，原有的知识结构和资产组合将被全新的资源组合取代，在此过程中必将激发企业管理战略的新视角和新模式，对组织内部创新具有促进作用。为此跨国公司内部组织——尤其是作为知识接受方的组织单元——必须提供有效的作用机制和知识环境保障知识转移活动的实践和效率，这类作用机制就来自上述三方面。其中运营结构因素主要是指组织内部的生产流程，它将直接影响知识在组织内部的传递渠道、资源支持和信息共享效率等。融合机制包括联络沟通机制、临时团队结构和永久团队结构。联络沟通机制将促使企业内部不同组织单元发现更多发挥和创造知识价值的潜在因素，从而促进组织内部的知识转移和共享；而团队结构则有助于知识学习和共享氛围的建立，从而对知识转移产生积极影响，其中临时团队结构将比永久结构更具灵活性，对知识转移更具激励性。控制机制则主要为知识转移过程提供激励机制和社会化组织凝聚力的辅助支持。本书研究母公司转移支持机制（support）将借鉴 Persson 的观点，认为跨国公司会通过创新文化（culsupport）、学习型组织（leasupport）、信息管理系统（missupport）、相关资源（ressupport）和沟通渠道（comsupport）五方面提供支持。Persson 观点中的生产流程和联络沟通机制代表为子公司转移知识提供沟通渠道支持，团队结构意味着学习型组织的支持，激励机制和社会化组织凝聚力代表着企业创新文化对知识转移的鼓励，另外加上人力资本、设备、资金等资源支持。

六、逆向知识转移评价的问卷设计

逆向知识转移评价分为两部分内容：一是对知识输出方子公司的转移意愿和渠道选择进行评分；二是对逆向知识转移结果进行评分，知识转移结果评分包括知识转移程度、知识转移频率和知识转移效果，其中转移程度分为初级和高级转移活动，分别对应不同渠道的知识转移；转移频率按照知识类型分别评分；而转移效果表示实现不同层次知识转移目标的程度。

（一）逆向知识转移意愿和渠道

（1）子公司知识转移意愿对应题项 QIII-1（willing）。

（2）子公司知识转移渠道选择对应题项 QIII-2、QIII-3、QIII-4。

其中题项 2 是对转移渠道进行多项选择，属于定性评估的题目；题项 3 和 4 则是对不同类型转移渠道的重要性和构建完善程度进行主观评分。对于知识转移渠道的分类，Zack（1999）和 Hansen 等（1999）认为存在人员方式和编码方式，而 Jasimuddin（2007）则在研究跨国公司内部知识转移时将两种渠道进一步细分为电话、Email、即时信息传递、Lotus Notes 和面对面交流，电话和面对面交流属于基于人员方式，其他三者属于基于编码方式。本书研究借鉴这一分类方式，认为知识转移渠道可分为基于编码的渠道和基于人员的渠道，同时考虑到母子公司之间的控制模式和职能关系，再添加基于管理层级或职权的渠道。其中基于编码的渠道主要表示知识通过电子平台或文本资料等形式进行有形的传递和共享，这一过程需要知识编码技术的配合；基于管理层级的渠道主要是指作为跨国公司的海外子公司，它与母公司之间存在天然的层级制度和职权关系，知识输出方可通过正式组织和正式渠道的业绩汇报和总部交流等活动共享知识，也可以通过非正式组织等管理层级内的其他结构分享知识；而基于人员的渠道则表示知识输出方与知识输入方之间通过面对面的交流、学习、培训和轮岗等方式进行抽象化或经验性的知识共享。同时，本书认为根据子公司知识转移渠道的不同，子公司参与知识转移的程度存在差异。参考薛求知等（2009）研究知识嵌入性时开发的知识转移评价量表，其中对知识转移活动分为初级活动和高级活动的分类方式。他们认为初级活动涉及知识资料共享和数据交换等，高级活动则涉及更抽象的技术合作和交流、人员培训和学习等活动。本书在结合前面对子公司逆向知识转移渠道的分类方式的基础上，将其参与知识转移的程度分为初级知识转移（basic）和高级知识转移（senior），前者包括基于编码和基于管理层级的知识转移活动，后者则指基于人员的知识转移活动。

（二）逆向知识转移结果

对知识转移效果衡量的指标在国内外文献也有相关成果，许多学者开发相应公式计算知识转移程度，但这类研究大多集中在子公司知识转移，或公司内部知识转移的层面，将这类量表或公式运用到逆向知识转移研究是存在探索空间的。国内外学者对知识转移活动的评价指标往往集中于两个方面：一是对知识转移过程进行评价，包括知识转移频率、知识转移程度，知识转移类型等；二是对知识转移结果和目标实现进行评价，包括分析知识转移影响实践活动的层次、知识转移目标的实现程度等（见表5-1）。

Cummings 和 Teng（2003）总结知识转移有效性的计量方法有以下几种：第一种也是最普遍的一种是将知识转移有效性以在特定时间内转移知识的多少来衡量（Hakanson & Nobel，1998）。第二种在项目管理中经常使用，即在一定时间和一定预算限制下，使知识接收者满意的程度（Szulanski，1996）。第三种是从技术转移和创新角度来考虑的，即将知识转移有效性与知识接收方的再创新程度相关联，如产品设计、制造过程与组织设计过程的再创造过程。第四种是从制度理论出发，它将知识转移有效性用知识接受者从中获得的知识所有权大小、忠诚度与满意度来衡量，即知识内化的三方面因素。Kostova（1999）认为知识所有权大小与三个因素有关：

其一，为掌控知识的自由度越高，则越有利于知识接受者融入自己想法、独特知识及个人风格；其二，接受者参与知识的程度影响知识所有权；其三，知识所有权反映个体投入的精力、时间和注意力等。知识忠诚度将反映出它使用知识来开发能力的情况，与知识保持互动的情况以及与知识有关的工作投入的额外情况等。知识接受者满意程度衡量其对接收获取的知识是否能应用于相关实践活动的有效性和满意度进行评价。

表 5-1　知识转移评价指标的主要研究文献

知识转移过程		知识转移结果	
主要文献	评价指标	主要文献	评价指标
Hakanson 和 Nobel（1998）	知识转移频率和数量	Szulanski（1996）	知识接受方的满意程度
Kostova（1999）	掌控知识的自由度	Cummings 和 Teng（2003）	知识用于再创新的程度；知识满意度和内部化程度
Wong 和 Sher 等（1998）	捕捉技术能力；是否获得所需技术；所获取技术的互补性；获得相关资源的容量	Wong，Shaw 和 Sher（1998）	产品质量和绩效的提高程度；成本和风险降低程度；缩短进入市场时间；市场份额、规模经济提高程度；技术变革监督力度等
Govindarajan 和 Gupta（2000）	产品包装和流程设计；生产加工和制造；物流、运营和销售；财务管理和人力资源	张晓燕（2006）	子公司知识流入和流出的频率、流量和对绩效的影响
Chini（2004）	知识转移数量和方向	Liao 和 Hu（2007）	基于组织的知识转移；基于团队的知识转移；基于程序的知识转移
Huber（1991）和 Robinson（1995）	知识共享水平和频率	Kaminski 等（2008）	与供应商和顾客的知识转移
Minbaeva（2008）	知识转移内容和程度市场运营和分销运作知识；过程和产品设计；管理系统实践	Ellis（2010）	对知识接收方竞争绩效的贡献程度
关涛，薛求知与秦一琼（2009）	初级和高级转移活动	关涛，薛求知与秦一琼（2009）	实现获取知识的初始企图；员工素质因培训轮岗提升业绩因跨部门团队而提升；形成内部共享知识的氛围；员工主动学习；拥有新知识等

资料来源：作者整理。

大多数国内外学者仍然倾向于采用包含转移过程和结果的指标体系来衡量知识转移。Wong，Shaw 和 Sher（1998）开发了一套包含 17 个指标的知识转移有效性评价体系，分为公司、市场、经济和技术绩效测量指标，具体为捕捉技术能力、是否获得所需技术、所获取技术的互补性、对产品质量的提高程度、对产品绩效的改善程度、成本降低程度、风险降低程度、获得相关资源的容量、缩短进入市场时间、市场份额提高程度、规模经济和范围经济的提高程度、垂直整合程度、技术变革监督力度、国际化程度增长率、企业成长率、投资回报增长率等。

Gupta 和 Govindarajan（2000）和 Chini（2004）将知识转移内容分为六种，即①产品、包装、流程设计的知识与技能；②生产、加工、制造的知识与技能；③采购、仓储、物流的知识与技能；④市场运营、销售的知识与技能；⑤财务管理的知识与技能；⑥人力资源管理的知识与技能。对每种知识转移程度按照 Liken-5 点量表进行刻画（从"非常少"到"非常多"），以六种知识转移程度的平均值来衡量知识转移效果。而张晓燕（2006）则在其研究中设计二维模式对知识转移效果进行测量，即从知识流出成本和知识流入收益的角度进行分析。他借鉴了 Gupta 和 Govindarajan（1991）关注知识转移的转移量和方向，Huber（1991）和 Robinson（1995）关注知识共享水平、频率、内容的观点，提出通过子公司知识流入和流出的频率、流量和对绩效的影响来进行测量的方法。

Liao 和 Hu（2007）对知识转移活动采用三个维度进行分析，分别为基于组织的知识转移（organizational knowledge transfer），基于团队的知识转移（group movements）以及基于程序的知识转移（procedural movements）。其中基于组织的转移活动分为六层次指标衡量，即"经常共享知识"、"为解决问题而转移知识"、"提供相应资料辅助支持"、"直接展示知识使用模式"、"经常通过讨论提供建议"和"经常共享各自经验"。基于团队的知识转移主要包括"经常开展团队讨论"、"建立知识共享型团队"、"通过团队平台解决问题"以及"通过团队共有技术解决问题"等活动，而基于程序的知识转移则涉及以下步骤："设立项目目标"、"计划项目细节"、"不同部门间清晰的权力分配"、"经常进行文件交流和探讨"以及"运用数据库存储文件、数据和报告"。

Minbaeva（2008）在研究人力资源管理实践对知识转移动因的影响时，将跨国公司内部知识转移分为母子公司之间与子公司之间的知识转移，主要从以下维度衡量其转移程度："市场运营知识"、"分销运作知识"、"包装设计"、"产品设计"、"过程设计"、"采购运营知识"和"管理系统实践"等。

Kaminski 等（2008）将跨国公司的知识转移活动分为与供应商的知识转移，以及与顾客的知识转移，并采用下列方面衡量知识转移程度："供应商/顾客参与研发过程的程度"、"是否雇佣专业咨询人员或管理人员优化研发进程"、"是否存在与大学/研究机构的合作研发"、"是否引入外部企业/个人参与研发过程"、"关于矿发项目和知识需求的判定是否包含内部分析过程"、"研发产品是否受到外部专业机构评估"等。

Ellis（2010）主要研究市场信息在中间商与制造商之间的转移活动，他运用"市场信息对知识接收方竞争绩效的贡献程度"来衡量知识转移绩效。

关涛、薛求知与秦一琼（2009）在研究知识嵌入性对公司内部知识转移影响时，构建了关于成功知识转移的测度量表。他们将知识转移评价分为知识转移活动和知识转移结果两部分，前者涉及初级和高级转移活动，分别围绕简单的数据资料交换，以及深层次的技术合作和交流来设置问题；后者涉及知识转移结果，按照知识转移程度分为"获取知识"、"实现获取知识的初始企图"、"员工素质因培训和轮岗而提升"、"业绩因跨部门团队而提升"、"形成组织内部共享知识的氛围"、"员工主动参与学习"、"拥有新知识所有权"等不同内容。

本书在总结回顾国内外学者对知识转移体系的基础上，结合中国企业海外投资逆向知识转移现状，提出自己的知识转移评价体系。在评价逆向知识转移问题时，首先要考虑的是知识转移内容，即所接触到的知识种类。大多数学者将其分为隐性知识和显性知识，前者可能包括企业文化、战略导向、管理技能等企业精神层面或制度层面的内容，后者则包括技术、管理制度、资本运营模式、市场运作等涉及操作层面的技能。也有学者按照企业活动所需要的资源分为技术知识、管理知识和市场知识。本书将在这一分类方式基础上加以改进，将知识转移类型分为技术知识、管理知识、市场知识和文化知识。其次，对于知识转移效果的评价，本书将在薛求知（2009）研究所设计量表的基础上对逆向知识转移从知识转移程度和效果两方面进行评价，前者将衡量子公司向母公司知识转移的程度，包括知识转移频率和程度两项指标。转移频率指标将按照不同知识类型分别评价。知识转移程度则主要讨论其是基于现有信息平台的简单交换和共享，还是基于组织制度层面的人员轮换、文化渗透和知识转移体制，按照这一标准将知识转移程度分为初级知识转移活动和高级知识转移活动。根据前文分析，本书将知识转移程度评价指标用于知识转移渠道分析。后者知识转移效果则主要围绕"实现知识共享的效果"、"实现知识应用的效果"、"促进知识转移和管理机制"、"实现知识嵌入目标"、"实现自主创新效果"五方面来设计问卷。

逆向知识转移结果评价，对应题项 QIII-5 和 QIII-6。知识转移频率指标表示子公司向母公司转移和共享知识的频率（frequency），根据转移知识类型游客具体分解为技术知识转移频率（frequencytech）、管理知识转移频率（frequencyman）、市场知识转移频率（frequencymar）和文化知识转移频率（frequencycul）。

知识转移结果评价不仅仅包括子公司知识逆向知识转移的频率，更应该包括实施逆向知识转移目标的实现程度，即对知识转移效果的评价指标（purpose）。知识转移效果也应对应不同层次的转移目标实现程度，最低层次应该是"实现知识共享的效果"（purposeshare）；接着是知识理解和被应用于实践的程度和效果，"实现知识应用的效果"（purposeapply）；在知识应用和吸收的基础上，知识输入方会将知识转移和共享活动规范化和制度化，即"促进知识转移制度和管理体制"的构建和完善（purposesystem）；其次，跨国公司内部的知识转移所涉及的知识内容往往与某个东道国投资息息相关，是否能"实现知识嵌入目标"（purposeembed）意味着这项知识转移活动是否满足作为母公司的中国企业实施海外经营的初衷和最初的知识需求；最后，则是母公司将吸收获取的知识用于"实现自主创新的效果"（purposeinno），它直接衡量知识转移的未来价值。（见表 5-2）

表 5-2　主要研究变量与问卷设计

变量	一级指标		二级指标	对应题项
自变量	母公司控制机制	国际化战略导向 X_1	国际化经验 X_{11}	QII-1/QII-2
			国际化动因 X_{12}	QII-4
			知识嵌入性程度 X_{13}	QII-3
		母子公司控制协调 X_2	战略控制程度 X_{21}	QII-501/502
			股权控制程度 X_{22}	QII-503
			文化控制程度 X_{23}	QII-504
			资源支持程度 X_{24}	QII-505
			财务控制程度 X_{25}	QII-506
	母公司吸收机制	知识吸收能力 X_3（加权评分）	知识接受与共享 X_{31}	QII-601/602
			知识学习与应用 X_{32}	QII-603/604/605
			再创新与自主创新 X_{33}	QII-606/607
		知识转移支持机制 X_4	创新文化支持 X_{41}	QII-701/702
			学习型组织支持 X_{42}	QII-703/704
			信息系统支持 X_{43}	QII-705
			资源支持 X_{44}	QII-706/707
			沟通渠道支持 X_{45}	QII-708/709

变量	一级指标		二级指标	对应题项
调节变量	知识转移意愿	转移知识意愿 X_5	知识转移意愿	QIII-1
	知识转移渠道	转移知识渠道 - 定性		QIII-2
		转移知识渠道 - 定量 X_6	初级知识转移活动 X_{61}	QIII-3
			高级知识转移活动 X_{62}	QIII-4
因变量	知识转移效果 Y_1		实现知识共享效果 Y_{11}	QIII-601/602/603
			实现知识应用效果 Y_{12}	QIII-604/605
			促进知识管理机制 Y_{13}	QIII-606/607
			实现知识嵌入目标 Y_{14}	QIII-608
			实现自主创新效果 Y_{15}	QIII-609/6010
	知识转移频率 Y_2		技术知识转移频率 Y_{21}	QIII-501/502
			管理知识转移频率 Y_{22}	QIII-503/504
			市场知识转移频率 Y_{23}	QIII-505/506/507
			文化知识转移频率 Y_{24}	QIII-508/509/5010
	企业创新绩效	技术创新 Y_2	研发投入比重 Y_{21}	QIV-1
			专利申请周期 Y_{22}	QIV-2
		管理创新 Y_3	管理效率（加权综合）	QIV-3
控制变量	企业所处行业 B_1 ＋企业性质 B_2			QI-1 ＋ Q1-2

资料来源：作者整理。

七、企业创新绩效评价的问卷设计

中国海外投资企业鼓励和促进子公司的逆向知识转移，是希望通过获取海外知识提升自身的管理经营效率和创新能力。因为本书研究转移知识涉及技术知识、市场知识、管理知识和文化知识，所以对创新能力的评价不仅局限于技术创新能力，也应包括管理创新能力的提升。

技术创新能力评价主要从投入和产出两方面进行，分别用企业投入自主研发的经费比例（innoperformance1）和企业申请专利的周期（innoperformance2）两个指标来衡量。管理创新能力（manperformance）主要通过管理效率的评估来衡量，包括生产工艺流程，市场营销策略，与供应商和分销商的关系构建，企业文化成熟程度，员工培训、职业生涯和激励政策等人力资源战略，以及组织结构与知识转移的适应性等问题。

第二节　问卷基本分析与信效度检验

在完成问卷设计和变量选择的基础上，本书以中国海外投资企业的母公司作为调研对象发放问卷，本节主要描述问卷发放和回收过程，对样本数据进行初步统计分析，并对调研问卷进行信度和效度检验，为后文实证研究做准备。

一、问卷发放与回收状况

根据研究主题和调研对象，笔者在 2010 年 7 月—2010 年 11 月之间陆续对拥有海外业务的中国企业进行问卷调研。

问卷发放主要通过 Email、邮寄、电话联系和面对面交流等方式直接向企业发放问卷，共计发出 300 份，回收 142 份，问卷回收率为 47.3%；其中有效问卷为 112 份，有效问卷率为 37.3%。

二、问卷样本统计分析

为统计调研对象的普遍性，我们会对问卷数据的行业分布和企业类型分布继续统计。本书采用 SPSS18.0 的 Frequency 分析检验行业变量（industry）（见图 5-2）和企业类型变量（status），结果统计如表 5-3 所示。

表 5-3　调研对象行业分布统计

	频数	百分比（%）	有效百分比（%）	累计百分比（%）
A、农、林、牧、渔业	2	1.8	1.8	1.8
B、采矿业	1	0.9	0.9	2.7
C、制造业	29	25.9	25.9	28.6
D、电力、燃气及水的生产和供应业	2	1.8	1.8	30.4
E、建筑业	8	7.1	7.1	37.5
F、交通运输、仓储和邮政业	2	1.8	1.8	39.3
G、信息传输、计算机服务和软件业	17	15.2	15.2	54.5
H、批发和零售业	9	8.0	8.0	62.5
I、住宿和餐饮业	2	1.8	1.8	64.3
J、金融业	6	5.4	5.4	69.6
K、房地产业	8	7.1	7.1	76.8
M、科研、技术服务和地质勘查业	6	5.4	5.4	82.1

续表 5-3

	频数	百分比（%）	有效百分比（%）	累计百分比（%）
N、水利、环境和公共设施管理业	1	0.9	0.9	83.0
O、居民服务和其他服务业	2	1.8	1.8	84.8
P、教育	6	5.4	5.4	90.2
Q、卫生、社会保障和社会福利业	1	0.9	0.9	91.1
R、文化、体育和娱乐业	3	2.7	2.7	93.8
S、其他	7	6.3	6.3	100.0
合计	112	100.0	100.0	

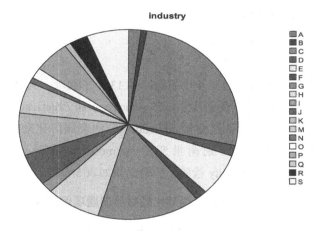

图 5-2　调研对象行业分布统计

表 5-4　企业性质分布统计

	频数	百分比（%）	有效百分比（%）
A、国有及国有控股企业	30	26.79	26.79
B、集体企业	3	2.68	2.68
C、联营企业	4	3.57	3.57
D、合资企业	13	11.61	11.61
E、私营企业	30	26.79	26.79
F、合伙企业	3	2.68	2.68
G、有限责任公司	33	29.46	29.46
H、股份有限公司	19	16.96	16.96

注：企业类型为多选题，不计算累积百分比。

根据问卷统计，调研对象分布较为均匀，能够代表不同类型不同行业中国海外投资企业的现状。

三、问卷信度检验

本书对问卷进行信度检验主要针对其内部一致性进行检验，采用 Cornbach Alpha 系数判定所采用的问卷量表题项的内在一致性程度。本书将采用 SPSS18.0（现改为 PSWG18.0）软件中的 Reliability Analysis 对问卷题项的 Cornbach Alpha 系数进行检验，借此判定问卷设计是否可信。对系数的判定标准学界尚未统一定论，Gay（1992）认为 Alpha 系数大于 0.8 时属于高度可信。不过大多数学者如 Nunnally（1978）、Devellis（1991）等人都认为系数大于 0.7 时量表题项可信。本书将选择前者作为判定标准，下面将分别对问卷各部分题项进行信度检验。

（一）母公司作用机制评价题项

1. 母公司国际化战略导向

母公司国际化战略导向包括 4 个问题，共 13 个子题项。其中测度国际化经验的题项为 QII-1 和 QII-2，分别衡量变量 experienceyear 和 experiencesales；测度知识嵌入性程度的题项为 QII-3，衡量变量 embedding；测度国际化动因的题项为 QII-401 至 4010（10 个子题项），分别衡量变量 marmotivate、effmotivate、strmotivate 和 tremotivate。对其进行 Reliability 检验，检验结果如表 5-5 所示。

表 5-5　母公司国际化战略导向题项信度检验

题项	对应变量	该题项删除后均值	该题项删除后方差	该题项的总体相关系（CITC）	该题项删除后的 Cronbach's Alpha 系数	总体 Cronbach's Alpha 系数
QII-1	experienceyear	39.22	68.914	0.534	0.862	
QII-2	experiencesales	40.20	75.078	0.437	0.866	
QII-3	embeddment	38.04	67.214	0.599	0.858	
QII-401	marmotivated1	37.95	73.186	0.526	0.861	
QII-402	marmotivated2	38.62	71.248	0.619	0.856	
QII-403	effmotivated1	38.26	72.986	0.527	0.861	
QII-404	effmotivated2	38.63	71.336	0.597	0.857	0.870
QII-405	effmotivated3	38.71	71.921	0.553	0.860	
QII-406	stramotivated1	38.06	75.356	0.336	0.870	
QII-407	stramotivated2	39.13	69.450	0.658	0.854	
QII-408	stramotivated3	38.76	71.950	0.551	0.860	
QII-409	stramotivated4	38.87	74.297	0.495	0.863	
QII-4010	trendmotivated	38.60	69.576	0.646	0.854	

根据表 5-5，13 个题项的整体 Cronbach's Alpha 值为 0.870 大于 0.8，各题项的总体相关系数均大于 0.3，说明过公司国际化战略导向的相关题项内部一致性较高。同时，各子题项的最后一项指标，即删除后的 Cronbach's Alpha 系数都小于或等于整体系数 0.870，说明删除各子题项不会改变整体信度水平，可见子题项设置可信合理，无须删改。

2. 母子公司控制协调机制

母子公司控制协调机制对应问卷 QII-5，包含 6 个子题项，分别衡量母公司对子公司的战略控制 strcontrol（2 个子题项）、股权控制 stacontrol（1 个子题项）、文化控制 culcontrol（1 个子题项）、资源控制 rescontrol（1 个子题项）和财务控制 fincontrol（1 个子题项）。本书对 QII-5 的子题项进行初次 Reliability 检验，其结果如表 5-6 所示。

表 5-6　母子公司控制协调机制题项初次信度检验

题项	对应变量	该题项删除后均值	该题项删除后方差	该题项的总体相关系数（CITC）	该题项删除后的 Cronbach's Alpha 系数	总体 Cronbach's Alpha 系数
QII-501	strcontrol1	17.59	13.001	0.674	0.765	
QII-502	strcontrol2	17.97	12.873	0.669	0.766	
QII-503	stacontrol	17.91	12.262	0.726	0.751	0.815
QII-504	culcontrol	17.91	14.514	0.508	0.801	
QII-505	rescontrol	18.10	14.053	0.524	0.797	
QII-506	fincontrol	18.33	14.241	0.396	0.829	

结果显示，QII-5 的整体 Cronbach's Alpha 系数为 0.815 大于 0.8，且各子题项的总体相关系数均大于 0.3，说明母子公司控制协调机制的子题项具有高度内部一致性。但 QII-506 题项删除后的 Cronbach's Alpha 系数为 0.829，大于现有的整体 Cronbach's Alpha 系数 0.815，说明删除该题项能提高问题设置的整体信度水平。因此本书将去掉 QII-506，并再次对剩余题项进行信度检验，再次检验的结果如表 5-7 所示。

表 5-7　母子公司控制协调机制题项再次信度检验

题项	对应变量	该题项删除后均值	该题项删除后方差	该题项的总体相关系数（CITC）	该题项删除后的Cronbach's Alpha系数	总体Cronbach's Alpha 系数
QII-501	strcontrol1	14.36	9.313	0.662	0.784	
QII-502	strcontrol2	14.74	9.095	0.678	0.779	
QII-503	stacontrol	14.68	8.634	0.725	0.764	0.829
QII-504	culcontrol	14.68	10.202	0.574	0.809	
QII-505	rescontrol	14.87	10.279	0.496	0.830	

删除 QII-506 后再次进行信度检验，整体 Cronbach's Alpha 系数为 0.829，仍然高于 0.8，说明整体信度水平较高，但 QII-505 题项删除后的 Cronbach's Alpha 系数 0.830 大于整体系数 0.829，可见该题项也应删除以提高整体信度水平。因此本书再次删除不一致题项 QII-505 并对剩余题项进行信度检验，表 5-8 列示最终信度检验结果。

表 5-8　母子公司控制协调机制题项最终信度检验

题项	对应变量	该题项删除后均值	该题项删除后方差	该题项的总体相关系数（CITC）	该题项删除后Cronbach's Alpha系数	总体Cronbach's Alpha 系数
QII-501	strcontrol1	10.89	6.060	0.674	0.778	
QII-502	strcontrol2	11.28	5.842	0.701	0.765	0.830
QII-503	stacontrol	11.21	5.683	0.693	0.769	
QII-504	culcontrol	11.21	6.855	0.567	0.823	

根据表 5-8 数据显示，最终检验结果整体 Cronbach's Alpha 系数 0.830 大于 0.8，同时各题项删除后的系数均小于整体系数，说明其他题项设置合理，无须再次删改，该问题删改后其信度水平有所提高。

3. 母公司知识吸收能力

母公司知识吸收能力对应问卷题目 QII-6，包含子题项 7 个，分别衡量知识吸收能力的三个层次变量：知识共享与吸收 shareabsorb（3 个），知识学习与应用 applyabsorb（2 个），知识再创新与自主创新 innoabsorb（2 个）。本书对子题项进行信度检验，其结果如表 5-9 所示。

表 5-9　母公司知识吸收能力题项信度检验

题项	对应变量	该题项删除后均值	该题项删除后方差	该题项的总体相关系数（CITC）	该题项删除后的 Cronbach's Alpha 系数	总体 Cronbach's Alpha 系数
QII-601	shareabsorb1	21.10	15.152	0.713	0.819	
QII-602	shareabsorb2	21.47	16.738	0.479	0.852	
QII-603	shareabsorb3	21.62	16.635	0.544	0.843	
QII-604	applyabsorb1	21.43	16.049	0.672	0.827	0.854
QII-605	applyabsorb2	21.77	15.693	0.627	0.832	
QII-606	innoabsorb1	21.61	15.106	0.676	0.824	
QII-607	innoabsorb2	21.87	15.198	0.617	0.834	

　　根据检验结果，知识吸收能力题项的整体 Cronbach's Alpha 系数为 0.854，大于 0.8，且各题项的总体相关系数远大于 0.3，说明吸收能力题项的内部一致性水平很高。同时，各题项删除后的 Cronbach's Alpha 系数均小于整体系数 0.854，说明各题项的删改不影响整体信度水平，无须删改。

　　4.　母公司转移支持机制

　　母公司知识转移支持机制对应问卷 QII-7，包含 9 个子题项，分别衡量文化支持 culsupport（2 个子题项）、学习型组织 leasupport（2 个）、信息管理系统支持 missupport（1 个）、资源支持 ressupport（2 个）和信息沟通渠道 consupport（2 个）等变量。本书对子题项进行 Reliablity 检验，其结果如表 5-10 所示。

表 5-10　母公司转移支持机制题项信度检验

题项	对应变量	该题项删除后均值	该题项删除后方差	该题项的总体相关系数（CITC）	该题项删除后的 Cronbach's Alpha 系数	总体 Cronbach's Alpha 系数
QII-701	culsupport1	28.08	27.768	0.672	0.865	
QII-702	culsupport2	28.34	27.722	0.589	0.871	
QII-703	leasupport1	28.49	26.432	0.683	0.863	
QII-704	leasupport2	28.82	28.256	0.571	0.873	
QII-705	missupport	28.68	27.049	0.694	0.862	0.881
QII-706	ressupport1	28.57	27.148	0.642	0.867	
QII-707	ressupport2	28.96	25.692	0.734	0.858	
QII-708	comsupport1	28.51	29.171	0.535	0.875	
QII-709	comsupport2	28.90	28.071	0.527	0.877	

知识转移支持机制的问卷题项整体 Cronbach's Alpha 系数为 0.881，明显高于 0.8，且各个子题项删除后的 Cronbach's Alpha 系数均小于整体系数 0.881，说明支持机制题项的设置合理，而且内部一致性较高，信度较好。

（二）逆向知识转移评价题项

逆向知识转移评价部分包括 6 个问题（QIII-1、QIII-2、QIII-3、QIII-4、QIII-5、QIII-6），共 32 个子题项。其中，衡量子公司知识转移意愿 willing 的题项（1）；衡量子公司知识转移渠道的题项（11），渠道变量涉及主观评价题 QIII-2，本书将其分为 3 个二分变量（channel），对应为 3 个子题项，也包括客观评价题 QIII-3 和 QIII-4，分别衡量初级知识转移 basic（3）和高级知识转移活动 senior（5）；衡量知识转移频率 frequency 的题项（10），包括技术知识 frequencytech（2）、管理知识 frequencyman（2）、市场知识 frequencymar（3）和文化知识 frequencycul（3）；衡量知识转移效果 purpose 的题项（10），包括知识共享效果 purposeshare（3）、知识应用效果 purposeapply（2）、知识转移制度构建 purposesystem（2）、实现知识嵌入目标 purposeembed（1）、实现自主创新目标 purposeinno（2）。本书对以上题项做信度检验，其结果整理如表 5-11 所示。

表 5-11　母公司转移支持机制题项信度检验

题项	对应变量	该题项删除后均值	该题项删除后方差	该题项总体相关系数（CITC）	该题项删除后 Cronbach's Alpha 系数	总体 Cronbach's Alpha 系数
QIII-1	willing	99.64	303.709	0.493	0.936	
QIII-2	channel1	101.96	311.845	0.608	0.935	
QIII-2	channel2	102.46	313.331	0.514	0.936	
QIII-2	channel3	102.13	312.297	0.502	0.936	
QIII-301	basic1	99.56	301.311	0.650	0.934	
QIII-302	basic2	99.53	306.900	0.477	0.936	
QIII-303	basic3	99.57	303.779	0.586	0.935	0.937
QIII-401	senior1	99.55	305.078	0.569	0.935	
QIII-402	senior2	100.28	303.445	0.487	0.936	
QIII-403	senior3	100.22	304.679	0.548	0.935	
QIII-404	senior4	100.34	305.487	0.600	0.934	
QIII-405	senior5	100.21	305.336	0.511	0.935	

题项	对应变量	该题项删除后均值	该题项删除后方差	该题项总体相关系数（CITC）	该题项删除后 Cronbach's Alpha 系数	总体 Cronbach's Alpha 系数
QⅢ-501	frequencytech1	99.95	304.520	0.509	0.935	
QⅢ-502	frequencytech2	99.72	310.905	0.371	0.937	
QⅢ-503	frequencyman1	99.90	311.963	0.383	0.937	
QⅢ-504	frequencyman2	100.06	304.437	0.548	0.935	
QⅢ-505	frequencymar1	100.15	306.274	0.465	0.936	
QⅢ-506	frequencymar2	99.77	310.126	0.442	0.936	
QⅢ-507	frequencymar3	100.08	300.363	0.640	0.934	
QⅢ-508	frequencycul1	100.06	306.636	0.567	0.935	
QⅢ-509	frequencycul2	100.17	304.755	0.654	0.934	
QⅢ-5010	frequencycul3	100.46	302.107	0.608	0.934	
QⅢ-601	purposeshare1	99.92	302.597	0.600	0.934	0.937
QⅢ-602	purposeshare2	100.21	302.903	0.658	0.934	
QⅢ-603	purposeshare3	99.79	303.444	0.556	0.935	
QⅢ-604	purposeapply1	100.29	300.372	0.653	0.934	
QⅢ-605	purposeapply2	100.36	306.862	0.617	0.934	
QⅢ-606	purposesystem1	100.16	304.569	0.590	0.935	
QⅢ-607	purposesystem2	100.21	309.282	0.496	0.935	
QⅢ-608	purposeembed	100.21	297.918	0.652	0.934	
QⅢ-609	purposeinno1	100.04	303.466	0.587	0.935	
QⅢ-6010	purposeinno2	100.42	301.975	0.510	0.936	

根据表 5-11，逆向知识转移评价题项的整体 Cronbach's Alpha 系数为 0.937，明显高于 0.8，且各题项的总体相关系数也均大于 0.3，说明各题项内部一致性很高，信度水平很好。此外，每个子题项删除后的 Cronbach's Alpha 系数均小于整体系数 0.937，说明删除这些题项不会改变整体信度，题项设置合理，无须删改。

〔三〕企业创新绩效评价题项

企业创新绩效评价包含 3 个问题，共 8 个题项，分别衡量技术创新绩效 innoperformance（2），以及管理创新绩效 manperformance（6）。本书对以上题项进行 Reliability 检验，其结果如表 5-12 所示。

表 5-12　企业创新绩效评价题项信度检验

题项	对应变量	该题项删除后均值	该题项删除后方差	该题项的总体相关系数（CITC）	该题项删除后的 Cronbach's Alpha 系数	总体 Cronbach's Alpha 系数
QIV-1	innoperformance1	24.03	25.215	0.484	0.834	
QIV-2	innoperformance2	23.06	21.230	0.617	0.823	
QIV-301	manperformance1	22.21	24.116	0.625	0.817	
QIV-302	manperformance2	22.44	25.978	0.534	0.829	0.842
QIV-303	manperformance3	22.38	25.446	0.522	0.829	
QIV-304	manperformance4	22.60	24.621	0.632	0.817	
QIV-305	manperformance5	22.83	23.367	0.684	0.809	
QIV-306	manperformance6	22.57	25.040	0.555	0.825	

根据以上数据，我们发现企业创新绩效题项的整体 Cronbach's Alpha 系数为 0.842，高于 0.8，且各子题项的总体相关系数均明显高于 0.3，说明创新绩效题项的信度水平较高。同时，各子题项删除后 Cronbach's Alpha 系数均小于 0.842，说明题项设置合理，无须删改。

四、问卷效度检验

效度检验主要测量量表正确性，即问卷题项设置是否能反映要测量的潜在概念，题项设置是否与假设变量或指标相符。本书主要检验问卷内容和结构效度。

内容效度是指量表题项的适当性与代表性，即测量内容能否反映所要测量内容的特质。一般情况下，问卷应该参考专家意见修改得出，以保证其内容效度。本书所设量表是在前人文献回顾的研究成果及已有量表的基础上构建，并在小范围样本预测基础上修改而成，能反映所测问题的本质特征，具有适宜的内容效度。

结构效度主要检测量表的题项设置是否符合假设模型的理论框架。学界观点，一般采用因子分析检验结构效度。研究者以因子分析去检验问卷相关题项的数据，并有效地抽取共同因子，此共同因子若与理论模型的主要变量非常接近，表明公因子能够合理反映理论模型变量，则可以说量表具有较好的结构效度（吴明隆，2003）。本书也将采用因子分析方法检验量表的结构效度，问卷题项分为母公司控制机制评价、吸收机制评价、逆向知识转移评价和企业创新绩效评价等，我们将分别检验各自的公因子是否与假设变量相符。

（一）母公司控制机制评价

母公司控制机制包括母公司国际化战略导向和母子公司控制协调机制两类变量，对应 QII-1、QII-2、QII-3、QII-4、QII-5（已去掉最后两个子题项）四个问题，共 17 个子题项。在对其进行因子分析之前，我们应先对其进行 KMO（Kaiser-Meyer-Olkin）及 Bartlett's 球形检验（Bartlett's Test of Sphericity），以此判断子题项数据是否适合做因子分析，其结果如表 5-13 所示。

表 5-13　母公司控制机制题项的 KMO 及球形检验

样本充足的 KOM（Kaiser-Meyer-Olkin）测量		0.835
巴特利特球形检验（Bartlett's Test of Sphericity）	卡方值（χ2）	646.147
	自由度	136
	显著性概率	0.000

根据吴明隆（2003），当 KOM 值小于 0.6 时，数据不适合进行因子分析；当 KOM 值在 0.6 与 0.7 之间，则说明数据勉强可以进行因子分析；当 KOM 值大于 0.7 时，说明数据可以进行因子分析。上述结果中 KMO 值为 0.835，同时 Bartlett 球形检验的显著性概率在 1% 水平上显著，说明其适合进行因子分析。随后，我们运用 SPSS18.0 中的正交旋转（Varimax）因子分析检验子题项，其结果如表 5-14 所示。我们从子题项变量中提取出 4 个公因子，其特征值分别为 3.478，2.782，2.305，1.953，均大于 1，而且旋转后公因子占总体方差的比例分别为 16.367%，13.561%，11.486%，4 个公因子累积解释了总体方差的 61.870%，属于可接受范围。

表 5-14　母公司控制机制的因子分析结果

因子编号	初始值			旋转后		
	特征值	占总体方差的比例 %	占方差的累积比例 %	特征值	占总体方差的比例 %	占方差的累积比例 %
1	5.467	32.161	32.161	3.478	20.457	20.457
2	2.530	14.882	47.042	2.782	16.367	36.824
3	1.358	7.989	55.032	2.305	13.561	50.384
4	1.163	6.838	61.870	1.953	11.486	61.870
5	0.860	5.057	66.927			
6	0.751	4.415	71.343			
7	0.648	3.812	75.154			
8	0.642	3.776	78.930			

续表 5-14

因子编号	初始值			旋转后		
	特征值	占总体方差的比例 %	占方差的累积比例 %	特征值	占总体方差的比例 %	占方差的累积比例 %
9	0.555	3.263	82.193			
10	0.528	3.105	85.298			
11	0.491	2.888	88.186			
12	0.423	2.488	90.674			
13	0.379	2.227	92.901			
14	0.347	2.039	94.941			
15	0.319	1.876	96.817			
16	0.307	1.805	98.622			
17	0.234	1.378	100.000			

其后我们将列示旋转后的因子载荷矩阵，见表 5-15。多数学者认为因子载荷大于 0.5 归属于同一公因子，当大于 0.4 时也属于可接受范围。根据表 5-14，子题项 QII-3 的因子载荷系数为 0.548，归属于因子 1，与变量"知识嵌入性"设置相符。而前四个子题项因子载荷系数分别为 0.778，0.836，0.832，0.754，明显归属于同一因子 2，可被称为"母子公司控制协调机制"，与变量设置相符。子题项 QII-1 和 QII-2 因子载荷系数分别为 0.786 和 0.815，也明显归属于同一因子 3，与"国际化经验"变量设置相符。剩余子题项因子载荷系数最大为 0.841，最小为 0.417，虽然 QII-404 载荷系数仅大于 0.4，但仍属于可接受范围，我们将这 10 个题项归为因子 4，与"国际化动因"变量设置相符。

表 5-15 母公司控制机制的因子载荷矩阵

变量		子题项	因子 1	因子 2	因子 3	因子 4
母子公司控制协调机制	control	QII-501		0.770		
		QII-502		0.836		
		QII-503		0.832		
		QII-504		0.754		
国际化经验	experience	QII-1			0.786	
		QII-2			0.815	
知识嵌入性	embedding	QII-3	0.548			

续表 5-15

变量		子题项	因子 1	因子 2	因子 3	因子 4
国际化动因	motivation	QII-401				0.605
		QII-402				0.523
		QII-403				0.700
		QII-404				0.417
		QII-405				0.562
		QII-406				0.841
		QII-407				0.717
		QII-408				0.769
		QII-409				0.791
		QII-4010				0.570

（二）母公司吸收机制评价

母公司吸收机制包括知识吸收能力和转移支持机制两类变量，共 QII-6 和 QII-7 两个问题，16 个子题项。本书首先对其进行 KMO 和球形检验，结果如表 5-16 所示。

表 5-16　母公司吸收机制题项的 KMO 及球形检验

样本充足的 KOM（Kaiser-Meyer-Olkin）测量		.878
巴特利特球形检验（Bartlett's Test of Sphericity）	卡方值（χ2）	1001.436
	自由度	120
	显著性概率	0.000

吸收机制题项的 KMO 值为 0.878，大于 0.7，而且球形检验统计值在 1% 水平上显著，说明题项可进行因子分析。本书采用正交旋转因子分析，结果如表 5-17 所示。

表 5-17　母公司吸收机制的因子分析结果

因子编号	初始值			旋转后		
	特征值	占总体方差的比例 %	占方差的累积比例 %	特征值	占总体方差的比例 %	占方差的累积比例 %
1	7.672	47.953	47.953	3.923	24.520	24.520
2	1.330	8.311	56.264	3.295	20.594	45.114
3	1.036	6.476	62.740	2.820	14.626	59.740
4	1.016	5.402	68.142	2.232	8.402	68.142

续表 5-17

因子编号	初始值			旋转后		
	特征值	占总体方差的比例 %	占方差的累积比例 %	特征值	占总体方差的比例 %	占方差的累积比例 %
5	0.834	5.215	73.357			
6	0.693	4.330	77.688			
7	0.649	4.057	81.745			
8	0.511	3.196	84.940			
9	0.478	2.987	87.928			
10	0.401	2.508	90.435			
11	0.354	2.213	92.649			
12	0.336	2.098	94.747			
13	0.273	1.705	96.451			
14	0.229	1.428	97.880			
15	0.186	1.163	99.042			
16	0.153	0.958	100.000			

根据表 5-17 数据，在母公司吸收机制题项中提取 4 个公因子，其特征值分别为 3.923、3.295、2.820、2.232，特征值均大于 1，而且公因子占总体方差的比重分别为 24.520%、20.594%、14.626%、8.402%，累积解释方差 68.142%。其后我们将列示母公司吸收机制的因子载荷矩阵，见表 5-18 所示。

根据表 5-18 数据，公因子 1 包含子题项 QII-601，602 和 603，其因子载荷系数分别为 0.609，0.722，0.743，可归属为同一因子，命名为"知识共享与吸收能力"。公因子 4 包含子题项 QII-604 和 605，因子载荷系数分别为 0.597 和 0.530，均大于 0.5，可归属于同一因子，命名为"知识学习和应用能力"。公因子 3 包含子题项 QII-606 和 607，载荷系数为 0.697 和 0.828，说明可归属于同一因子，命名为"再创新和自主创新能力"。这 3 个因子共同组成母公司知识吸收能力的三个层次。公因子 2 包含最后 9 个子题项，其因子载荷系数均大于 0.5，最大为 0.764，最小为 0.579，说明可归属于同一因子，命名为"母公司知识转移支持机制"。

表 5-18 母公司吸收机制的因子载荷矩阵

变量		子题项	因子 1	因子 2	因子 3	因子 4
知识共享和吸收能力	shareabsorb	QII-601	0.609			
		QII-602	0.722			
		QII-603	0.743			
知识学习和应用能力	applyabsorb	QII-604				0.597
		QII-605				0.530
知识再创新和自主创新	innoabsorb	QII-606			0.697	
		QII-607			0.828	
母公司转移支持机制	support	QII-701		0.675		
		QII-702		0.741		
		QII-703		0.601		
		QII-704		0.704		
		QII-705		0.723		
		QII-706		0.579		
		QII-707		0.683		
		QII-708		0.764		
		QII-709		0.595		

（三）逆向知识转移评价

逆向知识转移评价包含知识转移意愿、基于渠道差异的初级和高级知识转移活动、转移频率和效果等变量，知识转移渠道的多选题不在分析之列，共包括 QIII-1、3、4、5、6 五个问题，29 个子题项。首先对其进行 KMO 和球形检验（见表 5-19）。

表 5-19 逆向知识转移评价题项的 KMO 及球形检验

样本充足的 KOM（Kaiser-Meyer-Olkin）测量		0.828
巴特利特球形检验（Bartlett's Test of Sphericity）	卡方值（χ2）	1755.790
	自由度	406
	显著性概率	0.000

转移评价题项的 KMO 检验值为 0.828，且检验统计量在 1% 水平上显著，说明该题项可进行因子分析。本书对其进行正交旋转的因子分析，结果如表 5-20 所示。

表 5-20　逆向知识转移评价题项的因子分析结果

因子编号	初始值			旋转后		
	特征值	占总体方差的比例 %	占方差的累积比例 %	特征值	占总体方差的比例 %	占方差的累积比例 %
1	10.310	35.553	35.553	9.577	33.025	33.025
2	2.017	6.954	42.507	2.044	7.049	40.074
3	1.774	6.119	48.626	1.810	6.241	46.315
4	1.549	5.342	53.968	1.699	5.857	52.172
5	1.343	4.630	58.598	1.428	4.924	57.096
6	1.216	4.193	62.792	1.419	4.893	61.989
7	1.139	3.926	66.718	1.372	4.218	66.207
8	1.090	3.415	70.133	1.291	3.926	70.133
9	0.906	3.125	73.258			
10	0.742	2.559	75.816			
11	0.699	2.409	78.225			
12	0.657	2.265	80.490			
13	0.629	2.168	82.658			
14	0.553	1.906	84.565			
15	0.533	1.839	86.404			
16	0.520	1.792	88.196			
17	0.478	1.649	89.845			
18	0.411	1.418	91.263			
19	0.367	1.266	92.529			
20	0.324	1.116	93.645			
21	0.313	1.078	94.723			
22	0.289	0.998	95.720			
23	0.265	0.914	96.635			
24	0.211	0.728	97.363			
25	0.210	0.723	98.086			
26	0.174	0.600	98.686			
27	0.160	0.553	99.238			
28	0.126	0.435	99.673			
29	0.095	0.327	100.000			

表 5-21　逆向知识转移评价题项的因子载荷矩阵

变量		子题项	因子1	因子2	因子3	因子4	因子5	因子6	因子7	因子8
知识转移意愿	willing	QIII-1								0.530
初级知识转移	basic	QIII-301					0.699			
		QIII-302					0.732			
		QIII-303					0.560			
高级知识转移	senior	QIII-401				0.662				
		QIII-402				0.532				
		QIII-403				0.508				
		QIII-404				0.550				
		QIII-405				0.693				
技术知识转移频率	frequencytech	QIII-501			0.504					
		QIII-502			0.805					
管理知识转移频率	frequencyman	QIII-503		0.700						
		QIII-504		0.535						
市场知识转移频率	frequencymar	QIII-505						0.692		
		QIII-506						0.533		
		QIII-507						0.695		
文化知识转移频率	frequencycul	QIII-508							0.597	
		QIII-509							0.640	
		QIII-5010							0.618	
知识转移效果	purpose	QIII-601	0.671							
		QIII-602	0.710							
		QIII-603	0.507							
		QIII-604	0.750							
		QIII-605	0.645							
		QIII-606	0.704							
		QIII-607	0.690							
		QIII-608	0.719							
		QIII-609	0.659							
		QIII-6010	0.495							

因子 1 包含最后 10 个题项，其因子载荷系数均大于 0.5，而最小值 0.495 也大于 0.4，属于可接受范围，说明各题项可归属于同一因子，与"知识转移效果"变量的设置相符。因子 3 包含 QIII-501 和 QIII-502 两个题项，因子载荷系数为 0.504 和 0.805，说明可归属于同一因子，命名为"技术知识转移频率"。因子 2 包含 QIII-503 和 QIII-504 两个题项，载荷系数为 0.700 和 0.535，可归属于同一因子，命名为"管理知识转移频率"。因子 6 包含 QIII-505、QIII-506 和 QIII-507 三个题项，载荷系数分别为 0.692，0.533，0.695，可归属于同一因子，命名为"市场知识转移频率"。因子 7 包含 QIII-508、QIII-509 和 QIII-5010 三个子题项，其因子载荷系数分别为 0.597、0.640、0.518，均大于 0.5，说明可归属于同一因子，命名为"文化知识转移频率"。这四个因子共同组成知识转移频率变量，由于不同类型知识转移的差异性，而将知识转移频率按照知识类型进行细分，与变量设计相符。而因子 5 包含 QIII-301、QIII-302 和 QIII-303 三个子题项，因子载荷系数分别为 0.699、0.732、0.560，均大于 0.5，可归属于同一因子，与变量"初级知识转移活动"的设置相符。因子 4 则包括 QIII-401、QIII-402、QIII-403、QIII-404 和 QIII-405，其因子载荷系数分别为 0.662、0.532、0.508、0.550、0.693，说明可归属于同一因子，与变量"高级知识转移活动"的设置相符。最后因子 8 对应题项 QIII-1，载荷系数 0.530，大于 0.5，与变量"知识转移意愿"的设置相符。

（四）企业创新绩效评价

企业创新绩效评价包含技术创新和管理创新，技术创新指标针对企业研发投入和专利申请等客观指标设问，不属于主观评分的题项范畴，因此本书仅对管理绩效评分的 QIV-3 共 6 个子题项进行效度检验。首先对其进行 KMO 与球形检验。

表 5-22　企业管理创新绩效评价题项的 KMO 及球形检验

样本充足的 KOM（Kaiser-Meyer-Olkin）测量		0.820
巴特利特球形检验（Bartlett's Test of Sphericity）	卡方值（$\chi 2$）	212.237
	自由度	15
	显著性概率	0.000

KMO 检验量为 0.820，且球形检验卡方值显著性概率小于 0.01，1% 水平上显著，说明管理创新题项适宜进行因子分析。采用正交旋转因子分析的结果如表 5-23 所示。

表 5-23　企业管理创新绩效评价题项的因子分析结果

因子编号	初始值			旋转后		
	特征值	占总体方差的比例 %	占方差的累积比例 %	特征值	占总体方差的比例 %	占方差的累积比例 %
1	3.197	53.275	53.275	3.197	53.275	53.275
2	0.863	14.388	67.663			
3	0.623	10.383	78.046			
4	0.526	8.773	86.819			
5	0.428	7.127	93.946			
6	0.363	6.054	100.000			

根据结果，6 个子题项提取 1 个公因子，其特征根为 3.197，大于 1，且累计解释方差占总体方差的 53.275%，属于可接受范围。由于仅提取 1 个公因子，系统未进行因子转轴，自动给出初步因子分析的载荷系数矩阵，如表 5-24 所示。

表 5-24　企业管理创新绩效评价题项的因子载荷矩阵

变量		子题项	因子 1
管理创新绩效	manperformance	QIV-301	0.721
		QIV-302	0.693
		QIV-303	0.692
		QIV-304	0.750
		QIV-305	0.794
		QIV-306	0.725

因子 1 包含 QIV-3 的 6 个子题项，其因子载荷系数均大于 0.5，最大为 0.794，最小为 0.692，说明可归属于同一因子，与变量"管理创新绩效"的设置相符。

综合效度分析结果，我们发现各部分问卷提取的公因子均能与模型变量设计相符，包括国际化动因、国际化经验、知识嵌入性、母子公司控制协调机制、知识转移能力的三个层次、转移支持机制、知识转移意愿、初级和高级知识转移、四种知识的转移频率以及知识转移效果、创新绩效等，虽然国际化动因、控制协调机制、转移支持机制和知识转移效果四个变量未能进一步细分为更细化的因子，但总体说来，因子分析的结果与模型基本研究变量的设置相符，说明问卷题项能够与研究模型相对应，针对模型研究变量设问，能够较好地反映调研对象研究变量的情况，问卷结构效度较好。

第三节　母公司二维作用机制与逆向知识转移的实证研究

本节主要研究中国海外投资企业母公司二维作用机制与逆向知识转移结果之间的关系，为证明前文作用机制模型中的基本假设提供实证结果。本节内容按照前文假设模型的阐述，分为三部分：母公司作用机制与逆向知识转移的直接效应；母公司控制机制对逆向知识转移的间接效应，即中介变量的影响作用；企业控制变量对母公司作用机制与逆向知识转移的影响作用。

一、母公司二维作用机制的直接效应

前文所述，H1 至 H4 是为了说明母公司二维作用机制的四个因素对逆向知识转移的积极影响，这种影响表明母公司作用机制与逆向知识转移之间存在直接关系。为验证母公司作用机制的直接效应，本书将母公司四个影响因素纳入到以逆向知识转移结果为因变量的回归方程，自变量包括国际化战略导向、母子公司协调控制机制（control），知识吸收能力（absorb）和转移支持机制（support）。由于国际化战略导向包含国际化经验和动因等变量，而国际化经验和动因无法综合为一个变量考察，因此，本书将国际化战略导向分为 3 个自变量，即国际化经验（experience）、国际化动因（motivation）和知识嵌入性（embedding）。下面分别以逆向知识转移频率和效果作为因变量构建直接效应的回归方程。

$$frequency_i = \beta_1 exp\ erience + \beta_2 motivation + \beta_3 embedding + \beta_4 contr\ In\ ew + \beta_5 absorb + \beta_6 support + \varepsilon_i \tag{5.1}$$

$$purpose_i = \alpha_1 experience + \alpha_2 motivation + \alpha_3 embedding + \alpha_4 contro\ in\ ew + \alpha_5 absorb + \alpha_6 support + \mu_i \tag{5.2}$$

其中 $\beta_1\beta_2\beta_3\beta_4\beta_5\beta_6\alpha_1\alpha_2\alpha_3\alpha_4\alpha_5\alpha_6$ 为自变量回归系数，为 $\varepsilon_i\mu_i$ 方程误差项，purposei 表示综合知识转移效果 purpose 以及转移效果的子变量实现知识共享效果 purposeshare、实现知识应用效果 purposeapply、知识转移制度构建 purposesystem、实现知识嵌入目标 purposeembed、实现自主创新目标 purposeinno；frequencyi 则表示知识转移频率的综合指标 frequency，技术知识转移频率 frequencytech、管理知识频

率 frequencyman、市场知识频率 frequencymar 和文化知识频率 frequencycul。

　　为检验回归方程，首先应对问卷数据进行处理。由于以上方程中所有变量均包含问卷中的多个子题项，因此本书先将评价同一变量的多个子题项分值进行综合处理。此外，应该单独说明的是，母子公司控制协调机制的相关题项在信度检验时应该删除最后两个关于资源控制和财务控制的子题项，因此在处理该变量时主要是对剩余四个题项综合后得出新控制机制变量分值（controlnew）。在数据处理基础上，本书将分别对知识转移频率和效果的回归方程进行检验。

（一）多重共线性检验

　　由于本书在检验母公司作用机制的影响作用时，将分析作用机制的直接效应和间接效应，以及作用机制具体指标对逆向知识转移结果的不同影响，因此围绕不同程度和作用类型的母公司机制因素构建了不同回归方程进行检验，而在不同方程中自变量设计存在差异。为保证回归方程检验结果的可信度，本书会在各方程回归检验前对模型自变量进行多重共线性检验，证明自变量的独立性和回归结果的可信性。首先运用 SPSS18.0（现更名为 PASW18.0）软件对母公司作用机制直接效应的自变量进行多重共线性检验（Collinearity Statistics），本书选择容忍度（Tolerance）和方差膨胀因子（VIF）两个指标衡量自变量共线性程度。容忍度是指该变量不能被其他变量解释的变异的百分比，因此容忍度越小的变量被其他变量解释的变异百分比越大，共线问题就越严重。一般来说，当自变量的容忍度小于 0.3 时，被其他变量解释的百分比较大，则认为存在一定的共线性问题。但也有许多研究认为，容忍度小于 0.2 时，才被认为存在较严重的共线性问题。因此，本书认为，容忍度大于 0.2 的自变量被认为其共线性程度属于可接受范围。而方差膨胀因子是容忍度的倒数，VIF 越大说明共线问题越严重。根据容忍度小于 0.2 为存在共线问题的标准，当 VIF 大于 5 时认为存在严重的共线问题。

　　表 5-25 列示母公司作用机制直接效应的自变量共线性检验结果，如表所示，各变量的容忍度均大于 0.2，VIF 均小于 5.0。虽然 motivation 和 absorb 变量的容忍度小于 0.3，但由于是首次开发量表的一手数据，因此其共线性程度不太严重，仍属于可接受范畴，因此本书认为以其为自变量的回归结果具有较好的可信度。

表 5-25　母公司作用机制直接效应的多重共线性检验

模型		多重共线性检验	
		Tolerance	VIF
5.1 5.2	Experience	0.707	1.414
	Embedding	0.558	1.792
	Motivation	0.257	3.896
	Controlnew	0.697	1.435
	Absorb	0.217	4.603
	Support	0.301	3.324

（二）知识转移频率

本书采用 SPSS18.0 软件对相关变量进行回归检验，以便检验母公司作用机制对逆向知识转移结果是否存在显著影响作用。首先以不同类型知识转移频率 frequency 及子变量为因变量的方程 5.1 进行回归检验（Enter），其结果统计如表 5-26 所示。不同因变量回归模型调整后 R^2 值均大于 0.5，说明其拟合优度较好；而以 frequencytech 为因变量的回归模型的 R^2 值虽然小于 0.5，但大于 0.4，考虑到为初次开发量表的检验结果，其拟合优度也属于可接受范围。

表 5-26　直接效应——知识转移频率的回归系数统计表

自变量	frequency			frequencytech			frequencyman		
	标准化系数	t	Sig.	标准化系数	t	Sig.	标准化系数	t	Sig.
（constant）		2.338	0.021**		1.096	0.276		2.462	0.015**
experience	0.095	1.438	0.153	0.084	0.908	0.366	0.036	0.372	0.710
embedding	0.283	3.795	0.000***	0.128	1.229	0.222	0.399	3.678	0.000***
motivation	0.158	1.441	0.052*	0.133	0.863	0.039**	0.073	0.454	0.651
controlnew	0.209	3.137	0.002***	0.324	3.475	0.001***	0.124	1.277	0.204
absorb	0.177	1.484	0.141	0.024	0.142	0.888	0.109	0.625	0.533
support	0.192	1.894	0.061*	0.267	1.882	0.063*	0.192	1.296	0.198
调整后 R^2	0.656			0.426			0.567		

自变量	frequencymar			frequencycul		
	标准化系数	t	Sig.	标准化系数	t	Sig.
（constant）		1.787	0.077*		0.367	0.715
experience	0.307	3.930	0.000***	0.044	0.562	0.576
embedding	0.294	3.351	0.001***	0.082	0.930	0.354
motivation	0.021	0.164	0.087*	0.400	3.079	0.003***
controlnew	0.190	2.417	0.017**	0.040	0.507	0.613
absorb	0.188	1.339	0.184	0.230	1.626	0.107
support	0.107	0.899	0.371	0.069	0.577	0.565
调整后 R^2	0.523			0.519		

注：*** 表示 Sig. 小于 0.01，在 1% 水平上显著；

　　** 表示 Sig. 大于 0.01，小于 0.05，在 5% 水平显著；

　　* 表示 Sig. 大于 0.05，小于 0.1，在 10% 水平上显著。

根据表 5-26 的回归系数结果，在对知识转移频率综合值的母公司因素研究中，母公司的国际化战略导向、母子公司控制机制和知识转移支持机制三类因素的影响作用显著，具体包括国际化投资动因、知识嵌入性程度、母公司控制程度和转移支持机制等因素，其中知识嵌入性和母公司控制程度在 1% 水平，其他在 10% 水平上显著。可见，在对知识转移频率检验中，本书关于母公司作用机制的因素假设基本得到验证，但知识吸收能力在检验中并不显著。笔者认为，这可能由于本书对知识转移能力的概念设定，将知识吸收能力扩展到知识应用和创新能力的范畴，不仅仅影响低层次的知识共享程度，更对应用知识进行自主创新活动的能力和程度进行衡量。然而知识应用和创新的高层次活动不属于基本的知识共享和转移涉及的范畴，而知识转移频率仅针对基本知识共享活动的数量和次数问，所以与高层次知识创新能力不直接相关。反而，与知识转移支持机制等直接影响知识接受方正确获取和接受知识的因素相关。此外，作为控制机制的国际化动因、知识嵌入性和控制程度等变量则通过调节海外子公司知识需求和知识共享战略，从而影响子公司转移意愿，对逆向转移频次产生直接的积极影响。

为具体研究不同作用机制因素的影响差异，本书将知识转移频率按照不同知识类型划分为技术知识转移频率（frequencytech），管理知识转移频率（frequencyman），市场知识转移频率（frequencymar）和文化知识转移频率（frequencycul），其影响因素差异也如表 5-26 所示。① frequencytech 的影响因素中国际化动因（motivation）、母子公司控制程度（controlnew）和知识转移支持机制（support）较为显著。与综合知识转移频率的研究不同，知识嵌入性程度的影响并不显著。这是因为技术知识的获取和共享并不与特定市场环境直接关联，而多被用于知识接受方的产品性能提升、生产工艺改进或自主创新能力提升，所以知识嵌入性（embedding）与之关系不太显著。② frequencyman 的影响因素中知识嵌入性在 1% 水平上显著，而其他因素的影响不太显著。这是因为我国企业对外投资多以市场寻求、资源寻求或技术寻求为主，关注管理技术和工具的投资活动不多，或仅以管理知识获取为次要目标，所以国际化动因对管理知识转移的影响并不显著，相应的其他母公司因素的影响也不显著。而知识嵌入性则是因为管理知识和工具的应用必然与特定市场或企业环境相关联，并需要相应的组织条件予以配合，因此知识嵌入性程度对管理知识转移的影响显著。③ frequencymar 的影响因素中国际化经验、国际化动因、知识嵌入性、母公司控制程度等变量的影响较为显著。不同的是，知识转移支持机制的影响并不显著，这是因为本书认为知识转移支持措施包括创新文化、学习型组织、信息管理系统、人力资源支持和沟通渠道等，它们对显性知识或可编码知识的转移共享更为有效，如技术知识，而对隐性包括市场和文化知识的支持作用却不太显著。④ frequencycul 的影响因素中国际化动因在 1% 水平上显著。由于文化知识的获取和共享在逆向知识转移中占比例较少，因此母公司作用机制的影响作用多不显著，但国际化动因表示对海外投资的重视程度，因此对海外子公司的管理整合具有战略要求，对东道国文化知识的获取对母公司跨文化管理和整合极其必要。

（三）知识转移效果

知识转移效果作为评价逆向知识转移的另一重要指标，本书将遵循逆向知识转移频率的分析方法对母公司作用机制与知识转移效果的关系进行研究。我们将选择母公司作用机制的 6 个因素作为自变量，逆向知识转移效果的综合分值 purpose，以及转移效果子变量 purposeshare、purposeapply、purposesystem、purposeembed 和 purposeinno 分别作为因变量，对由其构成的回归方程分别进行回归检验（Enter），将回归结果统计如表 5-27 所示。不同因变量回归模型调整后 R^2 值分别为 0.696，0.526，0.473，0.410，0.417，0.426，均大于 0.4，说明其拟合优度可以接受，各回归模型都可以对因变量的主要影响因素起到较好的解释作用。而不同因变量模型的主要影响因素和回归系数各有差异，说明不同层次知识转移效果将受到不同母公司作用机制因素的因素，其具体回归系数和内在原因分析如后文所述。

表 5-27　直接效应——知识转移效果的回归系数统计表

自变量	purpose			purposeshare			purposeapply		
	标准化系数	t	Sig.	标准化系数	t	Sig.	标准化系数	t	Sig.
（constant）		-0.276	0.783		0.046	0.963		-0.164	0.870
experience	0.103	1.647	0.103	0.068	0.869	0.387	-0.076	-0.925	0.357
embedding	0.073	1.044	0.299	0.149	1.707	0.091*	0.040	0.431	0.668
motivation	0.224	2.165	0.033**	0.220	1.708	0.091*	0.373	2.742	0.007***
controlnew	0.079	1.253	0.213	0.265	3.381	0.001***	0.033	0.399	0.691
absorb	0.307	2.736	0.007***	-0.121	-0.861	0.391	0.183	1.239	0.218
support	0.257	2.687	0.008***	0.408	3.426	0.001***	0.215	1.712	0.090*
调整后 R^2	0.696			0.526			0.473		

续表 5-27

自变量	purposesystem			purposeembed			purposeinno		
	标准化系数	t	Sig.	标准化系数	t	Sig.	标准化系数	t	Sig.
（constant）		1.586	0.116		-1.334	0.185		-1.127	0.262
experience	0.080	0.923	0.358	0.328	3.810	0.000***	0.077	0.904	0.368
embedding	-0.026	-0.271	0.787	-0.036	-0.368	0.713	0.083	0.859	0.393
motivation	0.113	0.787	0.433	0.208	1.453	0.149	0.000	-0.002	0.998
controlnew	-0.151	-1.733	0.086*	0.083	0.961	0.339	0.002	0.024	0.981
absorb	0.500	3.199	0.002***	0.186	1.196	0.234	0.538	3.490	0.001***
support	0.125	0.943	0.348	0.084	0.633	0.528	0.074	0.562	0.575
调整后 R^2	0.410			0.417			0.426		

　　知识转移效果的综合指标的分析模型中，母公司国际化战略（motivation）、吸收能力（absorb）和支持机制（support）均在 1% 水平上显著，可见这三个因素对逆向知识转移效果产生积极影响。而在知识转移效果的具体分析中，主要影响因素并未统一：①知识嵌入性、国际化战略、母子公司控制协调机制和知识转移支持机制对知识共享效果（purposeshare）具有显著影响，吸收能力的影响并不显著。这或许是因为知识共享效果只涉及知识转移的传递和接受环节，并未涉及知识应用和创新等高层次活动，因此知识转移支持机制和战略导向的作用明显高于知识吸收和创新能力。②知识应用效果（purposeapply）的实现程度主要受到母公司战略导向和知识

吸收能力的影响，涉及知识学习和应用环节，较高层次的知识应用和创新能力将对其产生显著影响。③知识嵌入目标（purposeembed）的实现程度则主要受到国际化战略导向和转移机制的影响，这是因为中国海外投资企业对外知识需求往往与实际对外投资活动相关联，直接反映国际化战略导向的知识需求。④知识转移制度的构建（purposesystem0和实现自主创新（purposeinno）的程度则主要受到知识吸收能力的影响，其显著性水平明显小于0.01，在1%水平上显著。这主要由于这两类知识转移效果指标涉及较高层次的知识活动，包括将知识转移和管理活动制度化以及知识应用和自主创新能力的提升，他们已不再依赖于基础知识转移的影响因素，如对知识获取提供需求指向性的战略导向，对知识转移意愿产生影响的控制机制，以及对知识共享效果产生显著影响的转移支持机制等，而更依赖于高层次知识吸收能力的影响。

可见，在对逆向知识转移效果的研究中，国际化战略导向、知识转移吸收能力和支持机制的作用基本得到验证，尤其在转移效果的具体分析中，国际化战略导向和吸收能力的影响尤为显著，而母子公司控制机制的作用在转移效果综合值和具体指标的分析中并未达成统一结论，该假设只得到部分支持。

二、母公司控制机制的间接效应

根据前文假设模型，母公司作用机制除了对逆向知识转移结果产生直接影响外，还通过子公司知识转移意愿和渠道对知识转移产生间接作用，而这种间接效应表现为：一是母公司控制机制会影响转移意愿和渠道，进而影响知识转移结果；二是知识转移意愿和渠道也会对知识转移结果，以及母公司控制机制的作用程度产生影响。概括说来，知识转移意愿和渠道将调节母公司控制机制对逆向知识转移的影响关系。为检验上述调节作用，本书将知识转移意愿和渠道变量自身，及其与母公司控制机制的交互项均作为自变量引入回归模型，借以验证母公司控制机制通过知识转移意愿和渠道产生影响的间接效应。为此，本书分别围绕意愿和渠道构建回归方程。

$$purpose = \alpha_1 experience + \alpha_2 motivation + \alpha_3 embedding + \alpha_4 contro\ In\ ew \\ + \alpha_5 willing + \alpha_6 motivation.willing1 + \alpha_7 contro\ in\ ew.willing1 + \mu_i \qquad (5.3)$$

$$frequency = \beta_1 exp\ erience + \beta_2 motivation + \beta_3 embedding + \beta_4 contr\ In\ ew \\ + \beta_5 willing + \beta_6 motivation.willing1 + \beta_7 contro\ in\ ew.willing1 + \varepsilon_i \qquad (5.4)$$

其中 $\alpha_1 \alpha_2 \alpha_3 \alpha_4 \alpha_5 \alpha_6 \alpha_7 \beta_1 \beta_2 \beta_3 \beta_4 \beta_5 \beta_6 \beta_7$ 为回归系数，$\mu_i \varepsilon_i$ 为方程误差项。

$$purpose = \delta_1 experience + \delta_2 motivation + \delta_3 embedding + \delta_4 contro \; in \; ew + \delta_5 basic$$
$$+ \delta_6 senior + \delta_7 motivation.basic1 + \delta_8 motivation.senior1 \qquad (5.5)$$
$$+ \delta_9 contro \; In \; ew.basic1 + \delta_{10} contro \; In \; ew.senior1 + \gamma_i$$

$$frequency = \eta_1 exp \; erience + \eta_2 motivation + \eta_3 embedding + \eta_4 contro \; in \; ew + \eta_5 basic$$
$$+ \eta_6 senior + \eta_7 motivation.basic1 + \eta_8 motivation.senior1 \qquad (5.6)$$
$$+ \eta_9 contro \; In \; ew.basic1 + \eta_{10} contro \; In \; ew.senior1 + \lambda_i$$

其 $\delta_1\delta_2\delta_3\delta_4\delta_5\delta_6\delta_7\delta_8\delta_9\delta_{10}\eta_1\eta_2\eta_3\eta_4\eta_5\eta_6\eta_7\eta_8\eta_9\eta_{10}$ 中为回归系数，$\gamma_i\lambda_i$ 为方程误差项。

（一）多重共线性检验

由于两组模型涉及交互变量，因此首先对基于渠道和意愿的交互变量数据进行中心化处理，即交互变量 A.B 是将变量 A 和 B 的数值中心化后相乘而得，中心化即将原变量数据减去均值。表 5-28 列示母公司控制机制间接效应的自变量共线性检验结果，在分别对两组回归模型进行检验后将结果统。

表 5-28　母公司控制机制间接效应的多重共线性检验

模型		多重共线性检验		模型		多重共线性检验	
		Tolerance	VIF			Tolerance	VIF
5.3 5.4	experience	0.690	1.449	5.5 5.6	experience	0.763	1.311
	embedding	0.695	1.438		embedding	0.758	1.319
	motivation	0.459	2.179		motivation	0.530	1.886
	controlnew	0.402	2.490		controlnew	0.382	2.615
	Willing	0.283	3.534		basic	0.648	1.544
	motivation1.willing1	0.325	3.078		senior	0.402	2.485
	controlnew1.willing1	0.407	2.455		motivation1.basic1	0.516	1.936
					motivation1.senior1	0.269	3.713
					controlnew1.senior1	0.250	3.998
					controlnew1.basic1	0.388	2.575

上述两组模型中 willing，motivation.senior1 和 controlnew.senior1 的容忍度大于 0.2，其他自变量的容忍度均大于 0.3，但各变量 VIF 均小于 5，说明两组模型自变量不存在较严重的共线性问题，其回归结果是具有可信度的，因此下文将对两组模型分别进行回归检验。

（二）基于知识转移意愿的间接效应

在对数据进行处理并进行多重共线性检验的基础上，本书将分别对两组模型进行回归检验（Enter）。首先检验基于转移意愿的间接效应方程 5.3 和 5.4，其回归结果统计如表 5-29 所示。

表 5-29　间接效应——母公司控制机制与转移意愿的回归模型系数

自变量	purpose 为因变量			frequency 为因变量		
	标准化系数	t	Sig.	标准化系数	t	Sig.
（constant）		2.768	0.007***		2.632	0.010**
experience	0.202	2.943	0.004***	0.158	1.969	0.052*
embedding	0.023	0.341	0.734	0.006	0.069	0.945
motivation	0.274	3.249	0.002***	-0.112	-1.138	0.258
controlnew	0.308	3.418	0.001***	0.545	5.184	0.000***
willing	0.255	2.382	0.019**	0.100	0.800	0.426
motivation1.willing1	-0.042	-0.416	0.678	-0.293	-2.502	0.014**
controlnew1.willing1	0.131	1.467	0.145	0.159	1.519	0.132
调整后 R^2	0.639			0.507		

上述模型的调整后 R^2 值分别为 0.639 和 0.507，均大于 0.5，说明模型拟合优度良好。根据回归系数，在以知识转移效果为因变量的研究中，国际化经验、国际化动因、母子公司控制机制和知识转移意愿对其具有显著影响，其中前三者在 1% 水平上显著，而转移意愿则在 5% 水平上显著，但国际化动因和控制程度与转移意愿的交互项作用并不显著，说明国际化战略导向、母子公司控制协调机制两类变量与知识转移意愿共同作用对转移效果产生积极影响。而以知识转移频率为因变量时，国际化经验、母子公司控制协调机制、国际化动因与转移意愿的交互项对其产生显著影响，其他变量并不显著，说明国际化动因通过知识转移意愿对转移频率存在间接影响。两组检验的结果差异主要反映在国际化动因与转移意愿的交互项上，该变量对转移频率有影响却对转移效果不显著，这或许是因为转移频率涉及基本转移活动，而转移效果则涉及更高层次的知识应用和创新活动，而国际化动因与知识转移意愿的交互作用只能影响子公司是否愿意主动转移和共享知识的基本范畴，而无法通过国际化战略影响母公司接受知识后的应用创新活动，这也是子公司知识转移意愿无法影

响的环节。

（三）基于知识转移渠道的间接效应

运用同样方法对基于转移渠道的间接效应进行研究。前文已述，本书根据转移渠道差异将知识转移分为初级（basic）和高级活动（senior），前者是基于编码和职能渠道的知识转移，后者是基于人员渠道的知识转移，将其作为与控制机制共同作用的自变量纳入回归方程 5.5 和 5.6。对其进行回归检验，结果统计如表 5-30 所示。

表 5-30　间接效应——母公司控制机制与转移渠道的回归模型系数

自变量	purpose 为因变量			frequency 为因变量		
	标准化系数	t	Sig.	标准化系数	t	Sig.
（constant）		2.304	0.023**		1.227	0.223
experience	0.269	4.161	0.000***	0.207	2.780	0.006***
embedding	0.076	1.174	0.243	0.068	0.905	0.368
motivation	0.256	3.298	0.001***	-0.105	-1.177	0.242
controlnew	0.342	3.739	0.000***	0.524	4.984	0.000***
basic	0.074	1.060	0.292	0.156	1.937	0.056*
senior	0.109	1.219	0.226	0.047	0.457	0.649
motivation1.basic1	-0.131	-1.667	0.099*	-0.139	-1.542	0.126
motivation1.senior1	-0.086	-0.786	0.434	-0.104	-0.830	0.409
controlnew1.senior1	0.234	2.068	0.041**	-0.034	-0.260	0.796
controlnew1.basic1	-0.015	-0.165	0.869	0.213	2.038	0.044**
调整后 R^2	0.646			0.531		

上述模型的调整后 R^2 值分别为 0.646 和 0.531，均大于 0.5，说明模型拟合优度良好。以 purpose 为因变量的检验模型中，除了国际化战略、国际化经验和母子公司控制程度在 1% 水平上显著外，国际化动因与基本活动交互项、母子公司控制程度与高级活动交互项也分别在 10% 和 5% 水平上显著，说明国际化动因控制程度都将通过与转移渠道的交互作用对转移效果产生影响。不同的是，国际化作用于基本转移活动，而控制程度的作用表现在高级转移活动中。这或许是因为，国际化动因更支持对东道国市场和技术知识的导向型寻求，这类知识多为可编码知识，可采用基本转移活动所代表的电子平台及其他编码渠道实现共享，因此与 basic 的交互项作用显

著；而母子公司控制协调机制大多通过基于组织结构、文化和人员的战略活动体现其对子公司的控制程度，因此与基于人员和职能渠道的高级转移活动的交互作用更为显著。

在以 frequency 为因变量的检验模型中，国际化经验、母子公司控制机制、基本转移渠道以及两者交互项分别在不同程度上显著，而国际化动因的影响并不显著。这或许是由于国际化动因更倾向于调控知识转移类型和意愿，而对子公司转移渠道选择的作用并不显著，因此其于转移渠道的间接效应并不明显。相反的，母子公司控制协调机制不仅通过子公司自主程度和战略统一的均衡影响其转移知识的意愿，更通过其组织结构和管理层级影响子公司可供选择的知识转移渠道，因此母子公司控制协调机制通过转移渠道的间接效应更为显著。而其间接效应在转移效果和频率分析中又存在差异，这或许与转移频率和效果衡量的转移活动层次有关，转移频率衡量的基本转移活动更容易受到基于编码的基本转移渠道影响，而转移效果衡量的高层次转移则更取决于基于人员的高级转移渠道。

三、控制变量的影响作用

前文已对逆向知识转移的 H1—H6 进行检验，本部分将主要探讨调研对象所处行业和企业性质等因素是否会对检验结果产生影响，即控制变量的影响作用。本书将调研对象按所处行业分为两类：一是农林牧渔业、采矿业和制造业即第一和第二产业（赋值为 1）；二是服务业即第三产业（赋值为 0），建立二分变量 industrynew。调研对象按公司类型也可分为两类，国有公司（赋值为 1）与非国有公司（赋值为 0），建立二分变量 statusnew。为便于检验控制变量的影响，我们将其纳入母公司作用机制的回归方程，进行回归检验并将结果归纳如表 5-31 所示。

表 5-31　控制变量与逆向知识转移的回归模型系数

自变量	purpose 为因变量			frequency 为因变量		
	标准化系数	t	Sig.	标准化系数	t	Sig.
（constant）		-0.238	0.812		1.838	0.069*
experience	0.101	1.606	0.111	0.097	1.529	0.009***
embedding	0.074	1.047	0.297	0.276	3.870	0.000***
motivation	0.212	1.976	0.051*	0.069	0.634	0.059*
controlnew	0.092	1.427	0.157	0.245	3.744	0.000***
absorb	0.297	2.617	0.010**	0.161	1.404	0.163

自变量	purpose 为因变量			frequency 为因变量		
	标准化系数	t	Sig.	标准化系数	t	Sig.
support	0.263	2.680	0.009***	0.263	2.638	0.010**
industrynew	-0.026	-0.466	0.642	0.106	1.909	0.528
statusnew	0.054	0.950	0.344	0.153	2.670	0.129
调整后 R^2	0.693			0.684		

根据回归系数表，企业所处行业和企业类型两个变量的显著性水平均大于 0.1，说明其对逆向知识转移并未显著影响，可见控制变量并未影响前文对母公司作用机制与逆向知识转移的回归分析。

四、知识转移效果与企业创新绩效

前文已对母公司二维作用机制对逆向知识转移的影响进行分析，我们也应注意的是：中国海外投资企业鼓励子公司实施逆向知识转移的最终目标是为了通过子公司获得东道国先进技术和资源，并将其内部化为自己的知识积累，将其应用与自身的技术创新和管理创新，因此通过逆向知识转移提升企业创新绩效乃是企业的最终目标。本书将检验逆向知识转移效果和频率对企业创新绩效的影响作用，由于逆向知识转移涉及技术知识、管理知识、文化知识和市场知识，因此创新绩效也相应分为不同类型，即技术创新（对应技术知识转移）和管理创新（对应管理、市场和文化知识）。我们将分别研究逆向知识转移效果和频率的具体指标对企业创新绩效的不同影响。

首先研究逆向知识转移效果的具体指标对企业创新绩效的影响作用。为此我们将知识转移频率的综合值与知识转移效果的具体指标作为自变量，技术创新和管理创新指标作为因变量，分别构建回归方程，如下所示。技术创新指标包括采用投入衡量和产出衡量的两个变量，分别以企业研发投入经费占总支出的比重（innoperformance1），以及现在企业申请专利的周期长短（innoperformance2）两个指标衡量，管理创新绩效则采用对企业运营过程重要环节的管理效率的综合评分衡量（manperformance），包括生产工艺流程和质量控制，与供应商的长期合作关系，市场营销策略，员工培训、激励和职业规划等人力资源管理策略，企业文化构建和组织结构模式等。

$$innoperformance1 = \alpha_1 purposeshare + \alpha_2 purposeapply + \alpha_3 purposesystem + \alpha_4 purposeembed + \alpha_5 purposeinno + \alpha_6 frequency + \mu_i \quad (5.7)$$

$$innoperformance1 = \beta_1 purposeshare + \beta_2 purposeapply + \beta_3 purposesystem$$
$$+ \beta_4 purposeembed + \beta_5 purposeinno + \beta_6 freuency + \varepsilon_i \quad (5.8)$$

$$manperformance1 = \eta_1 purposeshare + \eta_2 purposeapply + \eta_3 purposesystem$$
$$+ \eta_4 purposeembed + \eta_5 purposeinno + \eta_6 freuency + \sigma_i \quad (5.9)$$

其中 $\alpha_1\alpha_2\alpha_3\alpha_4\alpha_5\alpha_6\beta_1\beta_2\beta_3\beta_4\beta_5\beta_6\eta_1\eta_2\eta_3\eta_4\eta_5\eta_6$ 为自变量回归系数，为误差 $\mu_i\varepsilon_i\sigma_i$ 项。

为保证回归结果的可信度，首先对上述方程自变量进行多重共线性检验，其结果如表表 5-32 所示。由于各变量的容忍度均大于 0.3，VIF 远小于 5，说明自变量之间不存在明显的共线性问题，其回归结果可信度较高。

表 5-32　知识转移效果与企业创新绩效的多重共线性检验

模型		多重共线性检验	
		Tolerance	VIF
5.7 5.8 5.9	purposeshare	0.427	2.343
	purposeapply	0.432	2.312
	purposesystem	0.598	1.671
	purposeembed	0.530	1.886
	purposeinno	0.671	1.491
	frequency	0.474	2.109

其次对上述方程进行回归检验（Enter），将结果统计如表 5-33 所示。

表 5-33　知识转移效果与企业创新绩效的回归模型系数

自变量	Innoperformance1			innoperformance2			manperformance		
	标准化系数	t	Sig.	标准化系数	t	Sig.	标准化系数	t	Sig.
（constant）		-0.207	0.836		-3.732	0.000***		1.352	0.179
purposeshare	0.031	0.237	0.813	0.010	0.118	0.906	0.011	0.131	0.896
purposeapply	-0.004	-0.032	0.975	0.119	1.363	0.176	0.063	0.749	0.455
purposesystem	0.040	0.361	0.718	-0.121	-1.632	0.106	0.116	1.634	0.105
purposeembed	0.107	0.909	0.366	-0.194	-2.470	0.015**	0.072	0.954	0.342
purposeinno	0.324	3.081	0.003***	0.642	9.183	0.000***	0.143	2.129	0.036**
frequency	0.078	0.626	0.533	0.335	4.026	0.000***	0.583	7.285	0.000***
调整后 R^2	0.221			0.636			0.662		

根据表 5-33 数据，以投入衡量的创新绩效模型拟合优度较差，因此本书将选择以产出衡量的技术创新指标进行研究，即以 innoperformance2 为因变量的回归模型。在以产出衡量的技术创新研究中，实现知识嵌入程度（purposeembed）、实现自主创新程度（purposeinno）和转移频率（frequency）的影响最为显著。而在管理创新绩效研究中，实现自主创新程度（purposeinno）以及转移频率的影响更为显著。知识转移创新效果对创新绩效的影响一致，但不同的是，实现知识嵌入性目标的程度对专利申请的影响显著，这或许是因为部分关注技术知识获取的中国投资企业，东道国技术寻求为海外投资主要动因，其知识获取与投资目标的嵌入程度较深，直接影响其技术知识获取和技术创新成果的实现。而对管理创新绩效，则是知识转移制度化的影响较突出，这是因为知识转移制度化将规范跨国公司内部的知识转移行为，使其成为定期的交流和共享活动，并为其提供制度措施作为保障，这样才能有效提升组织实施知识管理和共享活动的效率。

五、知识转移频率与企业创新绩效

其次本书将检验知识转移频率对创新绩效的影响。我们将知识转移频率具体变量和转移效果综合值作为自变量，创新绩效作为因变量，分别构建回归方程。

$$innoperformance1 = \alpha_1 purpose + \alpha_2 frequencytech + \alpha_3 frequencyman + \\ \alpha_4 frequencymar + \alpha_5 frequencycul + \mu_i \quad (5.10)$$

$$innoperformance1 = \beta_1 purpose + \beta_2 frequencytech + \beta_3 frequencyman + \\ \beta_4 frequencymar + \beta_5 frequencycul + \varepsilon_i \quad (5.11)$$

$$manperformance1 = \eta_1 purpose + \eta_2 frequencytech + \eta_3 frequencyman + \\ \eta_4 frequencymar + \eta_5 frequencycul + \sigma_i \quad (5.12)$$

其中 $\alpha_1 \alpha_2 \alpha_3 \alpha_4 \alpha_5 \beta_1 \beta_2 \beta_3 \beta_4 \beta_5 \eta_1 \eta_2 \eta_3 \eta_4 \eta_5$ 为自变量回归系数，$\mu_i \varepsilon_i \sigma_i$ 为方程误差项。

为保证回归结果的可信度，首先对上述方程自变量进行多重共线性检验，其结果如表 5-34 所示。由于各变量的容忍度均大于 0.3，VIF 远小于 5，说明自变量之间不存在明显的共线性问题，其回归结果可信度较高。

表 5-34 知识转移频率与创新绩效的多重共线性检验

模型		多重共线性检验	
		Tolerance	VIF
5.10 5.11 5.12	purpose	0.455	2.200
	frequencytech	0.766	1.306
	frequencyman	0.615	1.626
	frequencymar	0.485	2.063
	frequencycul	0.451	2.219

随后对上述方程进行回归检验（Enter），并将各方程的回归结果归纳如表 5-35 所示。

表 5-35 知识转移频率与企业创新绩效的回归模型系数

自变量	innoperformance1			innoperformance2			manperformance		
	标准化系数	t	Sig.	标准化系数	t	Sig.	标准化系数	t	Sig.
（constant）		-0.293	0.770		-3.144	0.002***		1.871	0.064*
purpose	0.337	2.614	0.010***	0.271	2.561	0.012**	0.287	3.589	0.001***
frequencytech	-0.010	-0.105	0.917	0.189	2.315	0.023**	0.050	0.811	0.419
frequencyman	-0.121	-1.090	0.278	0.049	0.540	0.591	0.082	1.188	0.237
frequencymar	0.166	1.327	0.187	-0.119	-1.162	0.248	0.293	3.778	0.000***
frequencycul	0.063	0.486	0.628	0.398	3.739	0.000***	0.296	3.682	0.000***
调整后 R^2	0.200			0.434			0.677		

以投入衡量的技术创新绩效模型拟合优度较差，结果不予考虑。在以产出衡量的技术创新绩效模型中，知识转移效果（purpose）、技术知识转移（frequencytech）和文化知识转移（frequencycul）的影响最为显著，前两者在5%水平上显著，这是因为技术知识是企业技术创新和专利研发的主要资源，通过技术支持为企业提供自主创新能力提升的资源基础；而文化知识主要用于为企业构建鼓励创新的文化氛围，鼓励、规范和激励企业内部的创新活动和创新成果，为自主创新能力提升提供环境条件，因此技术创新绩效与技术和文化知识转移具有显著正相关关系。而在管理创新绩效的研究中，转移效果（purpose）、市场知识（frequencymar）和文化知识

（frequencycul）的影响作用均在 1% 水平上显著，这或许是因为市场和文化知识更多被母公司用于战略调整和运营效率提升的实践活动中，中国企业的海外知识寻求更关注市场知识对海外市场开发的战略指导作用，所以东道国市场知识被应用于市场开发战略制定和实施，而文化知识则被应用于跨文化管理和跨文化整合过程的积极影响，前者有利于市场扩张和营销管理效率提升，后者则有利于跨文化管理效率提升。可见市场知识和文化知识对企业管理效率提升，即管理创新绩效的确存在积极影响。

第四节　母公司二维作用机制与逆向知识转移的具体研究

第三节对母公司二维作用机制与逆向知识转移结果之间的影响作用进行实证研究，验证了 6 个基本假设。由于第三节是对母公司影响因素的综合变量进行统计分析，本节将分别对母公司控制机制和吸收机制所包含的子变量进行具体分析，深入探讨母公司影响因素中对逆向知识转移产生直接作用的具体变量。首先对母公司控制机制变量与逆向知识转移的关系进行具体研究，母公司控制机制包含国际化战略、国际化经验和知识嵌入性三个变量，前两者还包含相应指标体系，本节将陆续对其影响作用进行分析。

一、控制机制：母公司国际化战略导向

母公司国际化战略导向对逆向知识转移效果和频率产生影响，主要是由于不同类型国际化动因标志着中国企业对东道国不同类型知识的需求程度，如市场寻求型活动可能更关注东道国市场需求信息、营销战略和政府政策等市场知识，战略性资源或创造性资产寻求型投资活动更关注东道国市场技术知识、工艺水平、管理模式等信息。可见不同类型国际化动因对不同类型知识转移活动和转移效果必然会存在不同影响，本书认为中国海外投资企业存在的国际化动因随着国际化进程深入，由最初的市场寻求型动因（marmotivate），跟随时代潮流的投资动因（tremotivate），逐渐向效率寻求型投资（effmotivate）和战略性资源/创造性资产寻求型动因（strmotivate）转移。本部分将其他控制机制变量——包括国际化经验、知识嵌入性和母子公司控制协调机制——仍然取其综合分值，而将国际化战略变量分解，着重研究不同投资动因对逆向知识转移的影响作用差异。首先，我们会分别以 purpose 和 frequency 及

其子变量为因变量构建回归方程。

$$purpose_i = \alpha_1 experience + \alpha_2 motivative + \alpha_3 effmotivate + \alpha_4 strmotiv + \\ \alpha_5 tremotivate + \alpha_6 embedding + \alpha_7 contro\ in\ ew + \mu_i \tag{5.13}$$

$$frequency_i = \beta_1 experience + \beta_2 motivative + \beta_3 effmotivate + \beta_4 strmotiv + \\ \beta_5 tremotivate + \beta_6 embedding + \beta_7 contro\ in\ ew + \varepsilon_i \tag{5.14}$$

其中 $\alpha_1\alpha_2\alpha_3\alpha_4\alpha_5\alpha_6\alpha_7\beta_1\beta_2\beta_3\beta_4\beta_5\beta_6\beta_7$ 为自变量回归系数，$\mu_i\varepsilon_i$ 为方程误差项，purposei 表示综合知识转移效果 purpose 以及转移效果的子变量实现知识共享效果 purposeshare、实现知识应用效果 purposeapply、知识转移制度构建 purposesystem、实现知识嵌入目标 purposeembed、实现自主创新目标 purposeinno；frequencyi 则表示知识转移频率的综合指标 frequency，技术知识转移频率 frequencytech、管理知识频率 frequencyman、市场知识频率 frequencymar 和文化知识频率 frequencycul。

（一）多重共线性检验

表 5-36 列示母公司控制机制具体指标分析的自变量共线性检验结果，如表所示，本书先对母公司国际化动因具体指标对逆向知识转移的作用差异进行分析，因此围绕相应回归方程 5.13 和 5.14 进行自变量的多重共线性检验。各变量的容忍度均大于 0.3，VIF 均小于 5.0，说明各自变量之间不存在多重共线问题，其回归结果可信度较高。

表 5-36　母公司控制机制——国际化战略的多重共线性检验

模型			多重共线性检验	
			Tolerance	VIF
5.13 5.14		experience	0.636	1.573
		embedding	0.594	1.685
		marmotivate	0.495	2.020
		effmotivate	0.448	2.234
		strmotivate	0.498	2.009
		tremotivate	0.562	1.778
		controlnew	0.683	1.464

（二）知识转移效果

首先对公式 5.13 所包含的以 purpose 及 5 个子变量为因变量的回归方程分别进行回归检验（Enter），将结果归纳如表 5-37 所示。

根据表中数据，各模型调整后 R^2 值均大于 0.4，其拟合优度较好。在整体效果分析中，我们发现市场寻求（marmotivate）和战略资源寻求动因（strmotivate）对知识转移效果影响最为显著。而在不同层次效果分析中，这两类动因对实现知识共享效果，实现知识应用效果，以及建立知识转移制度的影响最为显著，而实现知识嵌入目标和自主创新程度则主要受到战略资源寻求动因影响。这或许是因为前三类知识转移目标属于知识转移的基本层次，对知识的获取和应用大多集中在市场知识和技术知识，这两类知识与市场寻求型和战略性资源寻求型投资相关联。而后两类知识转移目标，包括实现知识嵌入目标和提升自主创新水平，主要涉及技术知识的转移和创造，所以与战略资源性动因的关系比市场寻求性动因更为显著。此外，我们还应注意，母子公司控制协调程度（controlnew）对实现知识共享的程度也有显著影响，这是由于控制程度影响子公司知识转移意愿和渠道，进而对知识共享程度产生作用；国际化经验（experience）对知识嵌入目标的实现程度也具有显著作用，这是因为嵌入于对外投资活动的知识寻求，不仅能有赖于国际化战略的方向性指引，更有赖于企业在海外经营的经验，国际化经验能有助于企业开拓东道国知识获取渠道，提高获取知识的频率和程度。

表 5-37 母公司国际化战略导向与知识转移效果的回归模型系数

自变量	purpose			purposeshare			purposeapply		
	标准化系数	t	Sig.	标准化系数	t	Sig.	标准化系数	t	Sig.
（constant）		2.934	0.004***		1.682	0.096*		1.721	0.088*
experience	0.089	1.155	0.251	0.060	0.678	0.499	-0.077	-0.854	0.395
embedding	0.083	1.036	0.303	0.095	1.040	0.301	0.032	0.338	0.736
controlnew	0.104	1.397	0.165	0.291	3.431	0.001***	0.050	0.576	0.566
marmotivate	0.150	1.709	0.090*	0.162	1.622	0.108	0.228	2.233	0.028**
effmotivate	0.078	0.843	0.401	0.066	0.630	0.530	0.036	0.334	0.739
strmotivate	0.458	5.235	0.000***	0.242	2.437	0.017**	0.472	4.642	0.000***
tremotivate	0.032	0.387	0.700	0.029	0.307	0.760	0.034	0.360	0.720
调整后 R^2	0.577			0.454			0.428		

续表 5-37

自变量	purpose			purposeshare			purposeapply		
	标准化系数	t	Sig.	标准化系数	t	Sig.	标准化系数	t	Sig.
（constant）		4.063	0.000***		-0.071	0.943		1.654	0.101
experience	0.001	0.007	0.994	0.250	2.751	0.007***	0.151	1.618	0.109
embedding	-0.010	-0.095	0.924	-0.011	-0.122	0.903	0.160	1.661	0.100
controlnew	-0.165	-1.702	0.092*	0.119	1.363	0.176	0.035	0.391	0.697
marmotivate	0.393	3.454	0.001***	0.028	0.269	0.788	-0.189	-1.791	0.076*
effmotivate	-0.015	-0.127	0.899	0.051	0.474	0.636	0.141	1.272	0.206
strmotivate	0.319	2.816	0.006***	0.151	1.468	0.145	0.560	5.321	0.000***
tremotivate	0.055	0.515	0.607	0.303	3.133	0.002***	-0.169	-1.705	0.091*
调整后 R^2	0.429			0.418			0.427		

（三）知识转移频率

对知识转移频率及其分类变量的影响因素研究，本书将采用与转移效果同样的分析方法，对其进行全部进入回归检验（Enter）并将结果统计如表 5-38 所示。

表 5-38　母公司国际化战略导向与知识转移频率的回归模型系数

自变量	frequency			frequencytech			frequencyman		
	标准化系数	t	Sig.	标准化系数	t	Sig.	标准化系数	t	Sig.
（constant）		4.892	0.000***		2.645	0.009***		4.239	0.000***
experience	0.093	1.278	0.204	-0.110	-1.112	0.269	0.005	0.048	0.962
embedding	0.291	3.843	0.000***	0.122	1.192	0.236	0.404	3.843	0.000***
controlnew	0.248	3.515	0.001***	0.380	3.975	0.000***	0.167	1.702	0.092*
marmotivate	0.038	0.455	0.650	-0.092	-0.822	0.413	-0.091	-0.794	0.429
effmotivate	-0.039	-0.452	0.652	0.059	0.497	0.620	-0.132	-1.087	0.279
strmotivate	0.381	4.619	0.000***	0.181	1.615	0.109	0.330	2.873	0.005***
tremotivate	0.087	1.124	0.263	0.196	1.858	0.066*	-0.029	-0.270	0.788
调整后 R^2	0.623			0.593			0.564		

自变量	frequencymar			frequencycul		
	标准化系数	t	Sig.	标准化系数	T	Sig.
（constant）		3.473	0.001***		1.970	0.052*
experience	0.298	3.618	0.000***	0.038	0.443	0.659
embedding	0.291	3.416	0.001***	0.108	1.221	0.225
controlnew	0.199	2.511	0.014**	0.062	0.751	0.454
marmotivate	0.161	1.727	0.087*	0.079	0.821	0.414
effmotivate	-0.185	-1.885	0.062*	0.128	1.264	0.209
strmotivate	0.255	2.748	0.007***	0.397	4.125	0.000***
tremotivate	0.003	0.035	0.972	0.106	1.168	0.246
调整后 R^2	0.523			0.489		

各模型调整后的 R^2 值分别为 0.623、0.593、0.564、0.523 和 0.489，均大于 0.4，说明各模型拟合优度良好。根据上述结果，我们发现，影响知识转移频率综合值的主要因素为知识嵌入性（embedding）、母子公司协调控制机制（controlnew）和战略性资源寻求型投资动因（strmotivate）等变量均在 1% 水平上显著。国际化动因中对战略资源寻求性 / 创造性资产寻求性投资对海外知识获取和转移的影响极其显著，这是因为中国企业愈加重视对海外先进技术、战略模式、企业文化、经营渠道等高层次资源的获取，其投资中心已不仅仅局限在市场扩张范畴，而是希望通过海外资源获取提升自身管理和技术水平，实现更长远和更具竞争力的发展。可见，战略资源性投资动因为中国企业寻求东道国先进知识资源提供了方向和目标，对知识转移具有主动引导和积极鼓励的作用。

在知识转移频率子变量的分析中，①影响技术知识转移频率的主要因素为 controlnew 和 strmotivate，而知识嵌入性的影响作用不显著，这是因为技术知识被用于母公司的产品性能改进和自主创新能力提升，用于丰富企业竞争能力组合，学习和创新程度较高，与特定市场环境的嵌入程度不深，所以知识嵌入性的影响不显著。②影响管理知识转移频率的主要因素为 embedding 和 strmotivate，这是因为管理知识或管理工具对适用环境的条件要求性对其他种类知识要严格一些，它们更多被用于具有基础条件且任务环境相似的新任务中去，因此知识嵌入性对其影响作用会比其他知识更显著。③影响市场知识转移频率的主要因素为 experience，embedding，marmotivate 和 strmotivate，这主要是因为市场知识的获取和选择与市场寻求型动因直接相关，且市场知识的应用要求新市场环境必须与原市场具有类似市场需求或其他特征，所以知识嵌入性和市场寻求动因的影响作用显著。当然，国际化经验对海外市场运营和扩张也具有重要影响，只有属于海外市场环境和运作规则的跨国企业才能更准确把握东道国重要的市场信息，也才能根据市场知识做出最及时和正确的决定。④影响文化知识转移频率的主要因素为 effmotivate 和 strmotivate，这或许是因为跨文化管理和整合问题直接关系到跨国经营的效率，效率寻求型投资活动将会为提升跨文化管理效率而考虑到文化差异影响，进而关注文化知识的海外获取和内部转移。

二、控制机制：母公司国际化经验

国际化经验变量包含两个子变量：一是以参与国际化经营的年限衡量的 experienceyear；二是以海外销售额占企业总销售额比重衡量的国际化程度 experiencesales。本部分将其他自变量取综合分值，而将国际化经验变量分解，并以知识转移效果和频率为因变量构建回归方程。

$$purpose_i = \alpha_1 experienceyear + \alpha_2 experiencesales + \alpha_3 motivation + \\ \alpha_4 embedding + \alpha_5 contro\ in\ ew + \mu_i \tag{5.15}$$

$$frequency_i = \beta_1 exp\ erienceyear + \beta_2 experiencesales + \beta_3 motivation + \\ \beta_4 embedding + \beta_5 contr\ In\ ew + \varepsilon_i \tag{5.16}$$

其中 $\alpha_1\alpha_2\alpha_3\alpha_4\alpha_5\beta_1\beta_2\beta_3\beta_5$ 为自变量回归系数，为 $\mu_i\varepsilon_i$ 方程误差项。

（一）多重共线性检验

表 5-39 列示母公司控制机制中国际化经验具体指标的自变量检验，即围绕回归方程 5.15 和 5.16 进行多重共线性检验。如表所示，各变量的容忍度均大于 0.3，VIF 远小于 5.0，说明各自变量不存在明显的多重共线问题，回归结果可信度较高。但国际化动因变量的容忍度仅大于 0.3，虽然属于可接受范围，但仍然存在被其他自变量解释的可能，因此为保证后文回归结果的可信度，也为了集中考察其他变量的影响作用，暂将 motivation 变量剔除，而对其他变量进行回归分析。

表 5-39 母公司控制机制——国际化经验的多重共线性检验

模型		多重共线性检验	
		Tolerance	VIF
5.15 5.16	experienceyear	0.624	1.603
	experiencesales	0.699	1.430
	embedding	0.584	1.712
	motivation	0.398	2.510
	controlnew	0.705	1.418

（二）知识转移效果

首先围绕 purpose 的回归方程 5.15 进行回归检验（Enter），其结果归纳如表 5-40 所示。由于各模型调整后的 R^2 值均大于 0.4，说明其拟合优度良好，而对不同模型的主要影响因素分析如下所述。

表 5-40 母公司国际化经验与知识转移效果的回归模型系数

自变量	purpose			purposeshare			purposeapply		
	标准化系数	t	Sig.	标准化系数	t	Sig.	标准化系数	t	Sig.
（constant）		4.817	0.000***		3.165	0.002***		3.645	0.000***
experienceyear	0.066	.732	0.466	0.031	0.340	0.735	-0.043	-0.417	0.678
experiencesales	0.185	2.159	0.033**	0.157	1.820	0.072*	0.120	1.237	0.219
embedding	0.387	4.852	0000***	0.304	3.784	0.000***	0.357	3.948	0.000***
controlnew	0.330	4.373	0.000***	0.446	5.879	0.000***	0.291	3.413	0.001***
调整后 R^2	0.407			0.421			0.517		
（constant）		5.760	0.000***		1.019	0.310		2.737	0.007***
experienceyear	0.053	0.486	0.628	0.157	1.646	0.103	0.090	0.854	0.395
experiencesales	0.139	1.333	0.185	0.319	3.546	0.001***	0.057	0.572	0.569
embedding	0.290	2.994	0.003***	0.185	2.202	0.030**	0.341	3.669	0.000***
controlnew	0.069	0.757	0.450	0.233	2.943	0.004***	0.178	2.023	0.046**
调整后 R^2	0.426			0.445			0.473		

根据表 5-40 数据，对转移效果综合值的回归分析中，除了知识嵌入性、国际化动因和母子公司控制协调机制对其产生显著影响外，国际化经验中以销售额比重衡量的指标对知识转移效果也具有显著影响，其中国际化经验在 5% 水平上显著，而其他变量均在 1% 水平上显著。如表所示，以销售额比重衡量的国际化经验比国际化年限指标更为显著，这是因为国际化年限的长短并不能完全说明其国际化经验的丰富程度，参与国际化年限较长的企业有可能是进行出口业务的公司，并未直接参与海外经营。而销售额比重衡量的国际化经验可直接说明其参与海外经营的程度，因此更容易说明其积累的国际化经验对逆向知识转移的影响。

而在不同层次知识转移效果的具体分析中，"实现知识共享程度"和"实现知识嵌入目标的程度"两类知识转移效果的回归结果与 purpose 分析类似，而在其他三类知识转移效果中，国际化经验的作用并不显著。这是因为①实现知识共享程度作为逆向知识转移的基本活动，国际化经验丰富能够给子公司带来信心，鼓励其认可母公司拥有消化吸收东道国知识的能力，因此国际化经验存在显著影响；②实现知识嵌入目标的程度主要衡量与东道国特定环境或市场需求相关联的知识转移，要求知识接受方母公司拥有在类似市场运营的丰富经验，才能充分发挥知识资源价值，因此在同类型东道国的国际经营经验对嵌入性知识的吸收应用有促进作用；③其他三类知识转移效果属于知识应用、创新和制度化等高层次活动，需要母公司战略导向、知识应用和创新能力，以及转移支持机制等其他重要指标的配合，因此国际化经验无法单独对其产生作用，其影响不显著。

（三）知识转移频率

本书围绕 frequency 的回归方程 5.16 进行检验（Enter），结果归纳如表 5-41 所示。

表 5-41　母公司国际化经验与知识转移频率的回归模型系数

自变量	frequency			frequencytech			frequencyman		
	标准化系数	t	Sig.	标准化系数	t	Sig.	标准化系数	t	Sig.
（constant）		6.292	0.000***		3.541	0.001***		4.823	0.000***
experienceyear	0.158	1.964	0.052*	0.084	0.835	0.406	0.019	0.181	0.857
experiencesales	0.037	0.481	0.632	-0.116	-1.220	0.225	-0.052	-0.534	0.594
embedding	0.470	6.620	0.000***	0.220	2.490	0.014**	0.452	4.992	0.000***
controlnew	0.386	5.760	0.000***	0.465	5.579	0.000***	0.194	2.271	0.025**
调整后 R^2	0.530			0.547			0.513		

续表 5-41

自变量	frequencymar			frequencycul		
	标准化系数	t	Sig.	标准化系数	t	Sig.
（constant）		4.422	0.000***		3.825	0.000***
experienceyear	0.154	1.820	0.072*	0.198	2.067	0.041**
experiencesales	0.226	2.824	0.006***	0.002	.020	0.984
embedding	0.408	5.478	0.000***	0.367	4.348	0.000***
controlnew	0.266	3.781	0.000***	0.284	3.572	0.001***
调整后 R^2	0.484			0.438		

在对知识转移频率综合分值的研究中，国际化年限、知识嵌入性和母子公司控制协调机制的影响作用较为显著，分别在 5% 和 1% 的水平上显著。具体来说，市场知识和文化知识转移频率的研究中，国际化年限对知识转移频率的影响也分别在 10% 和 5% 水平上显著。这是因为中国企业在参与国际化经营之初，多以市场寻求性投资为主，对市场知识的关注贯彻始终，在东道国市场经营年限增长的过程中，其对东道国市场的熟悉程度日益加深，也愈加了解如何制定适应东道国市场的经营策略，因此国际化年限增长意味着其对东道国市场知识的理解程度和反应能力的提高，国际化经验对东道国市场知识获取和转移必将有显著影响。而伴随着国际化进程，跨国公司必面临跨文化管理的挑战，在进入国际市场时就意味着必须熟悉和适应东道国文化，了解文化知识是其必备的先决条件。随着国际化年限增长，跨国公司将通过子公司文化知识转移获取更多东道国文化信息，愈加熟悉东道国民族文化和企业文化的内涵，更能深入把握东道国文化的深层内容，更便于其调整跨国管理战略以便适应和整合东道国文化，因此文化知识转移与国际化经营年限也存在一定相关性。

然而，我们也应注意，技术知识和管理知识转移与国际化经验却并未显示出显著相关关系，这或许是因为这两者与更高层次的战略性资源寻求型投资活动密切相关。而战略性资源的国际化动因与跨国公司所处行业具有密切联系，而并非单纯与企业发展阶段和经营年限相关，如以技术为竞争力来源的高科技产业，它们在国际化进程之初就始终关注海外东道国的技术发展动向、最新管理工具和前沿技术趋势，而与国际化年限或经验并不存在直接关系。

三、控制机制：母子公司控制协调机制

对母子公司控制协调机制的问卷题项进行信度检验后，删除了控制程度（control）两个子题项，剩余题项将母子公司控制机制分为3个子变量，即战略控制（strcontrol），股权控制（stacontrol）和文化控制（culcontrol）。按照前文国际化经验的研究方法，我们在将母子公司控制协调机制的子变量纳入分析体系后，对其他控制机制变量采用综合值也作为自变量，共同围绕知识转移效果和频率构建回归方程。

$$purpose_i = \alpha_1 experience + \alpha_2 embedding + \alpha_3 motivation + \alpha_4 strcontrol + \\ \alpha_5 strcontrol + \alpha_6 control + \mu_i \qquad (5.17)$$

$$frequency_i = \beta_1 exp\,erience + \beta_2 embedding + \beta_3 motivation + \beta_4 strcontrol + \\ \beta_5 strcontrol1 + \beta_6 contrrol + \varepsilon_i \qquad (5.18)$$

其中 $\alpha_1 \alpha_2 \alpha_3 \alpha_4 \alpha_5 \alpha_6 \beta_1 \beta_2 \beta_3 \beta_4 \beta_5 \beta_6$ 为自变量回归系数，为 $\mu_i \varepsilon_i$ 方程误差项。

（一）多重共线性检验

表 5-42 列示母子公司控制程度具体指标的自变量检验，即围绕回归方程 5.17 和 5.18 进行多重共线性检验。如表 5-42 所示，各自变量的容忍度均大于 0.3，VIF 远小于 5.0，说明各自变量之间不存在明显的多重共线问题，其回归结果的可信度较高。当然，为了集中考察母子公司控制程度变量的具体影响作用，本书也将参考上文对国际化经验的研究方法，暂将 motivation 变量剔除，而对其他变量进行回归分析。

表 5-42 母公司控制机制——母子公司控制协调机制的多重共线性检验

模型		多重共线性检验	
		Tolerance	VIF
5.17 5.18	experience	0.708	1.412
	embedding	0.591	1.693
	motivation	0.390	2.566
	strcontrol	0.472	2.119
	stacontrol	0.500	2.000
	culcontrol	0.644	1.552

（二）知识转移效果

首先对 purpose 的回归方程进行检验（Enter），其结果统计如表 5-43 所示。

表 5-43　母子公司控制协调机制与知识转移效果的回归模型系数

自变量	purpose			purposeshare			purposeapply		
	标准化系数	t	Sig.	标准化系数	t	Sig.	标准化系数	t	Sig.
（constant）		4.288	0.000***		2.844	0.005***		3.242	0.002***
experience	0.227	2.829	0.006***	0.173	2.136	0.035**	0.069	0.753	0.453
embedding	0.379	4.826	0.000***	0.295	3.728	0.000***	0.344	3.859	0.000***
strcontrol	0.235	2.333	0.022**	0.366	3.596	0.000***	0.153	1.336	0.184
stacontrol	-0.040	-0.387	0.699	0.003	0.028	0.978	0.007	0.062	0.950
culcontrol	0.201	2.265	0.026**	0.147	1.634	0.105	0.200	1.980	0.050**
调整后 R^2	0.410			0.400			0.436		

续表

自变量	purposesystem			purposeembed			purposeinno		
	标准化系数	t	Sig.	标准化系数	t	Sig.	标准化系数	t	Sig.
（constant）		5.122	0.000***		0.517	0.606		2.690	0.008***
experience	0.190	1.998	0.048**	0.426	5.074	0.000***	0.118	1.269	0.207
embedding	0.292	3.143	0.002***	0.171	2.076	0.040**	0.338	3.696	0.000***
strcontrol	0.194	1.627	0.107	0.225	2.133	0.035**	0.036	0.308	0.758
stacontrol	-0.285	-2.328	0.022**	-0.134	-1.243	0.217	0.159	1.323	0.189
culcontrol	0.172	1.630	0.106	0.193	2.070	0.041**	0.107	1.037	0.302
调整后 R^2	0.456			0.452			0.485		

　　各模型调整后的 R^2 值分均大于 0.4，说明其拟合优度良好。在知识转移效果综合分值的回归分析中，战略控制和文化控制对知识转移效果的影响作用在 5% 水平上显著，而股权控制并不显著。战略控制和文化控制体现母公司与子公司的在国际化战略、知识管理战略、企业文化等方面的一致程度，战略控制程度越高，母子公司更能保持高度的战略统一，在战略性资源寻求动因指引下母子公司能够统一对东道国的知识需求，实现一致的知识获取和共享。

在知识转移效果具体变量的分析中，母子公司控制协调机制的影响作用不尽相同，"实现知识共享程度"、"实现知识应用程度"和"知识嵌入性程度"的因素分析与知识转移效果综合指标的结论类似，战略控制与文化控制的影响作用显著。而在"知识转移制度化程度"的分析中，战略控制和文化控制的显著性概率接近10%的临界水平，但股权控制对转移效果的影响在5%水平上显著，且与转移效果呈负相关关系。股权控制与转移效果呈负相关，说明母公司占子公司股权越高，子公司自主经营和自治程度越低，可能与母公司进行知识转移的能力和意愿都会越低。总的来说，战略控制的正相关和股权控制的负相关体现了母子公司控制机制对知识转移影响的双重性：一方面控制程度高可以保证知识战略的实施和监督知识管理过程，另一方面控制程度低才能保证子公司愿意与母公司进行知识转移的意愿。或许正是由于这种双重性，使得母子公司控制机制的具体变量难以在分析中形成统一结论。

（三）知识转移频率

其次对 frequency 的回归方程进行检验（Enter），其结果统计如表 5-44 所示。根据表中数据，各模型调整后 R^2 值均大于 0.4，说明拟合优度良好。

表 5-44　母子公司控制协调机制与知识转移频率的回归模型系数

自变量	frequency			frequencytech			frequencyman		
	标准化系数	t	Sig.	标准化系数	t	Sig.	标准化系数	t	Sig.
（constant）		5.700	0.000***		3.344	0.001***		4.352	0.000***
experience	0.182	2.557	0.012**	-0.024	-0.265	0.792	-0.028	-0.306	0.760
embedding	0.484	6.949	0.000***	0.239	2.711	0.008***	0.462	5.242	0.000***
strcontrol	0.246	2.752	0.007***	0.235	2.080	0.040**	-0.016	-0.141	0.888
stacontrol	0.004	0.044	0.965	0.163	1.406	0.163	0.028	0.242	0.809
culcontrol	0.203	2.570	0.012**	0.141	1.408	0.162	0.246	2.467	0.015**
调整后 R^2	0.535			0.538			0.538		

续表

自变量	frequencymar			frequencycul		
	标准化系数	t	Sig.	标准化系数	t	Sig.
（constant）		4.085	0.000***		3.282	0.001***
experience	0.342	4.610	0.000***	0.190	2.244	0.027**
embedding	0.401	5.513	0.000***	0.388	4.685	0.000**
strcontrol	0.302	3.227	0.002***	0.199	1.870	0.064*
stacontrol	-0.077	-0.810	0.420	-0.056	-0.516	0.607
culcontrol	0.073	0.881	0.380	0.188	1.999	0.048**
调整后 R^2	0.492			0.441		

　　在转移频率综合值分析中，我们发现战略控制和文化控制对知识转移频率的影响作用显著，其中前者在 1% 水平上显著，后者在 5% 水平上显著。而在具体子变量的回归分析中，技术知识和市场知识主要受到战略控制指标的影响，管理知识和文化知识则主要受到文化控制的影响。这是因为技术知识和市场知识寻求与母公司国际化战略的投资动因导向密切相关，市场寻求型投资关注市场知识转移，战略性资源寻求型投资则更关注技术知识转移。当母子公司在国际化战略方面保持高度一致时，才能将母公司的知识需求与子公司需求相协调，实现母公司需要的东道国知识获取和逆向知识转移，因此技术和市场知识与战略控制程度显著相关。不同的是，文化知识和管理知识的获取和转移多被用于母公司跨国管理效率提升，与母公司在东道国的文化适应和文化整合密切相关，而母子公司保持文化价值观一致对跨文化管理具有积极作用，因此母公司对子公司的文化控制对其获取东道国文化知识、提升文化适应性、提高母子公司的文化整合程度具有积极影响，这也正是文化知识逆向转移的最终目标。

　　其次，本书将分析母公司吸收机制的具体指标对逆向知识转移的影响。为了集中研究其影响作用，下文构建回归方程时只纳入吸收机制因素，而暂不将控制机制因素纳入到方程中来。

四、吸收机制：母公司知识吸收能力

　　根据前文分析，本书研究中将母公司知识吸收能力分为三个层次，即知识共享和吸收，知识学习和应用，知识再创新和自主创新，分别命名为 shareabsorb， applyabsorb 和 innoabsorb。我们将知识吸收能力的 3 个子变量和转移支持机制的综合分值作为自变量，知识转移效果和频率作为因变量构建回归方程。

$$purpose_i = \alpha_1 shareabsorb + \alpha_2 applyabsorb + \alpha_3 innoabsorb + \alpha_4 support + \mu_i \quad (5.19)$$

$$frequency_i = \beta_1 shareabsorb + \beta_2 applyabsorb + \beta_3 innoabsorb + \beta_4 support + \varepsilon_i \quad (5.20)$$

其中 $\alpha_1\alpha_2\alpha_3\alpha_4\beta_1\beta_2\beta_3\beta_4$ 为自变量回归系数，为 $\mu_i\varepsilon_i$ 方程误差项。

（一）多重共线性检验

表 5-45 列示母公司吸收机制中知识吸收能力具体指标的自变量检验，即围绕相应回归方程 5.19 和 5.20 的自变量进行多重共线性检验。如表所示，各变量的容忍度均大于 0.3，VIF 均小于 5.0，说明各自变量之间不存在明显的多重共线问题，其回归结果可信度较高。

表 5-45　母公司吸收机制——知识吸收能力的多重共线性检验

模型		多重共线性检验	
		Tolerance	VIF
5.19 5.20	shareabsorb	0.464	2.156
	applyabsorb	0.424	2.361
	innoabsorb	0.459	2.179
	support	0.328	3.050

（二）逆向知识转移效果

首先对回归方程 5.19 进行回归检验（Enter），其结果归纳如表 5-46 所示。各模型调整后的 R^2 值均大于 0.4，说明其拟合优度良好。

表 5-46　母公司知识吸收能力与知识转移效果的回归模型系数

自变量	purpose			purposeshare			purposeapply		
	标准化系数	t	Sig.	标准化系数	t	Sig.	标准化系数	t	Sig.
（constant）		0.612	0.542		1.406	0.163		0.252	0.802
shareabsorb	0.338	3.994	0.000***	0.376	3.577	0.001***	0.214	2.034	0.044**
applyabsorb	0.166	1.873	0.064*	-0.059	-0.540	0.590	0.271	2.459	0.016**
innoabsorb	0.156	1.829	0.070*	-0.066	-0.626	0.533	0.043	0.403	0.688
support	0.271	2.687	0.008***	0.438	3.503	0.001***	0.241	1.925	0.057*
调整后 R^2	0.631			0.432			0.431		

自变量	purposesystem			purposeembed			purposeinno		
	标准化系数	t	Sig.	标准化系数	t	Sig.	标准化系数	t	Sig.
（constant）		0.872	0.385		-0.227	0.821		-0.748	0.456
shareabsorb	0.388	3.619	0.000***	0.086	0.722	0.472	0.179	1.712	0.090*
applyabsorb	0.118	1.052	0.295	0.226	1.801	0.075*	0.200	1.824	0.071*
innoabsorb	0.163	1.509	0.134	0.154	1.280	0.203	0.356	3.387	0.001***
support	0.092	0.723	0.471	0.154	1.078	0.284	0.053	0.428	0.670
调整后 R^2	0.408			0.437			0.437		

根据表 5-46 数据，在转移效果影响因素分析中，母公司三个层次的知识吸收能力和转移支持机制均对转移效果产生显著影响，其中知识共享和接受能力（shareabsorb）在 1% 水平上显著，知识学习和应用能力（applyabsorb）、再创新和自主创新能力（innoabsorb）在 10% 水平上显著，说明母公司知识吸收能力对转移效果的影响不仅体现在知识共享和吸收的基本能力上，更体现在知识应用和创新等高层次能力上。根据显著程度的差异，我们发现，中国海外投资企业母公司对海外子公司逆向转移的知识吸收，更多集中于知识共享层面，而也有部分中国企业逐渐开始关注知识应用和创新，希望通过海外子公司的先进知识资源提升自身知识积累和自主创新水平，因此知识吸收能力的影响作用存在差异。

而在知识转移效果子变量的研究中，不同层次知识吸收能力的影响不尽相同。"实现知识共享的程度"主要受到知识共享能力的影响；"实现知识应用的程度"则主要受到知识共享和应用两个层次因素的影响；"知识转移制度化的程度"主要受到知识共享能力的影响，这是因为知识转移制度化过程是将逆向知识转移活动定期化、规范化的过程，这类规范化操作更多针对易于控制的知识共享活动，同时知识转移制度化过程也将首先从基本活动开始，因此处于基本层次的知识共享能力对知识转移制度化具有积极影响；"实现知识嵌入性程度"主要受到知识应用能力的影响，这是因为与国际经营实践相嵌入的知识需求必须要有相应的知识应用活动来实现；"实现自主创新程度"则受到三个层次知识吸收能力的共同作用，其中知识共享和应用能力的影响在 5% 水平上显著，而知识创新能力则在 1% 水平上显著，这与提升自主创新能力属于逆向知识转移的最高层次目标相符。

（三）知识转移频率

其次我们回归方程 5.20 进行检验（Enter），并将结果统计如表 5-47 所示。

表 5-47　母公司知识吸收能力与知识转移频率的回归模型系数

自变量	frequency			frequencytech			frequencyman		
	标准化系数	t	Sig.	标准化系数	t	Sig.	标准化系数	t	Sig.
（constant）		3.664	0.000***		2.760	0.007***		2.929	0.004***
shareabsorb	0.360	3.640	0.000***	0.194	1.580	0.017**	0.203	1.606	0.001***
applyabsorb	0.096	0.926	0.356	-0.083	-0.649	0.517	0.172	1.300	0.016**
innoabsorb	0.214	2.146	0.034**	0.121	0.982	0.078*	0.065	0.515	0.607
Support	0.166	1.410	0.011**	0.315	2.158	0.033**	0.092	0.610	0.543
调整后 R^2	0.495			0.501			0.458		

续表

自变量	frequencymar			frequencycul		
	标准化系数	t	Sig.	标准化系数	t	Sig.
（constant）		2.784	0.006***		1.258	0.211
shareabsorb	0.362	3.141	0.002***	0.319	2.993	0.003***
applyabsorb	0.071	0.588	0.558	0.126	1.128	0.262
innoabsorb	0.182	1.570	0.007***	0.256	2.396	0.018**
support	0.066	.0.479	0.633	0.077	0.610	0.543
调整后 R^2	0.585			0.416		

各模型调整后 R^2 值均大于 0.4，说明拟合优度良好。在知识吸收能力与知识转移频率的具体分析中，主要影响因素为知识共享（shareabsorb）和自主创新能力（innoabsorb），其中共享能力在 1% 水平上显著，知识创新能力在 5% 水平上显著。而在具体指标分析中，技术知识、市场知识和文化知识的转移频率也同样受到这两个因素的显著影响。①知识共享能力在知识转移频率中表现出普遍的影响作用，这是因为知识转移频率主要衡量知识转移的次数量，它很大程度上取决于知识共享和理解能力，即知识接收方是否能顺利接收并正确把握知识内涵，因此对知识共享能力的要求较高。②知识创新和应用能力则在不同类型知识转移频率中表现出不同影响，其中技术、市场和文化知识更容易受到自主创新能力的影响，因为这三类知识

在接受方母公司的应用与创新活动密切相关，技术知识被应用于产品技术和工艺创新，市场知识被应用于经营战略创新，文化知识则被应用于跨文化整合的管理创新；而管理知识的影响因素中，知识应用能力在 5% 水平以上显著，这是因为中国企业母公司对海外东道国的管理知识吸收，更多被应用于企业其他组织部门的实践，管理知识应用远超过母公司自己开发管理工具的程度，所以它更倾向于受知识应用而非创新能力的影响。

五、吸收机制：母公司转移支持机制

本书将知识转移支持机制分为以下几种，包括文化支持（culsupport）、学习型组织（leasupport）、信息管理系统（imssupport）、人力资源支持（humsupport）、其他资源支持（ressupport）以及沟通渠道支持（comsupport）6 类具体指标。我们将其与知识吸收能力的综合分值作为自变量，以知识转移效果和频率作为因变量，构建回归方程如下所示。同样参照知识吸收能力的研究方法，暂不将控制机制变量纳入到分析体系中来。在研究步骤上本书将在多重共线性检验基础上分别对两方程进行回归检验，探讨转移支持机制的具体指标对逆向知识转移的影响作用差异。

$$purpose = \alpha_1 absorb + \alpha_2 culsupport + \alpha_3 leasupport + \alpha_4 ressupport + \\ \alpha_5 humsupport + \alpha_6 comsupport + \alpha_7 imssupport + \mu \qquad (5.21)$$

$$frequency_i = \beta_1 absorb + \beta_2 culsupport + \beta_3 leasupport + \alpha_4 ressupport + \\ \beta_5 humsupport + \beta_6 comsupport + \beta_7 imssupport + \varepsilon_i \qquad (5.22)$$

其中 $\alpha_1 \alpha_2 \alpha_3 \alpha_4 \alpha_5 \alpha_6 \beta_1 \beta_2 \beta_3 \beta_4 \beta_5 \beta_6$ 为自变量回归系数，为 $\mu_i \varepsilon_i$ 方程误差项。

（一）多重共线性检验

表 5-48 列示母公司吸收机制中转移支持机制具体指标的自变量检验，即围绕相应回归方程 5.21 和 5.22 的自变量进行多重共线性检验。检验结果如表 5-48 所示，各变量的容忍度均大于 0.2，VIF 均小于 5.0，即各自变量的共线性检验指标属于可接受范围，说明各自变量之间并不存在严重的多重共线性问题，其回归结果具有一定可信度。

表 5-48　母公司吸收机制——转移支持机制的多重共线性检验

模型		多重共线性检验	
		Tolerance	VIF
5.21 5.22	absorb	0.287	3.485
	culsupport	0.355	2.820
	leasupport	0.451	2.217
	imssupport	0.467	2.142
	humsupport	0.457	2.189
	ressupport	0.415	2.410
	comsupport	0.531	1.884

（二）知识转移效果

首先对回归方程 5.21 进行回归检验（Enter），并将结果统计如表 5-49 所示。根据表中数据，各模型调整后 R^2 值均大于 0.4，说明拟合优度良好。而对不同层次转移效果的影响因素及回归系数的具体分析如下所述。

表 5-49　母公司转移支持机制与知识转移效果的回归模型系数

自变量	Purpose			purposeshare			purposeapply		
	标准化系数	t	Sig.	标准化系数	t	Sig.	标准化系数	t	Sig.
（constant）		1.825	0.071*		2.366	0.020**		1.056	0.293
absorb	0.557	5.294	0.000***	0.159	1.193	0.236	0.469	3.538	0.001***
culsupport	0.011	0.112	0.911	0.210	1.750	0.083*	-0.037	-0.308	0.759
leasupport	0.157	1.872	0.064*	0.104	0.982	0.328	-0.018	-0.171	0.865
imssupport	-0.105	-1.275	0.205	-0.195	-1.867	0.065*	-0.089	-0.856	0.394
ressupport	0.005	0.058	0.954	-0.045	-0.429	0.669	0.174	1.659	0.100*
humsupport	0.281	3.212	0.002***	0.376	3.393	0.001***	0.214	1.945	0.054*
comsupport	-0.015	-0.197	0.844	0.153	1.557	0.123	0.051	0.522	0.603
调整后 R^2	0.648			0.434			0.441		

自变量	Purposesystem			purposeembed			purposeinno		
	标准化系数	t	Sig.	标准化系数	T	Sig.	标准化系数	t	Sig.
（constant）		1.316	0.191		0.989	0.325		-0.379	0.705
absorb	0.569	4.237	0.000***	0.559	4.020	0.000***	0.565	4.352	0.000***
culsupport	-0.161	-1.337	0.184	-0.234	-1.872	0.064*	0.079	0.677	0.500
leasupport	0.249	2.331	0.022**	0.048	0.436	0.664	0.197	1.907	0.059*
imssupport	-0.010	-0.093	0.926	0.024	0.222	0.825	-0.063	-0.619	0.537
ressupport	0.167	1.567	0.120	-0.339	-3.075	0.003***	-0.006	-0.061	0.951
humsupport	-0.067	-0.597	0.552	0.503	4.344	0.000***	0.109	1.014	0.313
comsupport	-0.054	-0.552	0.582	-0.014	-0.132	0.895	-0.221	-2.312	0.023**
调整后 R^2	0.426			0.422			0.463		

在对知识转移效果综合值的分析中，吸收能力、人力资源和学习型组织的影响最为显著，其中学习型组织在 10% 水平上显著，其余在 1% 水平上显著。而在知识转移效果具体指标的分析中，①"实现知识共享目标的程度"主要受到吸收能力、文化支持、信息系统和人力资源等因素的影响，这是因为基本知识共享活动大多基于编码和人员渠道进行，与转移渠道畅通程度密切相关，而信息管理系统和人力资源分别为编码渠道和人员渠道提供保障。②"实现知识应用的程度"的影响因素中吸收能力、人力资源和其他资源支持的作用最为显著，这是因为知识应用不仅需要人员渠道支持，更需要应用知识的环境条件，即提供包括设备、资金等资源支持。③"知识转移制度化的程度"主要受到学习型组织的显著影响，这是因为学习型组织便于规范和鼓励组织内部学习活动，而知识共享必将依托学习型组织进行。④"实现知识嵌入性程度"主要受到吸收能力、文化支持、人力资源和其他资源因素的影响。由于知识嵌入目标实现与东道国实践密切相关，母公司的文化支持体现了海外子公司与母公司经营环境的相似性。同时，越是具有包容性和适应性的企业文化，跨国公司越能适应东道国特定环境，越容易实现知识嵌入目标，因此"知识嵌入目标的实现程度"也会受到文化支持的显著影响。⑤"实现自主创新的程度"的影响因素中吸收能力、学习型组织和沟通渠道支持的作用最为显著，这是因为学习型组织对自主创新能力提升具有积极影响，而沟通渠道在本书被定义为定期沟通

和反馈机制的完善程度，这类沟通渠道不仅便于共享知识，也有助于知识输入方把握输出方的知识应用条件和技能，输入方能根据自身情况和知识输出方的意见反馈对知识进行更有效的应用，甚至创造性吸收，因此沟通反馈机制对提升知识应用和创新水平具有显著影响。

（三）知识转移频率

其次，对回归方程 5.22 进行检验（Enter），其结果统计如表 5-50 所示。

表 5-50　母公司转移支持机制与知识转移频率的回归模型系数

自变量	frequency			frequencytech			frequencyman		
	标准化系数	t	Sig.	标准化系数	T	Sig.	标准化系数	t	Sig.
（constant）		3.427	0.001***		2.360	0.020**		2.357	0.020**
absorb	0.538	4.312	0.000***	0.103	0.657	0.513	0.314	1.997	0.048**
culsupport	0.151	1.346	0.181	0.316	2.238	0.027**	0.260	1.839	0.069*
leasupport	-0.133	-1.335	0.185	0.035	0.281	0.780	-0.257	-2.047	0.043**
imssupport	-0.082	-0.840	0.403	-0.034	-0.277	0.782	-0.098	-0.795	0.428
ressupport	0.040	0.406	0.686	0.035	0.281	0.780	0.076	0.608	0.544
humsupport	0.123	1.189	0.237	0.059	0.448	0.655	-0.001	-0.004	0.997
comsupport	0.157	1.710	0.090*	0.086	0.743	0.459	0.222	1.922	0.057*
调整后 R^2	0.504			0.513			0.513		

续表

自变量	frequencymar			Frequencycul		
	标准化系数	t	Sig.	标准化系数	t	Sig.
（constant）		2.532	0.013**		1.770	0.080***
absorb	0.554	3.802	0.000***	0.594	4.460	0.000***
culsupport	-0.063	-0.478	0.633	0.039	0.326	0.745
leasupport	-0.092	-0.790	0.431	-0.106	-0.996	0.322
imssupport	-0.040	-0.353	0.725	-0.084	-0.804	0.423
ressupport	0.027	0.235	0.814	-0.001	-0.006	0.995
humsupport	0.030	0.248	0.804	0.259	2.335	0.021**
comsupport	0.210	1.965	0.052*	-0.013	-0.130	0.897
调整后 R^2	0.605			0.435		

各模型调整后 R^2 均大于 0.4，说明拟合优度良好。在知识转移频率综合指标的分析中，吸收能力和沟通渠道的支持作用最为显著，其中沟通渠道在 10% 水平上显著，而在不同类型的转移支持机制分析中，结果不尽相同。①在技术知识转移频率的研究中，文化支持作用最为显著，这是因为创新文化对企业积累技术和实现自主创新具有积极影响。同时技术知识作为可编码知识，会受到渠道支持的影响，包括信息管理系统、学习型组织等，但相关因素的影响在本书检验中未能得到验证，这或许是因为仍有许多中国企业在获取东道国技术知识方面处于起步阶段，尤其是不以技术作为产品竞争力的行业中。②在管理知识研究中，文化支持、学习型组织和沟通渠道均产生显著影响，分别在 5% 和 10% 水平上显著，由于管理知识包含管理工具和管理理念，涉及可编码的显性知识和不可编码的隐性知识，因此其转移活动需要编码和人员渠道的共同支持，文化支持和学习型组织更能体现人员渠道对隐性知识的支持作用，而沟通渠道则对显性知识转移具有显著影响。③市场知识转移频率分析中，吸收能力在 1% 水平上显著，沟通渠道在 5% 水平上显著，这是因为市场知识集中于东道国需求信息、市场预测和分析报告等可编码信息，更易受到沟通渠道的影响。④而在文化知识转移频率中，人力资源支持因素在 5% 水平上显著，这是因为文化知识转移属于隐性知识范畴，无法通过编码渠道而必须依托人员渠道进行转移，通过面对面交流来实现文化渗透，因此人力资源因素的支持作用表现的更为显著。

第五节　基于聚类分析的母公司战略角色研究

前几节主要分析母公司控制机制和吸收机制对中国企业海外子公司的逆向知识转移的影响作用，可见母公司作用机制因素对逆向知识转移产生不同程度的影响。根据母公司作用机制的差异，我们将母公司在逆向知识转移中的战略角色分为四种，即主导型、调度型、应用型和被动型母公司，具体模型和特征在第四章中阐述。本节将采用聚类分析对调研对象的母公司作用机制变量进行分类研究，检验本书对母公司战略角色归类的合理性。本节内容分两部分进行，首先对所有母公司作用机制变量进行聚类分析，其次去掉其中与知识特性相关的知识嵌入性变量，进行稳健性检验。

一、基于二维作用机制的母公司战略角色研究

影响母公司战略角色的因素包括母公司控制机制和吸收机制，前者包括国际化

战略导向（国际化经验、国际化动因和知识嵌入性程度）和母子公司控制协调机制；后者则包括母公司知识吸收能力和转移支持机制，本书将根据以上因素对调研对象的战略角色进行聚类分析。

本书采用 K 值聚类方法（K-means Cluster），对母公司二维作用机制变量进行分类检验，因为 K 值聚类可以自主选择分类数目，符合本书分析要求。我们选择聚类数为 4 进行检验，其结果如表 5-51 所示。

表 5-51　最终聚类分析结果 -I

变量	Cluster				Cluster		Error		F	Sig.
	1	2	3	4	Mean Square	df	Mean Square	df		
experience	3.050	1.756	3.750	1.143	25.221	3	0.390	108	64.610	0.000
embedding	4.625	4.556	2.333	1.429	61.096	3	0.398	108	153.585	0.000
motivation	3.980	3.262	3.033	2.495	10.717	3	0.197	108	54.408	0.000
controlnew	4.244	3.422	3.417	3.429	5.766	3	0.500	108	11.528	0.000
absorb	4.050	3.575	2.952	2.939	6.607	3	0.257	108	25.735	0.000
support	4.039	3.435	2.944	3.169	5.112	3	0.293	108	17.460	0.000
对象合计	40	45	6	21						

根据最终聚类结果，我们发现各变量聚类后的方差分析值，其 F 统计值和 Sig. 显著性水平均说明各变量在聚类分析中均产生作用。根据它们的共同作用，我们将调研对象分为四类。

Cluster1 中母公司控制机制变量（experience、embedding、motivation、controlnew）均值分别为 3.050、4.625、3.980 和 4.244，均超过平均值 3，属于母公司控制机制较强的类型；而吸收机制变量均值为 4.050 和 4.039，也超过平均值 3，也属于吸收机制较强的分类，因此 Cluster1 归类为主导型母公司。Cluster2 和 Cluster3 中母公司控制机制均有 1 个变量小于平均值 3，分别为 1.756 和 2.333，但前者距离平均值 3 的中心距离远远大于后者，因此 Cluster2 中母公司控制机制的综合分值应该低于 Cluster3。所以 Cluster2 中母公司控制机制较弱，而吸收机制分值均大于平均值 3，属于客观吸收机制较强，可以归类为应用型母公司。Cluster3 中母公司控制机制较强，而吸收机制变量均值都小于 3，说明其吸收机制较弱，因此可以归类为调度型母公司。Cluster4 中母公司控制机制有 3 个变量均值小于 3，而吸收机制变量之一均值也小于 3，说明两类作用机制较弱，可归类为被动型母公司。同时按照研究对象的数量统计，Cluster1 和 Cluster2 的对象数分别为 40 和 45，说明在中国海外投资企业的调研对象中，多数属于主导型母公司和应用型母公司，可见，中国企业在知识获取、应用和创新能力方面具有较强的能力，而仅有部分企业将国际化战略与知识转移和创新联系起来，实现积极主导的战略性知识转移。

表 5-52 母公司战略角色聚类分析结果 -I

	Cluster1	Cluster2	Cluster3	Cluster4
母公司控制机制（experience、embedding、motivation、controlnew）	强	弱	强	弱
母公司吸收机制（absorb、support）	强	强	弱	弱
母公司战略角色	主导型母公司	应用型母公司	调度型母公司	被动型母公司
对象合计	40	45	6	21

二、母公司战略角色研究的稳健性检验

由于前文进行的母公司战略角色研究涵盖所有作用机制变量，但我们应该注意，国际化战略导向因素中的知识嵌入性变量虽然被纳入国际化战略进行分析，但它仍属于知识特性范畴。为检验以上聚类分析的研究稳健性，我们剔除 embedding 变量后再度进行 K 值聚类，然后我们仅选择最终聚类结果列示如表 5-53 所示。

表 5-53 最终聚类分析结果 -II

变量	Cluster				Cluster	df	Error	df	F	Sig.
	1	2	3	4	Mean Square		Mean Square			
experience	3.342	1.442	2.971	1.200	28.439	3	0.301	108	94.498	0.000
motivation	3.226	3.235	4.066	2.260	12.198	3	0.156	108	78.277	0.000
controlnew	3.513	3.610	4.279	2.967	6.920	3	0.468	108	14.784	0.000
absorb	3.256	3.658	4.167	2.486	10.760	3	0.141	108	76.124	0.000
support	3.222	3.599	4.127	2.659	8.544	3	0.197	108	43.268	0.000
对象合计	19	43	35	15						

母公司控制机制变量中 Cluster3 和 1 变量均值都接近或大于平均值 3，虽然 Cluster2 和 3 中均只有 1 个变量小于平均值 3，但 Cluster2 中 experience 均值 1.442 相

较于 3 的中心距离明显大于 Cluster3 中同一变量，因此 Cluster1 和 3 属于控制机制较
强的类型，而 2 和 4 属于控制机制较弱。其次对于吸收机制变量，Cluster1、2 和 3
的均值均大于平均值 3，但 Cluster2 均值明显大于 Cluster3，因此 Cluster2 和 3 属于
吸收机制较强的类型，而 1 和 4 属于吸收机制较弱，分析结果统计如表 5-54 所示。

表 5-54 母公司战略角色聚类分析结果 -II

	Cluster1	Cluster2	Cluster3	Cluster4
母公司控制机制（experience、motivation、controlnew）	强	弱	强	弱
母公司吸收机制（absorb、support）	弱	强	强	弱
母公司战略角色	调度型母公司	应用型母公司	主导型母公司	被动型母公司
对象合计	19	43	35	15

根据结果，我们调研对象中比例最大的是 Cluster2 应用型母公司，其次为
Cluster3 主导型母公司，与前面聚类分析的结果相符。第三为 Cluster1 应用型母公司，
说明中国海外投资企业中也有部分关注海外知识寻求，但知识吸收和创新能力有待
提升的企业对象，这类企业大多属于注重海外市场拓展和国际品牌形象建立，在国
际化经营中具有丰富经营，但产品竞争并不完全依靠技术导向而是品牌、成本或服
务优势的企业，例如联想、海尔、娃哈哈等。

概括本节分析结果，我们发现根据母公司控制机制和吸收机制的共同作用，中
国海外投资企业母公司在逆向知识转移过程中确实可以分为四类，而大多中国企业
集中为应用型和主导型母公司。

第六节 母公司作用机制和战略角色的研究讨论

本节将总结前文实证研究结果，分析其内在原因以及对中国海外投资企业逆向
知识转移的实践意义。

一、母公司二维作用机制的整体研究讨论

根据实证研究结果，我们发现，母公司二维作用机制因素在对逆向知识转移产
生影响时存在差异，在以转移频率和转移效果衡量的模型中，主要因素有所不同。
在对知识转移频率的母公司因素研究中，母公司国际化战略导向、母子公司控制协

调机制和转移支持机制的影响显著；而在知识转移效果研究中，则是国际化战略导向、知识吸收能力和转移支持机制的作用显著。

概括说来，上述结果足以肯定母公司作用机制的四类因素对知识转移的积极影响，但区别在于：知识吸收能力对转移频率的影响，以及母子公司控制程度对转移效果的影响并不显著。本书认为，这主要是由于转移频率和效果在衡量知识转移中的侧重不同。前者表示逆向知识转移的数量和频次，是从基本活动层面衡量逆向知识转移实施的结果，对知识输入方是否有效接收和应用知识并未涉及；而后者则表示知识通过逆向转移为输入方接受、学习、应用和创新的程度，是从高级活动层面衡量知识转移结果。而本书对知识吸收能力的定义不同于以往研究，除了关注其吸收和共享知识的能力，更将知识应用和创新能力涵盖进来，因此它综合衡量了母公司应对基本层次共享和接收知识的能力，以及应对更高层次学习、应用和创新知识的能力，因此在针对基本转移频率的研究中，涉及应用创新的知识吸收能力并不显著，而在涉及知识应用和自主创新效果的研究中则成为主要因素。而母子公司控制程度作为组织结构变量，主要衡量子公司实现战略统一和自主经营的均衡程度，一方面通过与母公司的战略统一有助于贯彻其对东道国的知识需求，另一方面通过自主性提升其获取和转移知识的主动意愿，主要对知识转移类型和意愿产生影响，进而影响转移频率和数量，但对更高层次的知识应用和创新活动影响不大，因此在转移频率检验中显著而在转移效果中不显著。

根据分析，我们认为中国海外投资企业母公司应该注重从控制机制和吸收机制两方面对逆向知识转移过程进行主动引导并对转移效果产生积极影响，通过国际化战略导向引导子公司在东道国寻求符合海外经营目标的知识资源；通过母子公司控制程度鼓励和监督子公司获取和转移知识的相关活动；通过知识吸收能力促进母公司有效吸收、学习、应用和创新知识价值；通过转移支持机制保障知识转移过程，并促进逆向知识转移的规范化和制度化。同时，中国企业应该将逆向知识转移从基本的共享吸收活动向更高层次的应用创新领域拓展，这是中国企业真正从发达国家东道国获取知识资源的最终目标，即提升自身知识积累和自主创新水平，也是现今中国企业实践知识转移的薄弱环节，母公司可以通过加强国际化战略导向，调整子公司战略控制和自主经营的均衡程度，提升知识吸收和应用能力，改善知识转移环境条件和制度设施，促进知识转移效果和目标的实现。

二、母公司控制机制的具体研究讨论

在研究国际化战略导向对逆向知识转移的影响作用时，本书分别以国际化动因和经验作为对象。在国际化投资动因的影响研究中，本书发现，市场和战略性资源寻求型动因对转移效果影响显著，而在知识转移频率中，技术和管理知识受到战略性资源寻求动因影响，而市场知识则取决于市场和战略性资源寻求的共同作用，文化知识受到效率和战略性资源寻求的共同影响。研究发现，战略性资源或创造性资产寻求动因对母公司参与逆向知识转移具有决定性意义，这与中国企业在发达国家寻求先进知识资源的动因相符，同时也因知识类型影响而异。技术和管理知识多被应用于企业自主创新和管理变革，是企业提升运作效率和构建竞争优势的主要来源，因此作为重要战略资源积极在发达国家东道国寻求；市场知识必然与市场寻求动因相关联，而文化知识由于涉及跨国公司的跨文化管理和战略整合，主要被应用于提升跨国经营效率，自然与效率寻求动因关联。

而国际化经验对知识转移的具体研究中，本书分别采用国际化年限和海外销售比例指标进行衡量，在实证分析中，我们发现海外销售比例对知识转移效果的影响较为显著，而国际化年限对转移频率影响显著。国际化年限只能从时间长短衡量其参与国际化的程度，但未能直接说明其对国际化的重视程度和实践经验，而海外销售比例则排除通过出口参与国际经营的年限影响，直接说明了这一点。因此年限所代表的国际化经验仅对基本层次转移频率衡量的转移活动存在影响，而海外销售比例由于直接说明其与东道国市场的融合程度和当地化经营经验，能够将转移知识应用于其他类似市场或经营领域中去，实现更高层次的知识学习和价值创新，对更高层次转移效果的影响显著。

在母子公司控制程度的具体研究中，本书发现其对知识转移的影响尚未形成统一定论，这是由于控制程度双重性造成的。一方面母公司的战略控制能保证子公司遵循其需求寻求知识并监督转移，另一方面子公司的自主经营才能促进其转移知识的主动意愿，因此母子公司应努力在战略统一和自主经营之间寻求均衡。

三、母公司吸收机制的具体研究讨论

在母公司知识吸收能力的具体研究中，本书将知识吸收能力划分为共享与接收能力、学习与应用能力、再创新与自主创新能力三个层次。在对逆向知识转移的影响作用中，三个层次知识吸收能力基本显著。但在不同知识类型的转移频率中，其影响程度存在差异。技术、市场和文化知识受到共享能力和创新能力的共同影响，

而管理知识则受到共享能力和应用能力的共同作用。这是因为技术知识多被应用于技术创新和研发战略，市场知识被应用于类似市场经营的营销策略创新，文化知识则被用于跨文化整合的战略创新，这三类知识更关注知识被应用改革和创新过程的程度；管理知识因其与特定管理实践和应用条件的嵌入性，更多被直接应用于类似新环境的管理效率提升，而较少涉及创新过程。

在母公司转移支持机制的具体研究中，本书综合探讨了企业文化、学习型组织、人力资源、信息管理系统、其他资源支持和沟通渠道等制度因素的影响作用。在对知识转移效果分析中，人力资源和学习型组织的影响最为显著；而在知识转移频率分析中，沟通渠道存在共性影响，但在不同类型知识转移中，技术、市场和管理知识还受到文化支持、学习型组织等因素的影响，文化知识还取决于人力资源支持因素。这是因为，技术和市场知识多应用于自主创新，创新性企业文化和学习氛围的支持起到关键作用；管理、技术和市场知识又多为可编码知识，通过沟通渠道和反馈平台传递的可能性较高，而文化知识多为隐性知识，必须借助基于人员的共享渠道进行转移，因此更倾向于人力资源支持因素的影响。总的说来，在支持因素中，代表制度支持的企业文化和学习型组织作用显著，代表渠道支持的人力资源和沟通反馈平台的影响也不容忽视。

四、母公司战略角色的研究讨论

本书运用聚类分析对不同作用机制下母公司战略角色进行分类研究，发现中国海外投资企业母公司在逆向知识转移中分为四类，即主导型、应用型、调度型和被动型，其中作为主导型和应用型的中国企业母公司为数较多。由此我们发现中国企业在跨国知识获取和转移活动中的基本特征，其一，极其注重知识吸收和创新能力培养；其二，在结合知识转移与国际投资的战略创新方面不断努力。

中国企业在国际化道路上的演进发展逐渐由投资东道国向投资母国转移，逐渐由知识接受者向知识寻求者转移。通过多年与发达国家跨国公司的合资经营，中国企业始终积极探索从中获取先进知识资源的有效途径，包括借重技术溢出效应，遵循技术跟踪、学习和模仿路径，以及实践"市场换技术"战略等。在此过程中，中国企业已经积累了大量知识吸收、学习和应用的经验和技能，培养了自主创新能力。因此在实践逆向知识转移过程中，母公司能够有效吸收发达国家子公司转移知识的精髓，并将其应用到相应的技术研发、市场拓展和文化整合等创新活动中来，表现出较强的知识吸收能力和转移支持机制，所以大多集中于主导型和应用型母公司。

不同的是，中国企业在实践国际化战略导向型知识获取和转移活动方面存在差异。部分具有成熟国际化经验并具备一定自主创新能力和技术优势的大型跨国公司，已能够在发达国家市场按照母公司战略需求寻求知识，或针对新兴市场开发获取市场信息和文化知识，或接近国际技术前沿引进技术和管理知识，他们将国际化战略对逆向知识转移的主动控制表现得淋漓尽致，成为主导型母公司典范。而另一部分中国企业仍然在积极探索将国际化战略目标和资源需求与海外知识获取和转移相融合，实现更有目的性和针对性的东道国知识转移，他们正在努力调整知识管理和转移的战略模式，由应用型母公司逐渐向主导型母公司的角色演进。这也是为何中国企业母公司集聚于这两类的主要原因。

第七节　本章小结

本章主要为中国海外投资企业在逆向知识转移过程中的母公司作用机制和战略角色提供实证检验，为此，我们分别检验模型的 7 个基本假设，并对母公司作用机制具体变量的影响差异进行深入分析，同时研究了不同类型作用机制下的母公司战略角色分类，前文的研究模型和假设基本得以验证。

表 5-55　母公司二维作用机制模型的假设验证情况

直接效应	H1：母公司国际化战略导向对逆向知识转移结果存在显著地积极作用。	支持
	H2：母子公司控制协调机制对逆向知识转移结果存在显著地积极作用。	部分支持
	H5：母公司知识吸收能力对逆向知识转移结果存在显著地积极作用。	支持
	H6：母公司知识转移支持机制对逆向知识转移结果存在显著地积极作用。	部分支持
间接效应	H3：母公司国际化战略导向对子公司知识转移意愿和渠道选择产生作用，进而影响逆向知识转移结果。	部分支持
	H3a：母公司国际化战略导向通过子公司知识转移意愿对逆向知识转移结果产生显著影响。	支持
	H3b：母公司国际化战略导向通过子公司知识转移渠道对逆向知识转移结果产生显著影响。	部分支持
	H4：母子公司控制协调机制对子公司知识转移意愿和渠道选择产生作用，进而影响逆向知识转移结果。	支持
	H4a：母子公司控制协调机制通过子公司知识转移意愿对逆向知识转移结果产生显著影响。	支持
	H4b：母子公司控制协调机制通过子公司知识转移渠道对逆向知识转移结果产生显著影响。	支持
	H7：逆向知识转移结果对母公司创新绩效产生显著地积极作用。	支持

资料来源：作者整理。

前两节围绕母公司二维作用机制的影响因素提出实证模型和基本假设，并围绕基本假设的主要变量设计问卷。在问卷发放和回收基础上，对问卷量表的信效度进行检验，证明本书开发问卷具有可信性，为后文的实证检验提供依据。

第三节针对母公司作用机制与逆向知识转移的影响进行实证检验，分别检验了母公司作用机制对转移活动的直接和间接效应，以及逆向知识转移对企业创新绩效的积极作用，共同完成了对研究模型 7 个基本假设的验证。

第四节则在第三节母公司作用机制整体检验的基础上，分析母公司控制机制和吸收机制的具体变量对逆向知识转移的不同影响。具体来说，本书依次检验了①国际化投资动因的不同类型，即市场寻求型、效率寻求型和战略性资源 / 创造性资产寻求型动因对不同类型知识转移频率的影响差异，对不同层次知识转移效果的影响差异；②国际化经营年限和销售额比重等国际化经验指标对转移频率和效果的不同影响；③不同类型的母子公司控制程度，包括战略控制、股权控制和文化控制对转移结果的不同影响；④不同层次的知识吸收能力，即知识共享和吸收、知识学习和应用、知识再创新和自主创新，对转移结果的不同影响；⑤转移支持机制的具体变量，包括文化支持、学习型组织、信息管理系统、人力资源支持和沟通渠道等因素对转移结果的影响作用差异。

第五节我们围绕母公司作用机制的相关变量，对调研对象进行了聚类分析，通过分类判别验证了前文对逆向知识转移过程中母公司战略角色的四种分类，并发现中国企业集中于主导型母公司和应用型母公司两种类别，其次为调度型母公司，最后则为被动型母公司。第六节对本章主要研究结果进行结合中国企业实践的原因剖析及意义讨论。

第六章 结论与展望

本章将会对全文研究内容及主要观点进行总结，并在此基础上为中国海外投资企业参与逆向知识转移过程中如何发挥战略主导作用提供启示和建议，最后我们会总结本书研究存在的不足并对未来研究方向进行展望。

第一节 研究结论

本书围绕中国海外投资企业的逆向知识转移过程进行研究，着重分析了作为知识接受者的母公司将通过哪些作用机制对逆向知识转移过程和结果产生影响，同时辨别拥有不同作用机制的母公司在逆向知识转移中发挥的不同战略角色。全文按照"文献回顾和梳理 - 现状描述 - 理论模型探寻 - 案例研究 - 实证研究"的行文思路，为中国海外投资企业的母公司作用机制构建理论模型，并运用案例研究和实证研究分别对母公司作用机制的战略举措和影响因素进行检验。通过分析论证，本书得出以下结论：

（1）中国海外投资企业在实践逆向知识转移过程中存在共性特征。大多数中国企业实施逆向知识转移主要基于内外部动因的共同作用，外部动因源于所处行业和市场竞争状况对技术和市场知识的不同需求，内部动因则源于国际化投资动因对东道国知识的需求导向，以及企业创新文化对知识积累和应用的支持鼓励。而在知识转移内容和渠道方面，中国企业已由最初关注东道国市场和文化知识，向关注技术、管理、市场和文化知识的综合层面转移，并根据知识类型不同选择基于编码或基于人员的知识转移渠道。前者包括电子网络平台、文本资料、影音资料等形式，多适用于显性知识转移；后者则包括面对面交流、工作轮岗、人员培训和交流等形式，多适用于隐性知识转移。

（2）中国海外投资企业母公司在逆向知识转移过程中能够发挥主观调控的积极作用，它通过母公司二维作用机制对转移过程和效果产生影响，其中母公司国际化战略导向、母子公司控制协调机制、母公司知识吸收能力和转移支持机制等因素对逆向知识转移的影响尤为显著。同时根据母公司二维作用机制，中国海外投资企业在逆向知识转移过程中的战略角色可被划分为四种，即主导型、应用型、调度型和被动型母公司。

（3）中国海外投资企业通过国际化战略导向对海外子公司的知识需求和转移意愿进行积极引导。创造性资产寻求以及市场寻求作为中国企业海外投资的主要动因，决定了海外子公司对东道国知识资源的重视程度。其中市场寻求型中国企业更关注东道国需求信息、经营策略和文化环境，而创造性资产寻求型中国企业更关注东道国先进技术和管理知识，品牌渠道和经营策略、工艺流程和创新文化等有利于组织提升竞争优势的战略性资源。通过海外投资动因的战略导向，中国企业能把握海外知识需求方向，对知识获取具有更明确的指向性。

（4）中国海外投资企业通过有效的母子公司协调控制机制对逆向知识转移提供支持。其一，有效规范的母子公司组织结构可以为知识转移提供有效畅通的共享渠道。其二，母公司对子公司合理的控制程度有助于鼓励子公司的知识转移。本书认为母子公司控制程度的影响作用具有两面性，一方面通过战略一致性的贯彻实施保持对子公司的战略控制，以便母子公司在知识需求和转移目标方面保持一致，另一方面母公司也鼓励子公司的自主经营，让子公司在东道国市场发挥本土化优势，实现适应不同东道国市场的差异化经营，同时也能避免子公司向母公司转移知识的抵触情绪，提高知识转移意愿和积极性。母公司应努力在两者之间实现均衡，才能达到积极影响知识转移的效果。

（5）中国海外投资企业通过知识吸收能力保证东道国知识在组织内部的学习、应用和创新。本书发现，中国海外投资企业的知识吸收能力分为三个层次，即知识共享和吸收能力，知识学习和应用能力，知识再创新和自主创新能力。而根据本书研究所得，中国企业影响逆向知识转移效果的能力层次以知识共享能力居多，知识应用和创新能力的作用次之。同时知识吸收能力的作用程度因知识类型不同而有所差异，技术知识转移更依赖自主创新能力，管理知识更依赖知识应用能力，而市场知识则兼顾知识应用和创新能力。

（6）中国海外投资企业通过有效的转移支持机制保障逆向知识转移的进行。本书认为，中国海外投资企业努力构建科学规范的转移支持机制促进知识转移效果，该系统包括构建创新导向型企业文化，构建学习型组织氛围，完善信息管理系统，为逆向知识转移提供人力、资金、设备等资源支持，为知识转移提供沟通渠道和反馈平台等。而通过研究，本书发现在转移支持系统的战略举措中，企业文化支持、信息系统支持、人力资源支持、沟通渠道支持等因素对逆向知识转移效果的作用尤为显著。

概括来说，中国海外投资企业能够通过母公司二维作用机制对逆向知识转移过程和效果产生积极影响，其中不同影响因素的作用程度存在差异，而母公司由此表现出的战略角色也存在差异。中国海外投资企业应该根据各自战略角色的特征调整作用机制，以便更有效地引导和控制逆向知识转移过程和效果。

第二节　研究启示

本书着力研究中国海外投资企业在逆向知识转移过程中的母公司作用机制和战略角色，希望通过研究发现母公司可以通过哪些影响因素和战略举措对逆向知识转移过程实现主动调控和积极引导，最终实现母公司预期的知识需求和战略目标。根据本书的研究结论，中国海外投资企业已经开始关注海外知识寻求和创新能力，希望通过海外投资和逆向知识转移获取东道国战略资源，若希望实现预期目标，仍应该从以下方面持续改进。

一、坚持以创造性资产寻求作为海外投资重点

如今，许多中国海外投资企业已经开始重视海外战略性资源或创造性资产对提升国际竞争力的重要作用，因此他们逐渐将海外投资动因由单纯的市场寻求或效率寻求向创造性资产寻求型投资转移，尤其是在以发达国家或新兴经济体国家为东道国的投资活动中。发达国家技术先进，拥有高层次品牌资源、渠道和人力资源的企业众多，在当地经营是直接接触国际前沿知识和信息资源的最好平台。本书研究也发现具有创造性资产寻求动因的中国企业往往能够拥有更积极的海外知识获取活动，同时逆向知识转移的程度和效果也相对较高。因此，中国海外投资企业应更积极开拓创造性资产寻求型投资的步伐，为海外知识需求指明方向，并为内部知识共享和

转移提供战略支持。

二、重视海外投资过程的逆向知识转移和管理

中国海外投资企业应更重视东道国逆向知识转移和组织内部知识管理，一方面通过积极的战略举措为逆向知识转移提供支持，另一方面通过合理规范的知识管理制度为知识转移提供保障。中国海外投资企业可以从以下方面努力：

（1）努力构建知识转移和知识管理的支持机制。中国海外投资企业在努力构建创新导向的企业文化基础上，还应该鼓励企业内部形成持续学习的组织氛围。同时，企业应积极引入或开发相应的信息管理系统提高知识沟通和共享效率。此外，企业也应该积极开展人员培训和专业学习，为员工更快速地接触和理解新知识提供人力资源储备。

（2）努力实现逆向知识转移的制度化和规范化。逆向知识转移活动不应该是偶然性的知识活动，也不应该是某段时期的短期行为，中国海外投资企业应该在国际化经营过程中将其作为企业日常管理工作的重要环节，将知识管理、共享和转移活动制度化和规范化。为此，企业应该积极制定母子公司信息交流和技术沟通的定期模式，为知识管理和转移共享开辟专门的沟通渠道，甚至专职设立知识管理部门运作相关的知识获取、共享和应用活动。同时，企业应该注重参与知识共享和转移活动的人力资源开发和培养，建立员工轮岗、培训和岗位交流的定期机制，为面对面交流和共享经验提供平台，并为实施知识转移和共享活动创立完善的支持机制。

三、坚持开放式创新道路以提升自主创新能力

中国海外投资企业在面向国际市场和东道国知识平台时，应该秉持开放、包容和学习的姿态面对东道国文化、市场和技术知识，积极获取东道国知识资源并通过内部知识转移和应用将其内化为自身知识储备，并最终应用于自主创新能力提升。而中国海外投资企业的开放式创新道路应该包含两层含义：一方面重视实践层面的知识应用和创新；另一方面重视精神层面的创新文化构建。

（1）加强知识应用和自主创新。中国海外投资企业不应仅仅局限于知识共享、吸收和学习，而应向更高层次的知识应用和创新转变。具体来说，中国企业应该努力将技术知识运用于自主创新能力提升，将管理知识应用于提升管理效率和创新绩效，将市场知识和策略信息应用于分析东道国市场营销策略创新，实现符合不同市场的本土化经营方式，而将文化知识应用于创新整合的跨文化管理模式，并在此过程中实现自主创新能力提升。

（2）努力构建以知识创新为导向的企业文化。鼓励创新文化的企业往往也强调其自主创新能力的提升，对知识需求的渴望程度也越高。在面对国际市场尤其是国际前沿知识和信息资源时，拥有创新文化的企业将更积极接近东道国外部知识源，通过合作、合资和学习模仿等方式获取对方的先进技术知识，再将其内部化为有利于自主创新的资源储备。因此，中国企业若希望鼓励海外子公司进行更积极的知识获取和转移，应努力构建创新导向的企业文化。

四、积极调整组织战略以适应逆向知识转移

中国海外投资企业若希望鼓励海外子公司的逆向知识转移，实现创造性资产的海外寻求，不仅需要在投资过程中强调知识需求的重要性，更需要调整组织结构和战略模式以适应海外知识寻求和支持内部知识转移。

中国海外投资企业的母子公司组织管理模式对知识转移具有重要影响，本书认为这种影响存在双重性特征，一方面母公司对子公司强有力的战略控制，保持双方的战略统一，将有利于子公司实践母公司的知识需求，有利于监督和控制子公司的知识活动，但另一方面过于强制的控制程度又会造成子公司对向母公司转移知识的抵触情绪，从而降低知识转移意愿，因此子公司也应该具有一定的经营自主性。这样的矛盾性和双重性使得本书对母子公司控制程度的影响作用也未能达成统一结论，但在对成功实施逆向知识转移的中国企业进行案例研究时，我们发现，例如华为、中兴和联想等成功企业，内部存在频繁而有效的知识共享活动，他们往往与海外子公司之间保持有效的控制均衡，即在整体战略上保持高度一致性，同时又允许海外子公司具有经营自主权。也就是说，中国企业若想实践有效的逆向知识转移，应该努力与海外子公司寻求战略控制和经营自主的平衡。

中国海外投资企业在选择适当的组织结构模式适应逆向知识转移需求的同时，也不应忽视战略角色调整对知识转移的积极作用。中国企业在对海外知识寻求方面具有较强的意愿，希望通过子公司在东道国的知识获取平台使母公司共享东道国知识资源，借以提升自身的自主创新能力。如今，虽然少数中国海外投资企业已能够实现对海外知识寻求的战略调控和应用创新，在逆向知识转移中发挥主导角色，如华为、中兴、李宁等，但仍有许多中国企业或无法实现海外知识寻求与投资战略的结合，或在知识创新能力上有待提升，他们都需要从自己的弱势方面改进提升，实现战略角色调整，努力向主导型母公司转移。

第三节　未来研究展望

本书对中国海外投资企业在逆向知识转移过程中的母公司作用机制和战略角色进行深入研究，不仅构建理论模型，同时采用案例研究和实证研究方法加以证明，得出相关结论也为中国企业提出合理的启示建议。然而我们也应注意，本研究也存在一定的不足和局限性。

（1）本书在研究母公司作用机制的影响作用时，主要采用问卷调研的实证方法。调研对象采用主观评分的方式，虽有部分问题设置为客观数据题，但多数指标基于主观评分进行研究。被调研对象基于保护主义思想，往往会倾向于高估自身企业的相关情况。同时，不同调研对象对评估项目的评分标准不尽相同，根据个人经验和性格差异，或严格评分或宽松给分。以上原因均导致所得数据可能存在一定的误差，这也是主观问卷调研的局限性之一。

（2）本书在研究逆向知识转移的母公司影响因素时，为保证研究对象的普遍性和代表性，并未区分行业进行分类研究。但事实上，不同行业对知识资源的需求和重视程度均有所不同，可能在战略导向、吸收能力乃至知识转移效果方面表现出不同特征。这是本书未能深入探析的问题，亦是未来可供探索的研究方向。

（3）本书在研究逆向知识转移效果时，主要采用问卷数据的实时指标，而没有考虑到知识转移前后的效果对比，即未能考虑时间序列影响下不同变量的影响作用差异。这也是本书未能兼顾的问题之一。

综上所述，本书虽然对中国企业参与逆向知识转移过程中的母公司作用机制因素进行研究，为中国企业作为母公司和知识接受方提供一定的理论依据和实践建议，但在研究方法和数据处理上仍存在某些不足，当然这也为未来研究提供了努力方向。未来对于逆向知识转移的深入研究还可以从以下方向进行：关注行业差异对母公司作用机制与逆向知识转移的关系影响；关注转移前后不同时期的母公司作用机制影响差异，等等。本书对逆向知识转移的母公司作用机制研究仅仅只是抛砖引玉的研究开始，未来还具有更广泛的研究空间，有待我们进一步挖掘和探索，尤其在中国海外投资企业越来越积极的逆向知识转移实践过程中，我们能够发现更多有价值的现象和观点，也为中国企业长远的知识管理和创新发展提供方向。

参考文献

中文部分

[1] 毛蕴诗 . 跨国公司战略竞争与国际直接投资（第二版）[M]. 广州：中山大学出版社，2001.

[2] 经济合作与发展组织（OECD）著，杨宏进、薛澜译 . 以知识为基础的经济 [M]. 北京：机械工业出版社，1997.

[3] 李建明 . 我国中小高技术企业知识联盟中的知识转移影响因素研究 [M]. 上海财经大学出版社，2008.

[4] 李志刚，马刚 . 客户关系管理理论与应用 [M]. 机械工业出版社，2006.

[5] 李志刚 . 知识管理原理、技术与应用 [M]. 北京：电子工业出版社，2010.

[6] 刘帮成 . 跨国创业过程中的知识转移与知识整合机制 [M]. 北京：知识产权出版社，2008.

[7] 萨曼特·高歇尔，克里斯托弗·A·巴特里特著 . 个性化的公司 [M]. 南京：江苏人民出版社，1999.

[8] 王德禄 . 知识管理的 IT 实现——朴素的知识管理 [M]. 北京：电子工业出版社，2003.

[9] 王清晓 . 跨国公司知识管理理论与实证研究 [M]. 北京：经济管理出版社，2007.

[10] 王书贵，沈群红译 . Nancy M. Dixon 著 . 共有知识——企业知识共享的方法与案例 [M]. 北京：人民邮电出版社，2002.

[11] 吴先明 . 中国企业对外直接投资论 [M]. 北京：经济科学出版社，2003.

[12] 吴先明等.创造性资产与中国企业国际化 [M]. 北京：人民出版社，2008.

[13] 小岛清（日）.对外贸易论（中译本）[M]，天津：南开大学出版社，1987.

[14] 许强 母子公司关系管理 基于知识转移的新视角 [M]. 北京: 经济科学出版社，2008.

[15] 竹内弘高，野中郁次郎（日）.知识创造的螺旋 [M]. 知识产权出版社，2006.

[16] 罗来军.跨国公司母公司对国际合资子公司的控制研究 [D]. 复旦大学企业管理硕士论文，2007.

[17] 文晓刚.联想集团国际化经营战略研究 [D]. 对外经济贸易大学 MBA 学位论文，2005.

[18] 张长岭.华为和中兴的发展战略比较研究 [D]. 清华大学 MBA 硕士论文，2004.

[19] 张凌.华为的国际化道路 [D]. 复旦大学 MBA 学位论文，2009.

[20] 张晓燕.跨国公司子公司之间的知识转移研究 [D]. 复旦大学博士学位论文，2006.

[21] 崔新建.FDI 微观理论：OL 模型 [J]. 管理世界，2001（3）：147-153.

[22] 傅家骥，施培公.技术积累与企业技术创新 [J]. 数量经济技术经济研究，1996（11）：70-73.

[23] 黄中伟，王宇露.位置嵌入、社会资本与海外子公司的东道国网络学习——基于 123 家跨国公司在华子公司的实证研究 [J]. 中国工业经济，2008（12）：144-154.

[24] 黄肖琦，柴敏.新经济地理学视角下的 FDI 区位选择——基于中国省际面板数据的实证分析 [J]. 管理世界，2006（10）：7-13.

[25] 高永强，田志龙.母公司对子公司的管理和控制模式研究 [J]. 南开管理评论，2002（4）：28-31.

[26] 关涛，薛求知与秦一琼.基于知识嵌入性的跨国公司知识转移管理——理论模型与实证分析 [J]. 科学学研究，2009，27（1）：93-101.

[27] 李柏洲，汪建康.基于网络的母子公司跨国知识转移研究 [J]. 生产力研究，2007（11）：121-123.

[28] 刘明霞.中国企业对发达国家 FDI 的逆向知识转移 [J]. 经济管理，2009（3）：

139-146.

[29] 刘明霞. 以子公司为输出主体的跨国公司知识转移治理研究 [J]. 中国地质大学学报（社会科学版），2010，10（6）：88-93.

[30] 王清晓，杨忠. 跨国公司母子公司之间的知识转移研究：一个情境的视角 [J]. 科学学与科学技术管理，2005（6）：81-86.

[31] 吴映霞，林峰. 跨国公司内部知识转移影响因素分析——基于一体化网络组织理论 [J]. 广西财经学院学报，2009，22（6）：111-116.

[32] 杨桂菊. 跨国公司子公司角色演化机制理论模型——子公司网络资本的分析视角 [J]. 世界经济研究，2006（11）：16-21.

[33] 杨俊杰. 全明星知识型公司 TOP20[J]. 经理人，2010（5）：34-44.

[34] 杨学军. 基于前向联系的跨国公司技术溢出效应研究 [J]. 商业研究，2009（2）：107-110.

[35] 薛求知，关涛. 跨国公司知识转移：知识特性与转移工具研究 [J]. 管理科学学报，2006，9（6）：64-72.

[36] 喻金田. 企业的知识构成、测评及管理探讨 [J]. 研究与发展管理，2002（6）：59-62.

[37] 曾国军. 跨国公司在华子公司战略角色演变的影响因素与路径：以业务范围和竞争能力为框架 [J]. 管理学报，2006，3（6）：692-702.

[38] 张海东，赵广华. 发展中国家外向型产业集群与跨国公司定位决策——以苏州 IT 业为例的实证研究 [J]. 经济经纬，2008（1）：59-62.

[39] 张晓燕. 跨国公司子公司能力发展及其知识转移角色演进 [J]. 商业时代，2009（9）：27-28.

[40] 张晓燕. 东道国知识强度对跨国公司知识转移的影响 [J]. 经济管理，2008（7）：43-46.

[41] 左前锋. 知识型公司的独特动力源 [J]. 经理人，2010（5）：70.

[42] 左前锋. 表现最佳的行业知识明星 [J]. 经理人，2010（5）：46-50.

英文部分

[43] Allen, T.J. "Managing the Flow of Technology: Technology Transfer and the Dissemination of Technological Information Within the R & D Organization" [M]. MIT

Press, Cambridge, MA, 1977.

[44] Albino, V., Garavelli, A.C., and Schiuma, G. "Knowledge transfer and inter-firm relationships in industrial districts: the role of the leader firm" [J]. Technovation, 1999, 19, pp 53-63.

[45] Almeida, Paul. "Knowledge sourcing by foreign multinational: parent citation analysis in the U.S. semiconductor industry" [J]. Strategic management Journal, 1996, 17.

[46] Andersen A. "The Knowledge Management Assessment Tool (KMAT)" [J]. London: Arthur Andersen KMAT Study, 1996.

[47] Ambos, T. C., Ambos, B., & Schlegelmilch, B. B. "Learning from foreign subsidiaries: An empirical investigation of headquarters' benefits from reverse knowledge transfers" [J]. International Business Review, 2006, 15(3), pp 294–312.

[48] APQC. "Key Roles in the Success of Communities of Practice" [J]. http: www. apqc. org/. 2001 (6).

[49] Argote, Linda, Ingram, Paul. "Knowledge transfer: A basis for competitive advantage in firms" [J], Organizational Behavior and Human Decision Processes, 2000, 82 (1), pp 150-169.

[50] Berry, D.C., Broadbent, D.E. "The combination of explicit and implicit ;earning processes in task control" [J]. Psychological Research, 1987, 49, pp 7-15.

[51] Birkinshaw, J., Nobel, R., & Ridderstrale, J. "Knowledge as a contingency variable: Do the characteristics of knowledge predict organizations structure?" [J]. Organization Science, 2002, 13(3), pp 274–289.

[52] Blackler, F. (1995). "Knowledge, Knowledge Work and Organization: an Overview and Interpretation" [J]. Organization Studies, 16 (6), pp 1021-1046.

[53] Blumenberg, Stefan, Wagner, Heinz-Theo, and Beimborn, Daniel. "Knowledge transfer processes in IT outsourcing relationships and their impact on shared knowledge and outsourcing performance" [J]. International Journal of Information Management, 2009, 29, pp 342-352.

[54] Bresman, H., Birkinshaw, J., & Nobel, R. "Knowledge transfer in international acquisition" [J]. Journal of International Business Studies, 1999, 30(3), pp 439–462.

[55] Buckley, P. J. and M. C. Casson. "The Optimal Timing of A Foreign Direct

Investment"[J]. The Economic Journal, 1981, 91, pp 75-87.

[56] Caves, R. E. "International Corporations: the Industrial Economics of Foreign Investment"[J]. Economica, 1973, 38, pp 1-27.

[57] Chen, T.-J., H. Chen, et al.. "Internal Market Competition And Parent-Subsidiary Capability Transfer"[J]. Industrial Marketing Management, 2005, 37(6), pp 677-685.

[58] Chini, T. C. "Effective knowledge transfer in multinational corporations"[M]. Macmillan: New York, 2004.

[59] Child, J. and Rodrigues, S. "The role of social identity in the international transfer of knowledge through joint ventures" [M]. In S.R. Clegg & G. Palmer (Eds), The politics of management knowledge (pp 46-68). London: Sage.

[60] Cohen, W.M., and Levinthal, D.A. "Absorptive capability: A new perspective on learning and innovation" [J]. Administrative Science Quarterly (Technology, Organizations and Innovation), 35 (1, Special Issues), pp 128-152.

[61] Cohen, S.S., Fields, G. "Social capital and capital gains in Silicon Valley" [J]. California Management Review, 1999, 41(2), pp 108-130.

[62] Collins, H. "The Structure of Knowledge" [J]. Social Research, 1993, 60 (1), pp 95-116.

[63] Cowan, R., David, P. A., & Foray, D. "The explicit economics of codification and tacitness" [J]. Industrial and Corporate Change, 2000, 9, pp 211–253.

[64] Crone, M., & Roper, S. "Local learning from multinational plants: Knowledge transfers in the supply Chain" [J]. Regional Studies, 2001, 35(6), pp 535–548.

[65] Cummings, L.D., Teng, B.S. Transferring R&D Knowledge: the key factors affecting knowledge transfer success[J]. Journal of Engineering and Technology Management, 2003, 20(1), pp 39-68.

[66] Davenport, T. H. and L. Prusak. "Working knowledge: How organizations manage what they know"[M]. Harvard Business Sehool Press:, Boston, MA, 1998.

[67] Dirksome, K.T., Ferrin, D.L. "The role of trust in organizational settings of high-performance management: lessons from Japanese multinationals in the West" [J]. Organization Science, 2002, 12 (2), pp 450-467.

[68] Dixon, N. M. "Common knowledge: How companies thrive by sharing what they

know."[M] Harvard Business Sehool Press: Boston，MA, 2002.

[69] Duanmu, Jing-Lin, and Fai, Felicia M. "A processual analysis of knowledge transfer: From foreign MNEs to Chinese suppliers" [J]. International Business Review, 2007, 16, pp 449-473.

[70] Dunning, J.H. "The Determinants of International Production" [J]. Oxford Economic Papers, 1973, 25 (3), pp 289-336.

[71] Dunning，J. "Toward an Eclectic Theory of International Production: Some Empirical Tests " [J]. Journal of International Business Studies, 1980, 11, pp 9-13.

[72] Dunning, J. "Multinational Enterprises and the Global Economy" [M]. New York: Addison-Wesley Publishing Ltd, 1993.

[73] Dunning, J. H. "Multinational Enterprises and the Globalization of Innovatory Capacity"[J]. Research Policy, 1994, 23, pp 67-88.

[74] Dunning, J.H. "Location and the Multination Enterprise: A Neglected Factor?" [J]. Journal of International Business Studies, 1998, 29, pp. 45-67.

[75] Ellis, Paul D. "International trade intermediaries and the transfer of marketing knowledge in transition economies" [J]. International Business Review, 2010, 19, pp 16-33.

[76] EI-Sayed, A.-Z. "An ontology-based approach to inter-organizational knowledge transfer"[J]. Journal of Global Information Technology Management, 2002, 5(3), pp 32-47.

[77] Etienne, Julien. "Knowledge transfer in organisational reliability analysis: From post-accident studies to normal operations studies" [J]. Safety Science, 2008, 46, pp 1420-1434.

[78] Foss, N. J. and T. Pedersen. "The MNC as A Knowledge Structure: The Roles Of Knowledge Sources and Organizational Instruments in MNC Knowledge Management"[W]. Danish Reasearch Unit for Industrial Dynamics Druid Working Paper No 03-09, 2001.

[79] Foss, N., & Pedersen, T. "Organizing knowledge processes in the multinational corporation: An Introduction" [J]. Journal of International Business Studies, 2004, 35(5), pp 340–349.

[80] Frost, T. and C. Zhou. "The Geography of Foreign R&D within a Host Country"[J]. International Studies of Management and Organization, 2000, 30(2), pp 10-43.

[81] Galunic, D.C., and Rodan, S. "Resource recombinations in the firm: Knowledge structures and the potential for Schumpeterian innovation" [J]. Strategic Management Journal, 1998, 19 (12), pp 1193-1201.

[82] Giroud, A. "Japanese transnational corporations' knowledge transfer to Southeast Asia: The case of the electrical and electronics sector in Malaysia" [J]. International Business Review, 2000, 9(5), pp 571–586.

[83] Giroud, A. "MNEs in emerging economics: What explains knowledge transfer to local suppliers" [W]. School of Management of Bradford University working paper series, 2002, 02/28.

[84] Goh, Ai-Ting. "Knowledge diffusion, input supplier's technological effort and technology transfer via vertical relationships" [J]. Journal of International Economics, 2005, 66, pp 527-540.

[85] Gupta, A. K. and V. Govindarajan. "Knowledge flows and the structure of control within multinational corperations"[J]. The Academy of Management Review, 1991, 16, pp 768-792.

[86] Gupta, A.K., Govindarajan, V. "Knowledge flows within multinational corporations" [J]. Strategic Management Journal, 2000, 21(4), pp 473-496.

[87] Hakanson, L., Nobel, R. Technology characteristics and reverse technology transfer: Paper Presented at the Annual Meeting of the Academy of International Business, Vienna,, Austria, 1981.

[88] Hansen, M.T. "The search-transfer problem: the role of weak ties in sharing knowledge across organization subunits" [J]. Administrative Science Quarterly, 1999, 44, pp 82-111.

[89] Hansen, M.T. "Knowledge networks: explaining effective knowledge sharing in multiunit companies" [J]. Organization Science, 2002, 13(3), pp 232-248.

[90] Hendriks, P. "Why share knowledge? The influenceof ICT on motivation for knowledge sharing"[J]. Knowledge and Process Management, 1999, 6(2), pp 91-100.

[91] Hobday, M. "East Asian latecomer firms: learning the technology of electronics" [J], World Development, 1995, 23 (7).

[92] Hong, Jacky F.L., Nguyen, Thang V. "Knowledge embeddedness and the transfer

mechanisms in multinational corporations" [J]. Journal of World Business, 2009, 44, pp 347-356.

[93] Hymer, S. "The International Operations of National Firms: A Study of Direct Investment."[M]. 1974.

[94] Jasimuddin, Sajjad M. "Exploring knowledge transfer mechanisms: The case of a UK-based group within a high-tech global corporation" [J]. International Journal of Information Manaegement, 2007, 27, pp 294-300.

[95] Kaminski, P.C., de Oliveira, A.C., and Lopes, T.M. "Knowledge transfer n product development processes: A case study in small and medium enterprises (SMEs) of the metal-mechanic sector from Sao Paulo, Brazil" [J]. Technovation, 2008, 28, pp 29-36.

[96] Kogut, Brule, and Chang, Sea-Jin. "Technological capabilities and Japanese foreign direct internment in the United States" [J]. The Review of Economics and Statistics, 1991, 73.

[97] Kostova, T. Transnational transfer of strategic organizational practices: a contextual perspective[J]. Academy of Management Review, 1999, 24(2), pp 308-324.

[98] Kumar, Names. "Globalization, foreign direct investment and technology transfers: impacts on and prospects for developing countries" [M]. New York: Rout Ledge, 1998.

[99] Kuemmerle, W. "The Drivers of Foreign Direct Investment into Research and Development: an Empirical Investigation"[J]. Journal of International Business Studies, 1999, 30, pp 1-24.

[100] Lane, P.J., and Lubatkin, M. "Relative absorptive capacity and interorganizational learning" [J]. Strategic Management Journal, 1998, 19 (5), pp 461-477.

[101] Leonard-Barton D. "Core capabilities and core rigidities: A paradox in managing new product development" [J]. Strategic Management Journal, 1992 (13), pp 111–125; Long Range Planning, 1993, 26 (1), p154.

[102] Leonard-Barton, D.; Sinha, D. K. "Developer-user interaction and user satisfaction in internal technology transfer" [J]. Academy of Management Journal, 1993, 36 (5), pp 1125-1139.

[103] Levin, D.Z., Cross, R. "The strength of weak ties you can trust: the mediating

role of trust in effective knowledge transfer" [J]. Management Science, 2004, 50 (11), pp 1477-1490.

[104] Li, C.-Y. and C.-T. Hsieh. "The Impact of knowledge stickiness on knowledge transfer implementation, ternalization, and satisfaction for multinational corporations"[J]. International Journal of Information Management, 2009, 29, pp 425-435.

[105] Li, L. " Knowledge Transfer Within Western Multinational Subsidary Units In China and Finland-The Impact Of Head Quarter Control Mechanism Anisms, Subsidiary Location And Social Capital"[M]. Yliopistopaino, Helsingfors, 2004.

[106] Li, L. "The effects of trust and shared vision on inward knowledge transfer in subsidiaries' intra- and interorganizational Relationships" [J]. International Business Review, 2005, 14, pp 77–95.

[107] Liao, Shu-Hsien, and Ta-Chien Hu. "Knowledge transfer and competitive advantage on environmental uncertainty: An empirical study of the Taiwan semiconductor industry" [J]. Technovation, 2007, 27, pp 402-411.

[108] Liao, S.-h., C.-c. Wu, et al.. "Relationships between knowledgeacquisition, absorptive capacity and innovation capability: an empirical study on Taiwan's financial and manufacturing industries"[J]. Journal of Information Science, 2010, 36(1), pp 19-35.

[109] Liliana Herrera, Maria Felisa Mufioz-Doyague, et al.. "Mobility of public researchers, scientic knowledge transfer, and the firm's innovation process"[J]. Journal of Business Research, 2010, 63, pp 510-518.

[110] Liu Yi, Li Yuan, et al.. "Transfer of market knowledge in a channel relationship: Impacts of attitudinal commitment and satisfaction"[J]. Industrial Marketing Management, 2010, 39, pp 229-239.

[111] Lord, M. D., & Ranft, A. L. "Organizational learning about new international markets: Exploring the internal transfer of local market knowledge" [J]. Journal of International Business Studies, 2000, 31, pp 573–589.

[112] Luo, Y., & Peng, M. W. "Learning to compete in a transition economy: Experience, environment and Performance" [J]. Journal of International Business Studies, 1999, 30(2), pp 269–296.

[113] Makino, Shige, Lao, Chung-Ming, & Yeh, Rhy-Song. "Asset-Exploitation

versus Asset-Seeking: Implications for Location Choice of Foreign Direct Investment from Newly Industrialized Economies" [J]. Journal of International Business Studies, 2000, 33, pp 403-421.

[114] Markusen, James R., Trofimenko, Natalia. "Teaching locals new tricks: Foreign experts as a channel of knowledge transfers" [J]. Journal of Development Economics, 2009, 88, pp 120-131.

[115] Mathur, I., and Chen, J. S. "Strategies for Joint Ventures in the People' s Republic of China" [M]. New York, 1987.

[116] Mayer, R.C., Davis, J.H., and Schoorman, F.D. "An integration model of organizational trust" [J]. Academy of Management Review, 1995, 20 (4), pp 709-734.

[117] McElroy, Mark W. The New Knowledge Management: Complexity, Learning, and Sustainable Innovation[M]. Published by Elsevier Inc, 2003, pp 3-23, 53-68.

[118] Minbaeva, Dana B. "HRM practices affecting extrinsic and intrinsic motivation of knowledge receivers and their effect on intra-MNC knowledge transfer" [J]. International Business Review, 2008, 17, pp 703-713.

[119] Molina, M. Luis, Llorens-Montes, Javier, and Ruiz-Moreno, Antonia. "Relationship between quality management practices and knowledge transfer" [J]. Journal of Operations Management, 2007, 25, pp 682-701.

[120] Modi, Sachin B., Mabert, Vincent A. "Supplier development: Improving supplier performance through knowledge ttransfer" [J]. Journal of Operations Management, 2007, 25, pp 42-64.

[121] Mudambi, R. "Knowledge management in multinational firms"[J]. Journal of International Management, 2002, 8, pp 1-9.

[122] Mudambi, R. and P. Navarra. "Is knowledge power? Knowledge flows, subsidiary power and rent-seeking within MNCs"[J]. Journal of International Business Studies, 2004, 35, pp 385-406.

[123] Myrna, G., Cordey-Hayes, M. "Understanding the process of knowledge transfer to achieve successful technologic innovation" [J]. Technovation, 1996, 16 (6), pp 301-312.

[124] Narula, Rajneesh, Dunning, Joun H. "Industrial Development, Globalization

and Multinational Enterprises: New Realities for Developing Countries" [J]. Oxford Development Studies, 2000, 28 (2), pp 141-167.

[125] Nonaka, I. and H. Takeuchi. "The Knowledge-creating company: How Japanese companies create the dynamics of innovation" [M]. New York: Oxford University Press.,1995

[126] Nonaka, Ikujiro, and Takeuchi, Hirotaka. "The knowledge-creating company: How Japanese companies create the dynamics of innovation" [J]. Long Range Planning, 1996, 29 (4), p 592.

[127] Nonaka, I., Takeuchi, H., and Umemoto, K. "A theory of organizational knowledge creation" [J]. International Journal of Technology Management, 1996, 11 (7), pp 833-845.

[128] Nonaka, I., Takeuchi, H. "A New Organizational Structure" [J]. Knowledge in Organisations, 1997, pp 99-133.

[129] Mu, Jifeng, Tang, Fangcheng, and Maclachlan, Douglas L. "Absorptive and disseminative capability: Knowledge transfer in intra-organization networks" [J]. Expert Systems with Applications, 2010, 37, pp 31-38.

[130] Osterloh, M., and Frey, B. "Motivation, knowledge transfer, and organizational forms" [J]. Organization Science, 2000, 15 (6), pp 617-632.

[131] Owen-Smith, J. and W. Powell. "Knowledge Networks as Channels and Conduits: The Effects of Spillovers in the Boston Biotechnology Community"[J]. Organization Science, 2004, 15(1), pp 5-21.

[132] Pearce, R. D. "The Internationalization of R&D by Multinational Enterprises"[M]. London: McMillan, 1989.

[133] Persson, M. "The impact of operational structure, lateral integrative mechanisms and control mechanisms on intra-MNE knowledge transfer" [J]. International Business Review, 2006, 15(5), pp 547–569.

[134] Polanyi, M. "The Tacit Dimension" [M]. Dubleday, New York, 1967.

[135] Pramongkit, P., Shawyun, T., and Sirinaovakul, B. "Analysisi of technological learning for the Thai manufacturing industry" [J]. Technovation, 2000, 20, pp 189-195.

[136] Qu, T., Green, M.B. "Chinese Foreign Direct Investment: A Sub-national

Perspective on Location" [M]. Ashgate, Brookfield, 1997.

[137] Saliola, F., Zanfei, A. "Multinational firms, global value chains and the organization of knowledge transfer" [J]. Research Policy, 2009, 38, pp 369-381.

[138] Saliola, Federica, and Zanfei, Antonello. "Multinational firms, global value chains and the organization of knowledge transfer" [J]. Research Policy, 2009, 38, 369-381.

[139] Schlegelmilch, Bodo B., Chini, Tina, Claudia. "Knowledge transfer between marketing functions in multinational companies: a conceptual model" [J]. International Business Review, 2005, 12, pp 215-232.

[140] Shan, Weijian and Song, Jaeyong. "Foreign direct investment and the sourcing of technological advantage: evidence from the biotechnology industry" [J]. Journal of International Business Studies, 1997, 28(2).

[141] Si, S. X., & Bruton, G. D. "Knowledge transfer in international joint ventures in transitional economies" [J]: The China experience. Academy of Management Executive, 1999, 13(1), pp 83–90.

[142] Si, S. X., & Bruton, G. D. "Knowledge acquisition, cost savings, and strategic positioning: effects on Sino-American IJV performance" [J]. Journal of Business Research, 2005.

[143] Simonin, B. "Ambiguity and the process of knowledge transfer in strategic alliances" [J]. Strategic Management Journal, 1999, 20(7), pp 595–623.

[144] Singley, M. K. and J. R. Anderson. "The Transfer of Cognitive Skill" [M]. Cambridge, MA: Harvard Press, 1989.

[145] Szulanski, G. "Exploring internal stickiness: Impediments to the transfer of best practice within the firm" [J]. Strategic Management Journal, 1996, 17 (Winter Special Issue), pp 27-43.

[146] Szulanski, G. "The process of knowledge transfer: a diachronic analysis of stickiness" [J]. Organization Behavior and Human Decision Processes, 2000, 82(1), pp 9-27.

[147] Szulanski, G., Cappetta, R., Jensen, R.J. "When and how trustworthiness matters: knowledge transfer and the moderating effect of causal ambiguity" [J].

Organizationa Science, 2004, 15 (5), pp 600-613.

[148] Tabachneck-Schijf, Hermi J.M., and Geenen, Petra L. "Preventing knowledge transfer errors: Probabilistic decision support systems through the users' eyes" [J]. International Journal of Approximate Reasoning, 2009, 50, pp 461-471.

[149] Tang, Fangcheng, Xi, Youmin, and Ma, Jun. "Estimating the effect of organizational structure on knowledge transfer: A neural network approch" [J]. Expert Systems with Applications, 2006, 30, pp 796-800.

[150] Tsang, Eric W.K. "The knowledge transfer and learning aspects of international HRM: an empirical study of Singapore MNCs" [J]. International Business Review, 1999, 8, pp 591-609.

[151] Uzzi, B.B. "The complementarity of cooperative and technological competencies: a resource-based perspective" [J]. Journal of Enginnering and Technology Management, 2001, 18 (1), pp 1-27.

[152] Vernon, R. "Sovereignty at Bay: the Multinational Spread of U.S. Enterprises."[M]. 1971.

[153] Volet. S. "Learning across cultures: appropriateness of knowledge transfer" [J]. International Journal of Educational Research, 1999, 31, pp 625-643.

[154] Walsh, J.P., and Ungson, G.R. "Organizational memory" [J]. Academy of Management Review, 1991, 16, pp 57-91.

[155] Wang, Pien, Tong, Tony W., and Koh, Chun Peng. "An integrated model of knowledge transfer from MNC parent to China subsidiary" [J]. Journal of World Business, 2004, 39, pp 168-182.

[156] Wang, P,. Tong, T.W., and Koh, C.P. "An integrated model of knowledge transfer from MNC parent to China subsidiary" [J]. Journal of World Business, 2004, 39, pp 168-182.

[157] Wathne, K., Roos, J., and von Krogh, G. "Towards a theory of knowledge transfer in a cooperative context" [M], in Managing Knowledge Perspectives on Cooperation and Competition, eds G. von Krogh and J. Roos. Sage Publication, London, 1996.

[158] Wiig, Karl M. "Knowledge management: Where did it come from and where

will it go?" [J]. Expert Systems with Applications, 1997, 13 (1), pp 1-14.

[159] Wiig, Karl M. "Integrating intellectual capital and knowledge management" [J]. Long Range Planning, 1997, 30 (3), pp 323-324, 399-405.

[160] Wiig, Karl M., de Hoog, Robert, and van der Spek, Rob. "Supporting knowledge management: A selection of methods and techniques" [J]. Expert Systems with Applications, 1997, 13 (1), pp 15-27.

[161] Wong, Poh-Kam. "National Innovation System for Rapid Technological Catch-up: An Analytival Framework and a Comparative Analysis of Korea, Taiwan and Singapore" [C]. Paper Submitted to the DRUID Conference on Innovation Systems, June 9-12, 1999, Denmark.

[162] Wong, V., Shaw, V., and Sher, P.J.H. Effective organization and management of technology assimilation: the case of Taiwanese information technology firms[J]. Industrial Marketing Management, 1998, 27(2), pp 213-227.

[163] Xia, T. and S. Roper. "From capability to connectivity—Absorptive capacity and explorator alliances in biopharmaceutical firms: A US—Europe comparison"[J]. Technovation, 2008, 28, pp 776-785.

[164] Yli-Renko, H,. Autio, E,. and Sapienza, H.J. "Social capital, knowledge acquisition, and knowledge exploitation in young technology-based firms" [J]. Strategic Management Journal, 2001, 22, pp 587-613.

[165] Zack, M. H. "Developing a knowledge strategy" [J]. California Management Review, 1999, 41(3), pp 125–145.

[166] Zhao, H. X. and Y. D. Luo (2005). "Antecedents of Knowledge Sharing With Peer Subsidiaries in Other Countries: A perspectives from subsidiary managers in a foreign emerging market" [J]. Management International Review, 45 (1), pp 71-97.

附　录

中国海外投资企业逆向知识转移调研问卷

尊敬的公司负责人：

您好！非常感谢贵企业支持和参与本团队的问卷调研。本团队来自武汉大学跨国企业研究中心，这份问卷主要是针对"中国企业对外投资逆向知识转移"而进行的调查研究。问卷分为四部分，分别对贵企业基本概况，母公司作用机制，知识转移活动与企业绩效进行调查。

本调查纯为学术研究而设，绝不涉及任何商业机密。同时本中心也会保证贵企业的资料安全，仅作为内部研究和统计分析使用，绝不外泄。研究完成将全力仰仗贵企业等成功企业实践者的支持和帮助。希望您能根据企业情况拨冗填写，完成后请以邮件或其他形式回复给我们。

最后，再次衷心感谢您的支持和参与！祝您身体健康，企业繁荣发展！

I 企业基本概况

I-1 请在下述分类中选择贵企业所属的行业类型____。

A、农、林、牧、渔业　B、采矿业　C、制造业

D、电力、燃气及水的生产和供应业　E、建筑业　F、交通运输、仓储和邮政业

G、信息传输、计算机服务和软件业　H、批发和零售业　I、住宿和餐饮业

J、金融业　K、房地产业　L、租赁和商务服务业

M、科学研究、技术服务和地质勘查业　N、水利、环境和公共设施管理业

O、居民服务和其他服务业　P、教育　Q、卫生、社会保障和社会福利业

R、文化、体育和娱乐业　S、其他

I-2 请在下述分类中选择贵企业所属的企业类型____。（可多选）

A、国有及国有控股企业　B、集体企业　C、联营企业　D、合资企业

E、私营企业　F、合伙企业　G、有限责任公司　H、股份有限公司

I-3 请问贵企业所有经营活动的年均总营业额为_____。

I-4 请问贵企业总职工人数为_____。

II 母公司作用机制

II-1 请问贵公司直接参与跨国经营活动已有_____。

A、1 年以内　B、1-5 年　C、5-10 年　D、10-15 年　E、15 年以上

II-2 请问贵公司海外经营活动年销售额占公司总销售额的比例为____。

A、0-20%　B、20%-40%　C、40%-60%　E、60%-80%　E、80% 以上

II-3 请问贵企业对新知识的需求和获取是否都与某项企业实践活动密切关联　　　。

A、非常相关　B、部分相关　C、偶尔相关　D、较少相关　E、一般不相关

II-4 请为下列因素在贵公司进行海外投资决策时的重要性程度打分。

投资影响因素	重要性程度				
① 拓展东道国市场，增加销售额	5	4	3	2	1
② 东道国市场具有某类特定需求	5	4	3	2	1
③ 本企业产品具有成本或其他差异化优势	5	4	3	2	1
④ 与东道国供应商 / 销售商合作提升运作效率	5	4	3	2	1
⑤ 选择东道国作为更合适的生产 / 销售中心	5	4	3	2	1
⑥ 借鉴、获取和学习东道国先进技术知识	5	4	3	2	1
⑦ 获取东道国企业品牌资源	5	4	3	2	1
⑧ 获取和引进东道国先进人力资源	5	4	3	2	1
⑨ 为获取其他重要的战略性资源	5	4	3	2	1
⑩ 顺应国际化战略的时代趋势	5	4	3	2	1

注：5分为非常重要，4分为重要，3分为一般，2分为不重要，1分为非常不重要。

II-5 请为贵企业与海外子公司的战略协调模式按重要性程度评分。

战略协调模式	重要性程度				
① 母子公司整体战略的统一程度	5	4	3	2	1
② 母公司对子公司制定战略的干预程度	5	4	3	2	1
③ 母公司对子公司的控股比例	5	4	3	2	1
④ 母公司文化在子公司贯彻和实行的程度	5	4	3	2	1
⑤ 母公司是否能及时满足子公司的资源需求（人员、设备等）	5	4	3	2	1
⑥ 母公司是否允许子公司进行独立财务核算	5	4	3	2	1

注：5 分为"很高"，4 分为"高"，3 分为"一般"，2 分为"低"，1 分为"很低"；对"控股比例"设问时 5 分指 80% 以上，4 分指 60%—80%，3 分指 40%—60%，2 分指 20%—40%，1 分指 0—20%。

II-6 请评价贵企业对新知识的吸收运用能力并打分。

知识吸收能力	评分				
① 母公司文化对新知识的接受和包容程度	5	4	3	2	1
② 母子公司之间共享信息和知识的程度	5	4	3	2	1
③ 母公司接触、获取和使用新知识的频率	5	4	3	2	1
④ 母公司是否能对获取的新知识迅速学习和掌握	5	4	3	2	1
⑤ 母公司是否能将新知识运用到相应部门或经营活动中去	5	4	3	2	1
⑥ 母公司是否能将新知识用于产品改良或再开发	5	4	3	2	1
⑦ 母公司是否能将新知识用于自主创新和研发	5	4	3	2	1

II-7 请评价贵企业对吸收和运用新知识的支持机制并打分。

知识吸收支持机制	评分				
① 公司企业文化包容是否鼓励和包容新知识	5	4	3	2	1
② 公司企业文化是否鼓励员工积极创新	5	4	3	2	1
③ 公司内部是否有较浓厚的学习氛围	5	4	3	2	1
④ 公司内部是否存在鼓励和帮助成员学习的相关机制	5	4	3	2	1
⑤ 公司内部信息管理系统的运作效率和完善程度	5	4	3	2	1
⑥ 公司内部是否积极引入研发和应用新技术的人员	5	4	3	2	1
⑦ 公司是否对海外公司的知识引进和研发提供资源支持	5	4	3	2	1
⑧ 公司内部以及与子公司之间的信息沟通渠道是否畅通	5	4	3	2	1
⑨ 公司是否与子公司保持通畅的定期信息反馈机制	5	4	3	2	1

III 知识转移活动

III-1 请问贵企业子公司向母公司或企业内部其他部门转移知识的主动意愿_____。

A、非常愿意主动共享知识　B、愿意共享知识，但偶尔为之

C、根据企业制度实施共享，主动意愿不强

D、在母公司共享前提下再考虑知识转移

E、基本不进行公司内部知识共享和转移，主要用于自己发展

III-2 请问贵企业子公司向母公司或其他子公司转移知识的渠道主要为_____。

（可多选）

A、通过正式的信息管理系统或传输系统

B、通过文字报告或其他资料形式传递

C、通过母子公司内部的职能管理机构

D、通过企业内部的非正式组织传递

E、通过公司内部的跨组织团队获取信息

F、通过母子公司之间的定期交流或合作

G、其他

III-3 请评价贵企业子公司参与初级知识转移活动的程度并打分。

初级知识转移活动	评分				
①向母公司通过信息系统或电子平台共享知识	5	4	3	2	1
②通过文本资料，如内部文件、杂志、手册等分享知识	5	4	3	2	1
③借由子公司向母公司的业绩汇报或其他工作会议交流	5	4	3	2	1

III-4 请评价贵企业子公司参与高级知识转移活动的程度并打分。

高级知识转移活动	评分				
①子公司员工是否有机会参与母公司培训	5	4	3	2	1
②母子公司之间是否能实现员工轮岗	5	4	3	2	1
③积极组建跨国/跨部门团队进行交流和学习	5	4	3	2	1
④主动与母公司开展技术合作或经验交流会	5	4	3	2	1
⑤鼓励构建知识技术的定期交流和信息反馈机制	5	4	3	2	1

III-5 请问贵企业子公司进行知识转移和共享的主要类型为_____。

知识类型	转移频率				
① 产品关键技术和核心性能开发	很多	时有	偶尔	极少	没有
② 产品生产工艺、流程改造和和质量控制	很多	时有	偶尔	极少	没有
③ 企业可借鉴的管理模式和管理理念	很多	时有	偶尔	极少	没有
④ 企业可引用的管理工具、系统和制度	很多	时有	偶尔	极少	没有
⑤ 与供应商／销售商的关系网络和运作系统	很多	时有	偶尔	极少	没有
⑥ 企业对海外市场的需求分析和潜在预测	很多	时有	偶尔	极少	没有
⑦ 企业在当地市场的经营策略和模式	很多	时有	偶尔	极少	没有
⑧ 当地宏观环境信息和政策导向	很多	时有	偶尔	极少	没有
⑨ 当地企业文化的可供借鉴和学习之处	很多	时有	偶尔	极少	没有
⑩ 当地文化对外来文化的包容性和融合性	很多	时有	偶尔	极少	没有

III-6 请评价贵企业获取子公司知识转移的效果并打分。

知识转移效果	评分				
① 从子公司获取先进的技术和工艺知识	5	4	3	2	1
② 从子公司获取先进的管理理念、学习文化和管理模式	5	4	3	2	1
③ 通过子公司了解和把握东道国市场信息	5	4	3	2	1
④ 将技术和工艺用于母公司生产过程和产品开发	5	4	3	2	1
⑤ 将管理模式和文化元素用于完善企业管理战略	5	4	3	2	1
⑥ 实现组织内部的学习交流和学习氛围的形成	5	4	3	2	1
⑦ 构建或完善企业内部信息交流和知识共享的规范制度	5	4	3	2	1
⑧ 通过知识转移实现企业对外投资动因或海外经营目标	5	4	3	2	1
⑨ 母公司开始积极鼓励自主研发和加大创新投入	5	4	3	2	1
⑩ 企业自主创新成果增加或申请新的专利	5	4	3	2	1

IV 企业绩效评价

IV-1 请问贵企业每年用于研发的经费投入占每年运营总支出的比例为____。

A、5% 以下　B、5-15%　C、15-30%　D、30%-45%　E、45%

IV-2 请问贵企业自主研发或合作研发申请专利的周期为____。

A、经常申请　B、时有申请　C、偶尔申请　D、极少申请　E、暂时没有

IV-3 请评价贵企业管理战略与管理活动的实践效率。

管理实践效率	评分				
① 生产工艺、生产流程控制和质量管理	5	4	3	2	1
② 与供应商的长期合作关系	5	4	3	2	1
③ 市场拓展和营销策略	5	4	3	2	1
④ 员工管理、培训、奖励和职业发展等	5	4	3	2	1
⑤ 企业文化构建和实践程度	5	4	3	2	1
⑥ 组织结构和协调管理模式	5	4	3	2	1

后　记

　　本书作为教育部人文社科青年基金项目"吸收能力、内部制度环境与跨国公司逆向知识转移：基于中国海外投资企业的实证研究"（13YJC630026），国家社科基金青年项目"基于逆向知识转移的我国跨国公司国际竞争力提升机制研究"（15CJY040）的部分研究成果，首先要感谢课题组其他成员的支持，也要感谢所有参与本书调研的企业管理者，填写问卷和接受访谈的企业工作人员，本书能得以完成与他们的支持密不可分。

　　中国海外投资企业逆向知识转移的研究始自于我的博士论文，参与国际投资的中国企业如何实现由东道国向母国的角色转变，如何借助逆向知识转移平台获取海外发达国家的先进知识，如何实现创造性资产获取和自主创新提升，成为我国企业关注的重要课题，这一课题极大地吸引了我的研究兴趣，也成为我其后工作中的主要研究方向。当然，其时博士论文的选题和写作得到了我的导师吴先明教授的悉心指导和支持鼓励，能够得以成书我首先要向吴老师表示衷心的感谢之情。博士毕业后围绕这一选题也进行了相关研究，努力丰富本书的研究内容，这里也要特别感谢周伟师姐、糜军师兄、董珊珊、李雯、李炀等成员的帮助。

　　本书从撰写之日至如今出版，已经历五年时光，期间我也经历了从学生到老师的转变，也逐渐认识到自己在研究中的不足，也逐渐发现本书还存在许多值得一步研究和完善之处，而这些也将激励我在中国企业国际化和知识创新领域进行更深入更前沿的研究。同时，五年时光也使我的人生角色发生了重要改变，本书即将出版的今年年初我已荣升为一名母亲，此刻，凝视着宝宝可爱的睡颜，更感到自己应在人生道路上日益成熟，责任日重，无论作为一名母亲，高校教师，还是科研工作者，我都还有漫长的路要走。

杜丽虹

2016 年 6 月